LES SOIRÉES DU DIVAN
24
Noël
aux Deux Mago
par
JÉROME et JEAN T

la grande histoire de

LA PIPE

Alexis Liebaert et Alain Maya

Préface de Robert Sabatier

Flammarion

Direction éditoriale
Ghislaine Bavoillot
Création graphique
Marc Walter
Iconographie
Sabine Greenberg
Réalisation PAO
Octavo Editions
Photogravure
Colourscan France

ISBN : 2-08-201-848-2
Numéro d'édition : 0967
Imprimé en Allemagne
Dépôt légal : Septembre 1993

SOMMAIRE

PRÉFACE

Pour Jacques-Henri Lartigue, photographe amoureux de la légèreté, la pipe est un jeu d'enfant… (ci-contre, *Dani à Aix-les-Bains*, 1925).

J'avais dix-sept ans quand j'ai fumé ma première pipe ; je préfère ignorer à quel âge je fumerai la dernière. Toujours est-il que, depuis plus d'un demi-siècle, je sacrifie à des rites plaisants : caresser le bois, emplir le fourneau de petites pincées de tabac savamment tassé, bouter le feu au moyen d'une allumette avec lenteur, componction, religion. « Je fis un feu pour être son ami. » (Paul Éluard)

Devant moi, un pot de tabac. Il contient du Caporal-Export. Sur l'emballage, j'ai lu qu'il « nuit gravement à la santé ». Merci, l'État, de me prévenir tout en restant marchand de ce que tu considères comme poison ! Jacques Faizant et moi, nous avions une préférence pour le tabac dit « Supérieur Pipe ». Il n'existe plus : pas assez rentable ! Tant pis. Autrefois, je fumais du gris « qu'on prend dans ses doigts et qu'on roule » (Chanson populaire) mais j'ai des goûts de luxe, donc du Caporal : ça vous a un air militaire, et même piou-piou, que ma pipe aime bien.

Si je m'autorise parfois un havane, je n'apprécie guère la cigarette. Elle se consume plus vite que moi. En revanche, mes pipes durent et me survivront. Je les garde toutes : celles en bruyère, mes préférées ; mais aussi en écume, mes belles maîtresses ; en merisier, en terre, en maïs, de simples flirts. Il y a les droites, les courbes, les légères, les lourdes, les simples, les ouvragées… Je les tiens toutes pour des œuvres d'art. Aussi, je les chéris, je les cure, les nettoie, les astique. Une pipe est une amie qui réclame beaucoup de soins.

Œuvres d'art, ai-je dit, oui, et de haut artisanat. Aussi, quel bonheur d'écrire ces mots sur le seuil d'un album prestigieux, digne d'Elles, de leur longue histoire, de leur psychologie, de leur sociologie. J'ai eu le bonheur, en compagnie de spécialistes, de couronner les « meilleurs ouvriers de France » en saluant leurs chefs-d'œuvre. J'ai appris que la relève des grands créateurs de pipes était assurée. On connaît mes deux amours : le livre et la pipe. Voilà qu'ils se marient ici, qu'ils échangent une alliance spirituelle. Nous allons fumer le calumet de la paix.

Et quelle sérénité, quel grand calme procure la pipe en un temps d'agitation et de turbulences ! Tirons sept bouffées avant de prendre la parole et nous détruirons la langue de bois. Ma santé morale et psychologique, je la dois à mon plaisir. Et cette fumée bleue ou grise, j'y puise une part de mon inspiration. Bonheur ! Je vais fumer la pipe en parcourant ce beau livre. Tous mes sens vont être satisfaits. Ce que je vous souhaite, lecteur, franc lecteur, mon semblable, mon frère.

Robert Sabatier

de l'académie Goncourt

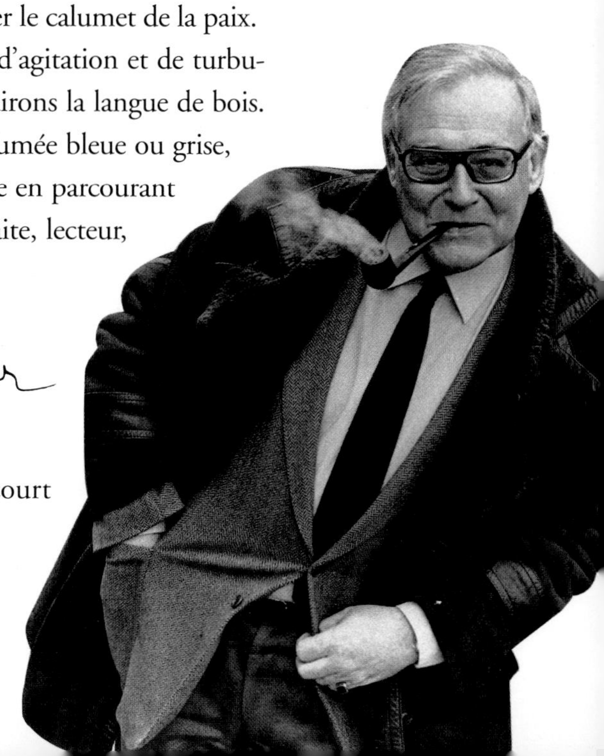

LES VOLUTES DE LA SÉRÉNITÉ

Bourrez votre pipe, allumez-la puis, tous vos sens et votre intellect soudainement aiguisés dans les volutes bleutées qui s'élèvent, cherchez longtemps une réponse à cette question d'apparence très simple : aussi bien pour vous que pour les non-fumeurs, existe-t-il un objet évoquant sans réserve et aussi instantanément que la pipe un plaisir subtil, un certain confort, une parfaite sérénité ? Il est à parier qu'à la fin de votre pipe vous aurez répondu « non ». À cet égard, rien ne vaut une « bonne pipe »... Quelle image pourrait montrer à qui n'en aurait pas la moindre idée tout ce que recèle cette formule chère aux amateurs, ce véritable concept hédoniste ? Peut-être faudrait-il planter le décor d'une pièce calme et faiblement éclairée, et là faire apparaître un homme bien calé dans un fauteuil confortable devant un feu de bois, songeur, tenant d'une main un verre de vieux cognac et de l'autre sa pipe d'où s'échappe un peu de fumée. On aurait ainsi, déjà, l'idée d'une atmosphère. Car, que ce soit comme ici dans l'espace clos d'un intérieur feutré ou ailleurs, au travail, dans un train, dans une rue, le climat distillé par la pipe est le même. Le fumeur de pipe, à l'inverse du fumeur de cigarettes, déguste lentement son plaisir, à petites bouffées, et c'est bien plus que de la fumée qu'il inhale : c'est une sérénité. Mais ce décor ne dirait pas toute la richesse, toute la générosité de sa pipe. Il faudrait aussi montrer cet homme caressant amoureusement l'objet de son délice. Aussi bien des yeux, parce qu'il a été séduit par l'harmonie de ses formes et de ses couleurs dès qu'il l'a rencontré, que de la main, car sa matière naturelle et vivante, la fine texture de sa bruyère ou de son écume, et plus encore sa douce tiédeur sont particulièrement délectables au toucher. Il faudrait encore suggérer l'enchantement de ses narines délicatement chatouillées par tous les parfums du tabac avant même qu'il ne soit fumé et par ceux, très différents, du tabac pendant sa combustion : par exemple quelques arômes de cacao, de rhum ou de vanille, quelques senteurs de sous-bois en automne, quelques effluves de terre mouillée par la pluie, quelques épices de souk oriental. Il conviendrait enfin de donner une idée de ce que ressentent ses papilles au contact de cette fumée douce et tiède, dont les subtiles saveurs, cette fois incomparables, valent bien celles des vins, des thés, des chocolats les plus délicieux.

Quelque part en France, la sérénité d'une « bonne pipe »... (double page précédente). Favorisant la création, la pipe a toujours été la compagne familière des artistes, des poètes et des écrivains. Gustave Courbet en a fait un élément essentiel de ses autoportraits (ci-contre, *L'Homme à la pipe*).

Celui qui n'a jamais fumé une pipe, ou pis encore celui qui n'a jamais su bien fumer une pipe, aurait dès lors un petit aperçu de tout ce qu'il perd : un plaisir total, réjouissant au moins quatre des cinq sens et l'esprit en plus.

Mais tant de propriétés font de la pipe un objet absolument unique dans l'histoire des hommes, que d'autres mots viennent à l'esprit pour l'évoquer, qui dépassent forcément l'activité quotidienne des fumeurs : le mystère, la magie. Seul un dictionnaire peut prétendre que la pipe n'est qu'un instrument destiné à fumer du tabac. Malgré les apparences, elle est restée, depuis son origine, un objet venu de la face cachée de l'univers : celle du sacré, du magique, du religieux. Elle est un objet de terre, d'air, de feu et d'eau, que le fumeur touche, tête, aime et protège parce qu'en échange elle lui apporte beaucoup, et particulièrement tout ce qui sans elle lui ferait défaut. Cette nature particulière de la pipe, qui dépasse de beaucoup sa simple fonction, explique sans doute pourquoi de nombreux peintres et écrivains ont choisi, pour représenter avec le plus d'évidence la bienheureuse passion du fumeur, de montrer celui-ci alors même qu'il ne fumait pas.

Lisez par exemple *Voyages avec ma pipe*, recueil de récits de voyages paru en 1920 et dont on redécouvre, depuis quelques années en France, l'auteur Léon Werth. Un esprit si libre, si profondément émerveillé d'un rien que Saint-Exupéry lui dédia son *Petit Prince*. Dans ce livre de deux cents pages où Werth nous emmène, parfois seulement en rêve, de la Bretagne au Honduras en passant par Paris et la Hollande, la pipe de l'auteur n'apparaît quasiment jamais. Cette absence de la pipe dans l'ensemble du livre, que rend manifeste sa présence éclatante dans le titre, nous délivre un enseignement précieux. De la même manière qu'il se refuse à parler de lui, « ...tout voir, sans être vu », écrit-il, Werth a décidé ne pas montrer sa pipe. Car elle est un si intime compagnon de voyage qu'elle et lui ne font qu'un. (C'est le cas aussi pour Derzou Ouzala,

Quant à Jean de La Varende, dans le calme de son manoir normand, il tirait de sa pipe l'inspiration de ses romans, tous à la gloire du passé de son terroir, de ses traditions catholiques et royalistes (page ci-contre, photographié par Robert Doisneau en 1943).

Guillaume Apollinaire – ici vers 1911 dans l'atelier de son ami Picasso (à gauche) – et le sculpteur Ossip Zadkine (à droite) – photographié dans son atelier à Paris par A. Kertèsz en 1926 – furent des artistes résolument modernes et témoins de leur temps.

Courbet, *Autoportrait au chien noir* de 1842 ou le pinceau métamorphosé en pipe (page ci-contre, en haut).

Verlaine et Rimbaud – que l'on reconnaît à gauche – ont rendu célèbre ce *Coin de table*, peint par Fantin-Latour en janvier 1872. Rimbaud, qui venait d'immortaliser sa pipe Gambier dans le sonnet *Oraison du soir*, méprisait ouvertement Ernest d'Hervilly, médiocre poète qu'on voit ici fumer sa pipe (page ci-contre, en bas).

dont la pipe n'apparaît que rarement dans le récit d'Arséniev, lorsque le chasseur s'endort, par exemple, et qu'elle tombe enfin de sa bouche.) Et pourquoi Werth la montrerait-il, puisqu'elle est aussi le secret du voyage, son indicible formule magique, sa clé ? Elle est bien plus qu'un simple plaisir des sens, elle est la compagne familière, mais aux pouvoirs mystérieux, qui ouvre les portes du monde aux yeux du voyageur émerveillé.

Voyez aussi *Le Souffleur à la pipe*, tableau dont il ne reste que des copies et que Georges de La Tour peignit probablement en 1648. On sait que La Tour représentait en général les scènes profanes dans la lumière du jour, et celles d'inspiration religieuse dans la lueur qu'une flamme donne à la nuit. Aussi le fumeur de pipe aurait-il dû être présenté en plein jour, au même titre qu'un musicien, un joueur de cartes ou une diseuse de bonne aventure. Mais La Tour a choisi la nuit. Car ce qu'il a voulu montrer n'était pas le plaisir apparent de ce qu'on devait appeler alors un « pétuneur », qui ne l'aurait pas distingué d'un simple amateur de bonne chère. C'était comment, par le moyen de cette pipe et du rituel qu'elle imposait, le fumeur entrait dans le monde du sacré. Et la pipe n'était pas que ce simple objet en terre sans doute fabriqué à Gouda, tenue dans la main du fumeur, elle était aussi le souffle sur la braise, et la flamme qui naît du tison, et la lumière de cette flamme. Elle était aussi le calme et le silence de la nuit qu'on devine dans l'ombre, la gravité du fumeur voué tout entier à son rite et, surtout, l'intimité de celui-ci. La lumière de la flamme n'éclairait que le jeune homme et sa pipe. Ils étaient à cet instant absolument seuls au monde, environnés de mystère. Cette lueur où ils allaient s'unir, se compléter, était un univers de paisible bonheur où rien ni personne d'autre ne pouvait entrer.

Ainsi La Tour saisissait l'essentiel, qui tient en quelques mots : la magie, le rite, l'intimité, le plaisir. Observez maintenant *Courbet au chien noir*, autoportrait d'un peintre de génie qui n'avait alors que vingt-trois ans. Deux siècles avaient passé, l'univers de la peinture n'était plus le même et Courbet n'avait pas les élans mystiques de La Tour. Et pourtant... Le fier jeune homme exposait, non sans une certaine arrogance, l'intime décor de son plaisir d'où nous sommes manifestement exclus. Courbet semble nous dire : « Voyez tout ce que j'aime, et qui me suffit. Au premier plan naturellement moi-même, car je suis un beau jeune homme romantique, très doué et plein d'avenir. Puis, sans ordre particulier, la campagne et ses fleurs, ma canne pour la parcourir, mon album pour la dessiner, mon chien pour m'accompagner, et ma pipe... » Et sa pipe, en effet, à quoi pouvait-elle bien servir ? Elle paraît éteinte, comme celle de La Tour, placée bien loin de la bouche du fumeur. Encore une fois, la banale fonction de l'objet n'a pas d'importance. Regardez-la bien, à cet instant où le peintre nous toise à travers le miroir de son autoportrait, à cet instant donc où il peint : il la tient comme un pinceau. Elle est le pinceau. Et même : elle vaut mieux qu'un pinceau. Son rôle n'est pas de consumer du tabac et de procurer du plaisir, mais mieux qu'un pinceau, et par on ne sait quelle magie, de servir d'intermédiaire entre le peintre et son tableau. Tout à coup l'univers de La Tour et celui de Courbet se ressemblent, où la magie d'une pipe fait naître des mystères dans le cadre exclusif de l'intimité. Comme la pipe, en effet, les objets exposés et le chien sont des choses qui ne se prêtent ni ne s'échangent, elles n'appartiennent qu'à un seul homme. Et la pipe, qu'elle soit ou non éteinte, transmuée en pinceau par une étrange alchimie donne au peintre le pouvoir de créer.

De nombreux artistes, philosophes ou scientifiques fumeurs ont ainsi décrit cette fonction créatrice de leur pipe. « Fumer la pipe dispense de penser », écrivit tout simplement Schopenhauer pour résumer en une formule lapidaire cet indiscutable phénomène. Il voulait dire qu'en fumant la pipe les pensées viennent toutes seules, ce qu'implicitement suggérait déjà Courbet à propos des formes et des couleurs. Et quelque temps plus tard, à la fin du XIXe siècle où pointait la menace de la cigarette, Mallarmé, qui y avait succombé comme le montre son beau portrait par Manet, rendait justice à sa pipe délaissée car elle seule pouvait l'engager au travail et en même

« La Tour insiste moins sur l'effet du visage un instant tiré de l'obscurité par l'éclat soudain de la lumière, et préfère la confrontation, comme arrêtée dans le temps, d'un profil et d'une flamme. » Jacques Thuillier, *Georges de La Tour* (ci-contre, *Le Souffleur à la pipe*). À chacun son tempérament : Daumier préférait la caricature. Mais, s'il ridiculisait les excès du tabagisme, la parole du fumeur à son fils n'en contenait pas moins sa part de vérité : « Fume, fume, fume ! Il n'y a que la pipe qui distingue l'homme des animaux ! » (ci-dessous).

temps, fonction indis
sable au poète, le nourr
souvenirs et de rêves : «
j'ai trouvé ma pipe en ré
une longue soirée de tr
de beau travail d'hiver. J
les cigarettes, avec tout
joies enfantines de l'été,
le passé qu'illuminer
feuilles bleues de solei
mousselines, et repris
grave pipe par un ho
sérieux qui veut fume
déranger, afin de mieu
vailler : mais je ne m'
dais pas à la surprise qu
parait cette délaissée :
ne eus-je tiré la pre
bouffée, j'oubliais les
livres à faire, émervei
l'hiver dernier qui reve

Mallarmé sérieux
prendre sa pipe, comm
Tour, mais après la pr
par la magie de sa pip
par celle d'une madele
devine que le souffleu
n'offre ses plaisirs et
d'être respectée.

D'où vient donc c
la pipe d'inviter à la
témoigner aussi bien
Mark Twain ou Gü
Manet, Newton ou
ment de délier la p
énigmes, comme le p
avec éclat les troi
célèbres détectives de
rature et du cinéma
lock Holmes, Philip
we et le commissaire
D'où vient, en u
qu'elle favorise l'act
l'esprit, sans que les
tés douteuses du
soient pour quelque
Cette fois, c'est Bau
que son portrait par
nous montre la pipe
dents – qui nous s
réponse, dans le célè
net où il la fait par
suis la pipe d'un aut
Quand il est comblé

Qui saura la part de la pipe dans l'élaboration par Carl Gustav Jung de la théorie de l'inconscient collectif ? Le psychiatre suisse fut un temps le disciple de Freud. Mais, entre les deux savants, une divergence de taille apparut : contrairement à Jung, Freud, un beau jour, se mit à préférer le cigare à la pipe... (ci-dessus)

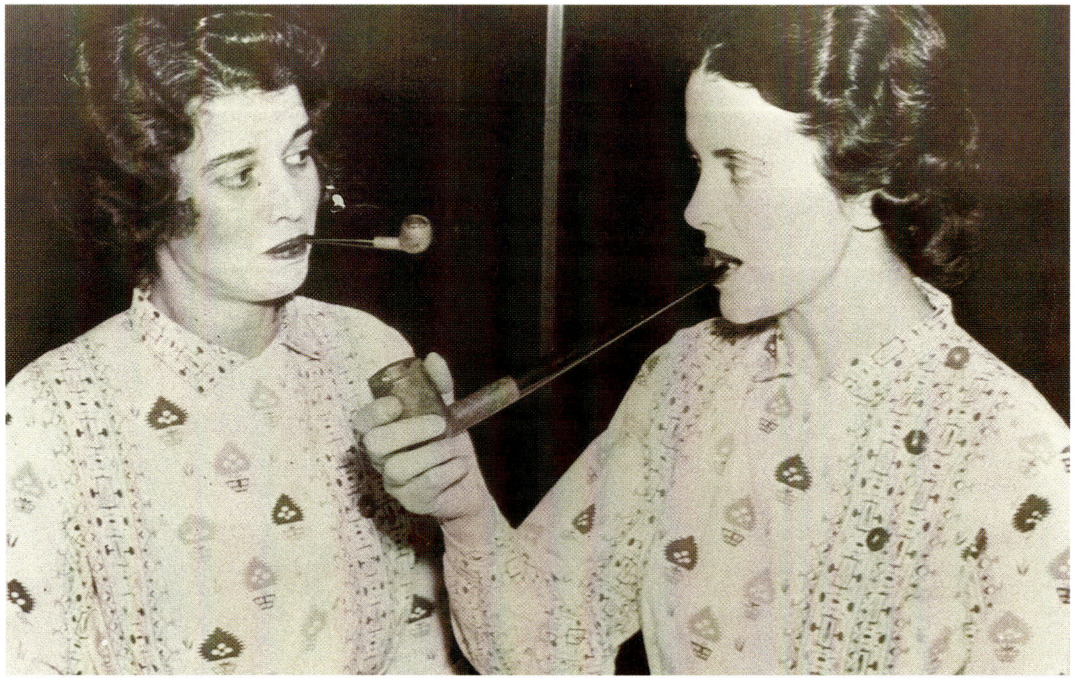

Les femmes qui osent franchir le pas deviennent des fumeuses tout aussi expertes et passionnées que les hommes. Elles préfèrent souvent des pipes aux formes plus graciles, spécialement conçues pour ne pas nuire à leur féminité. Telle Louisa Wilke, dans les années trente, fille du fabricant du même nom, observant sa sœur Anna : celle-ci, en revanche, n'hésite pas à savourer un gros modèle... (ci-contre).

Qu'il soit malséant pour une femme de fumer la pipe est un préjugé tenace. Il contraint même certaines fumeuses à prétendre qu'elles achètent une pipe pour leur mari... Un préjugé très tôt combattu par George Sand, qui fuma longtemps la pipe avant de se consacrer à la cigarette. Et c'est une George Sand fumeuse de pipe que croqua Musset dans un petit dessin, vers 1835 (ci-dessous).

humour dans *La Clé des gestes* : « Il serait difficile de convaincre un homme d'affaires, tétant sa pipe éteinte ou tirant sur son cigare, qu'il est en réalité en train de chercher un petit réconfort personnel dans une version sophistiquée de la sucette de bébé. »

Cette interprétation amène naturellement une question subsidiaire : pourquoi donc, à de rares exceptions près, les femmes ne fument-elles pas la pipe ? Il semble en fait que les femmes se contentent de la cigarette, en guise de substitut de la tétée, pour des raisons à la fois symboliques et historiques. Contrairement au tabac à priser, qui a rapidement conquis au cours du XVIe siècle hommes et femmes de la bonne société, la pipe est demeurée quelque temps un instrument utilisé surtout par les marins et les soldats. Très tôt – et toute l'imagerie populaire hollandaise en témoigne dès le XVIIe siècle – elle est aussi apparue comme un symbole phallique évident, source constante d'insinuations grivoises, voire paillardes. D'où son association durable à la convivialité bien virile des carrés et des casernes, voire des tavernes, que bien peu de femmes ont osé assumer : sauf celles qui voulaient, et veulent toujours, s'affranchir d'une certaine image jugée trop délicate de la féminité, et dont George Sand demeure l'exemple le plus célèbre. La « bonne dame de Nohant » fuma la pipe, avant de découvrir la cigarette, et c'est s'adonnant à ce plaisir qu'un petit dessin de Musset nous la montre, vers 1835. Nul ne saura cependant si cette volonté particulière animait la très énergique marquise de Pompadour, favorite de Louis XV, qui possédait trois cents pipes et les fumait avec passion, ou encore la très délicate Élisabeth Vigée-Lebrun, qu'un autoportrait représente fumant une pipe en terre devant un nécessaire de fumeuse avertie. Mais c'est sans doute dans le monde paysan, où les femmes ont toujours partagé à égalité avec les hommes les corvées les plus pénibles, que cette idée préconçue sur l'aspect par trop viril de la pipe s'est le moins répandue. Il n'y a pas si longtemps, en Bretagne, pays de marins et de paysans, il n'était pas rare de rencontrer des fumeuses de pipe. Aujourd'hui encore, de nombreuses femmes n'hésitent pas à pétuner dans le

De longs et fins tuyaux, ajoutés à des fourneaux légèrement inclinés, font des anciens modèles de pipes en terre des objets gracieux, particulièrement bien adaptés aux fumeuses (page ci-contre). Marins ou paysans, les Bretons ont toujours été de grands fumeurs de pipe, sans distinction de sexe jusqu'au milieu du XXe siècle (ci-contre).

Nous sommes au Danemark, au cours de l'hiver 1819 : *Der Richter Jacob Wilder* (« Le Juge Jacob Wilder ») finit paisiblement ses jours en vieux bébé tétant sa pipe plus qu'il ne la fume... Tableau de Johann August Krafft, peintre de l'École allemande (1798-1829) (page ci-contre).

Relativement fréquentes jusqu'au XIXe siècle, les pipes à très long tuyau, outre leur fumée douce et légère, présentaient un indéniable avantage : il était le plus souvent impossible de les allumer seul, incitant les fumeurs à la convivialité. Ainsi celle des *Artistes danois à Rome*, représentée par Constantin Hansen en 1837 (ci-contre).« Tout compte fait, l'amour est très terre à terre, comparé à la spiritualité d'une pipe à tabac. » Pensée radicale des frères Goncourt, émise dans leur *Journal*. Et qui sait vers quelles hauteurs est aspiré Jules de Goncourt, à ce moment sublime et délicieux où nous le montre une illustration du *Journal de l'Art* ? (ci-dessous)

de l'état de nature, de l'animal : un savoir, une culture, un peu de civilisation. La pipe est le propre de l'homme.

Doit-on s'inquiéter, dès lors, de son déclin ? Celui-ci a commencé après la Première Guerre mondiale, alors que s'imposait partout la cigarette. Il s'est accéléré durant ces vingt dernières années, comme si nos modes de vie nous empêchaient toujours davantage de sacrifier au rituel de la pipe un peu de notre temps. Et si les représentations de la pipe ont longtemps foisonné dans tous les arts, elles ont quasiment disparu de la peinture, de la littérature, du cinéma d'aujourd'hui. On pourrait s'interroger longtemps sur cette désaffection, tout à fait comparable à celle qui menace désormais la lecture. À certains égards, les deux activités sont similaires : toutes deux exigent une participation active, donc un petit effort. Et peut-être demandent-elles aussi un peu de la lumière de La Tour : si cette lueur suggère mystère et silence, calme et solitude, elle est avant tout celle de la « flamme », autrement dit de la passion, de la ferveur.

Nous verrons ici qu'il est plusieurs raisons d'espérer. De même que le livre, la pipe ne sombrera pas dans cette époque aussi provisoire que les objets qu'elle vénère. Au moins parce qu'elle offre depuis toujours à l'homme une autre propriété singulière, fort utile pour mieux vivre en société : à celui qui se sent agressé par les incertitudes ou les violences du monde, elle donne le réconfort du repli sur soi et du rêve ; mais à celui qui à l'inverse souffre de se sentir seul au monde, elle permet, grâce au petit savoir qui l'accompagne et à son rituel qu'il est toujours loisible de partager, le réconfort de la convivialité. Dans le monde entier, les fumeurs de pipe les plus passionnés aiment se rencontrer pour partager leur ferveur.

Or ces deux aspirations humaines que la pipe peut combler, le désir de s'ouvrir au monde et le besoin de s'en protéger, on les rencontre toujours, en réalité, réunies en une seule et même personne. Chacun d'entre nous, tout simplement, qui recherchons entre les termes de cette alternative un certain art de vivre. Et à l'horizon du troisième millénaire, rien n'indique qu'à cet égard nous soyons près de changer...

HISTOIRE

Au commencement était le feu. Si nul ne saura jamais où et quand est née la première pipe de l'Histoire, il est certain qu'elle est issue d'une imagination fort ancienne, peut-être préhistorique, stimulée par l'inhalation de la fumée d'un feu. La mythologie des Grecs retraçait déjà cet épisode en un saisissant raccourci : Épiméthée, enchanté par l'odeur de la fumée du feu que son frère Prométhée venait de ravir aux dieux, s'était mis à l'inhaler à l'aide d'une paille. Les deux titans avaient été châtiés, et toute l'humanité avec eux, pour s'être ainsi approprié un bien dont seuls les dieux semblaient dignes.

Ces premières pipes perdues dans la nuit des temps, nous pouvons facilement les imaginer. La nature ne manque pas d'éléments propices, à peine transformés, à l'inhalation de la fumée : une paille, une simple feuille qu'on roule, un os qu'on évide, un roseau fiché dans une graine creuse... Mais nous devons attendre les temps « historiques », les premiers témoignages écrits et ce que laissent deviner les trouvailles de l'archéologie pour connaître un peu mieux nos ancêtres fumeurs.

Herbe délicieuse, voire miraculeuse, ou vice dégradant ? En envahissant l'Ancien Monde, le tabac déclencha des passions contradictoires opposant hédonistes et vertueux hypocrites. Cette *Allégorie des fumeurs* (Hollande, XVIIe siècle) ne devait pas les réconcilier... (ci-dessous)

« En Égypte, raconte le naturaliste et voyageur français Sonnini vers 1780, le passe-temps ordinaire est de fumer et de boire du café. Du matin au soir, on a la pipe à la bouche : à la maison, chez les autres, dans la rue, à cheval [...] Le tube des pipes extrêmement long est en bois varié, et le plus souvent odoriférant. J'en ai gardé un de jasmin, long de plus de six pieds [...] Les pipes de bois plus communs sont enveloppées d'une étoffe de soie entourée de fils d'or [...] La partie qu'on met dans la bouche est un bout d'ambre jaune dont l'odeur douce et suave, lorsqu'il est chauffé ou pressé, atténue le goût piquant du tabac. » Page ci-contre : *Le Vendeur de pipes à tabac au café mauresque*, par Georg Ferdinand Waldmüller (1793-1865).

Avant le tabac

Les historiens s'accordent au moins sur un point, qui pourrait enrichir la méditation des fumeurs de pipe : dans la plupart des civilisations anciennes, la fumée – née d'un prodige et s'élevant vers le ciel, médiation entre les hommes et les dieux – était toujours associée à un rituel religieux. Ainsi certaines paroles divines, certains oracles tel celui de Delphes, s'exprimaient au moyen de fumigations. Fumées rituelles et souvent enivrantes, réservées d'abord aux prêtres, aux sorciers, aux chamans, qui se voyaient investis par la puissance divine et donc capables de prévoir, de guider, de purifier et de guérir. Ces pratiques survivent encore aujourd'hui en quelques rares lieux isolés du monde, en Amazonie par exemple. Mais aussi, très couramment, dans le rituel de purification par l'encens dans les églises chrétiennes. Le premier témoignage écrit de ces fumigations rituelles nous vient d'Hérodote, au Ve siècle avant notre ère, qui rapporta l'usage du chanvre par les Scythes. La fumée des graines jetées sur des pierres brûlantes faisait pousser à ces derniers des « hurlements de joie ». Des découvertes archéologiques dans des tombes scythes ont complété son témoignage et ont permis de conclure à un rite funéraire plutôt qu'au simple plaisir de l'ivresse : extasié par la fumigation du chanvre, le prêtre guidait l'âme du mort dans l'au-delà.

Des fins religieuses aux vertus thérapeutiques de la fumée des plantes, il n'y a qu'un pas très tôt franchi par les Grecs. Au Ve siècle avant J.-C., Hippocrate, premier maître de la médecine scientifique, prescrivait des fumigations pour traiter certaines affections gynécologiques. Afin de guérir leurs maux les plus courants – du simple refroidissement à l'impuissance –, les Romains inhalaient la fumée d'un grand nombre de plantes : chanvre, tussilage, lavande, jusquiame, origan, thym, menthe, verveine... Et nous savons que ces inhalations se pratiquaient parfois à l'aide d'instruments. Le plus souvent, il s'agissait d'un simple roseau. Mais pour se guérir ou seulement s'enivrer, les Romains utilisaient aussi des os à moelle évidés, et même, selon certains, de véritables pipes à fourneau en terre. Ces deux instruments à fumer sont les premières pipes « historiques », retrouvées par les archéologues. Les premiers proviennent de fouilles effectuées dans le Yorkshire : les légionnaires romains semblent avoir fait connaître aux Celtes l'usage de l'os pour fumer. Les seconds, des pipes en terre baptisées *elfin pipes* (pipes de fées) par leurs inventeurs en raison de leur petite taille – leur fourneau rappelle celui des pipes à opium chinoises –, ont été découverts en Écosse et en Irlande au début du siècle. Mais certains archéologues contestent aujourd'hui une datation si ancienne, tout comme celle d'autres pipes retrouvées dans le Jura ou en Côte d'Or, qui sont en fer et qu'on a dit gallo-romaines. Des pipes en terre qui semblent d'époque romaine ont été également découvertes en Espagne. Plusieurs lampes à huile, enfin, ont été exhumées lors de fouilles à Senèmes, près de Vaison-la-Romaine : on y voit un personnage ithyphallique dans une position assez acrobatique, tenant à la main ce qui paraît être une longue pipe.

Dans cette paisible *Cour de maison à Delft*, peinte par Pieter de Hooch (1629-1688), un bourgeois savoure un moment de détente. À quelques dizaines de kilomètres de là, les manufactures de Gouda produisent des millions de pipes en terre, exportées dans l'Europe entière (page 24 – 25).

De toutes ces pipes de l'Antiquité européenne déterrées au tout début du XXe siècle, aucune n'a formellement été authentifiée depuis. On a trouvé sur la plupart d'entre elles, au contraire, des signes évidents de techniques apparues beaucoup plus tardivement dans l'Ancien Monde. De plus il n'existe aucune trace, pas même écrite, d'un quelconque usage de la pipe en Europe durant tout le Moyen Âge. Ces indices permettent aujourd'hui aux historiens de penser que l'usage de la pipe n'a pas été connu dans l'Ancien Monde avant le XVIe siècle, si ce n'est – mais l'hypothèse demeure invérifiable – de manière extrêmement localisée.

C'est sur le continent américain qu'on a retrouvé les pipes les plus anciennes. Ces pipes précolombiennes en terre cuite, ornées de motifs religieux, proviennent du Mexique (ci-dessus) et de Colombie (à droite). La pipe esquimaude (ci-dessous) témoigne aussi d'un usage ancien en Amérique septentrionale. Elle est constituée d'un fourneau en étain et d'un long tuyau formé de deux pièces de bois réunies par des ligatures en cuir de phoque.

Nous savons aussi que des civilisations plus lointaines ont connu très tôt l'usage de la pipe. Celles rapportées par les premiers explorateurs de l'Afrique, souvent très finement sculptées, en cuivre, en bois, en fer, témoignent d'une pratique très ancienne sur ce continent. Mais rien n'indique qu'elle soit antérieure au début du XVIe siècle, date de l'introduction du tabac sur les rives occidentales de l'Afrique, liée au commerce des esclaves. En Inde, certaines tribus s'adonnaient à un étonnant mode d'inhalation, qu'on pourrait appeler la « pipe collective à foyer fixe » : quelques fumeurs creusaient un trou qu'ils remplissaient d'herbes ou de feuilles odoriférantes ; une fois ces plantes attisées par des braises, ils recouvraient le trou avec un peu de terre et aspiraient convivialement la fumée plus ou moins prisonnière à l'aide de roseaux. Cette technique a perduré au cours des siècles... à la grande stupéfaction de quelques poilus de la guerre de 14 qui, partageant un jour leur tranchée avec des soldats indiens, les virent creuser la terre et se mettre à fumer selon leur méthode ancestrale.

Les premières pipes à tabac

Les véritables ancêtres du fumeur de pipe contemporain furent sans conteste les Indiens d'Amérique. Jusqu'aux dernières années du XVe siècle, en effet, eux seuls dans le monde appréciaient couramment les vertus d'une plante à fumer inconnue ailleurs : certains d'entre eux l'appelaient *petun*, et d'autres *tabaco*. On lira plus loin le détail de l'origine de cette plante, aujourd'hui répandue sur tous les continents. Son usage est attesté chez les Amérindiens depuis plusieurs millénaires. Des fouilles entreprises dans la presqu'île de Yucatán ont permis de découvrir, en même temps qu'une série d'objets datant de quinze mille ans, du pollen de tabac. Quant à l'usage de la pipe en Amérique précolombienne, il semble d'abord prouvé par l'une des plus anciennes représentations connues de cet objet, que certains historiens hésitent à identifier formellement : on peut voir, sur un bas-relief d'un temple maya bâti au VIe siècle de notre ère à Palenque, au Mexique, un prêtre en tenue de cérémonie portant à sa bouche un long tuyau d'où sort une épaisse fumée.

Plusieurs pipes précolombiennes ont d'autre part été retrouvées, en Amérique centrale et dans la vallée du Mississippi. Elles sont en stéatite rouge ou en catlinite (un schiste), sculptées ou peintes de différents motifs : oiseaux, reptiles et têtes d'homme. Ici comme ailleurs, les motivations du fumeur étaient essentiellement religieuses. Les prêtres mayas, au cours de certains rituels, soufflaient de la fumée vers les quatre points cardinaux. Chez les Indiens du Nord, la fumée du tabac inhalée dans des calumets en bois ou en pierre était censée posséder des vertus magiques. C'est par elle que les dieux guérissaient, insufflaient la force nécessaire pour triompher de ses ennemis puis garantissaient la paix. Mais on peut se demander si les Amérindiens, peu à peu, n'ont pas aussi détourné ces pratiques magiques et religieuses du tabac à une fin plus humaine et plus banale : leur propre plaisir. Ce sont de simples amateurs, en effet, que les premiers voyageurs européens semblent avoir rencontrés en grand nombre à la fin du XVe siècle. L'Europe allait bientôt s'y adonner.

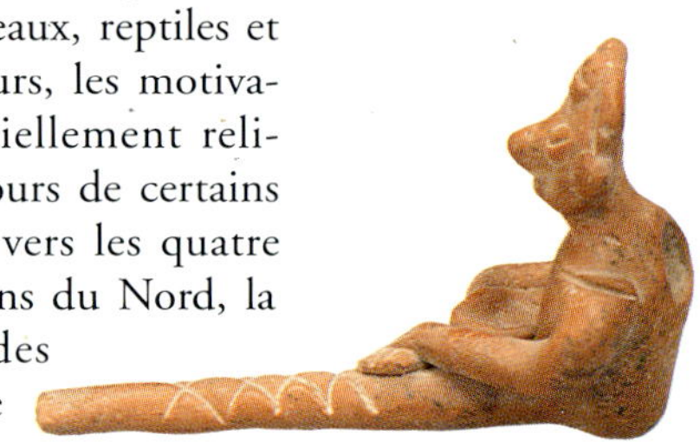

« Avec cette pipe sacrée, vous marcherez sur la Terre (...). Le fourneau de cette pipe est de pierre rouge ; il est la Terre. Le jeune bison gravé dans la pierre, et qui regarde vers le centre, représente les quadrupèdes qui vivent sur notre Mère. Le tuyau est de bois, il représente tout ce qui croît sur la Terre. Et ces douze plumes qui pendent, là où le tuyau pénètre dans le fourneau, appartiennent à l'Aigle Tacheté, et représentent l'aigle et tous les êtres ailés du ciel. Tous les êtres de l'univers sont contenus dans la pipe, et ils fument avec vous pour envoyer une voix à Wakan Tanka, le Grand Esprit. Lorsque vous priez avec cette pipe, vous priez pour toutes les choses de l'univers, et toutes les choses de l'univers prient avec vous. » Black Elk, saint homme des Sioux Oglalas, cité par Serge Bramly dans *Terre sacrée* (page ci-contre : Rocky Bear, Sioux, Omaha, 1899).

« C'était des herbes sèches, enroulées dans une certaine feuille, sèche elle aussi [...] Ils les allumaient par un bout, suçaient l'autre et absorbaient la fumée par aspiration [...] Ils les appelaient *tabaccos*. » Ainsi Las Casas, compagnon de voyage de Christophe Colomb, décrit-il l'étrange coutume des Indiens. André Thevet en donna une saisissante illustration dans sa *Cosmographie universelle* (1575) : *Indiens fumant à la chasse* (page ci-contre, en haut). Les premiers plants de tabac apparurent en Afrique dans la première moitié du XVe siècle, sur sa côte occidentale, importés par les Portugais. Son expansion y fut étroitement liée au « commerce triangulaire », qui consistait à échanger des esclaves africains contre des marchandises américaines revendues en Europe. Un lugubre commerce qui n'apparaît pas dans cette idyllique vision de l'Afrique, pourtant contemporaine, faisant partie d'une *Allégorie des quatre continents* (page ci-contre, en bas).

La conquête de l'Europe

Christophe Colomb découvrit le tabac en même temps que le Nouveau Monde le 15 octobre 1492, trois jours après avoir jeté l'ancre de sa caravelle, la *Pinta*, devant l'île de Gunahani dans l'archipel des Bahamas. Ce jour-là, dans son journal, le Génois nota que l'un de ses hommes avait croisé un indigène transportant dans sa pirogue de « grandes feuilles sèches auxquelles il semblait attacher une grande importance ». Pour la première fois dans l'Histoire, l'homme blanc se trouvait face au dieu tabac. Poursuivant son périple, la flotte de Colomb toucha bientôt l'île de San Fernando – aujourd'hui Cuba. Quelques jours plus tard, des marins envoyés en reconnaissance rencontrèrent des Indiens des deux sexes se promenant « avec un petit tison allumé, composé d'une sorte de plante dont ils aspirent le parfum selon leur coutume ».

L'un de ces marins s'appelait Rodrigo de Jerez. Étonné par cette étrange pratique dont il ne devinait pas la raison, il se procura l'un de ces petits tisons et essaya lui-même. Il en fut enchanté, si l'on en juge par la décision qu'il prit de troquer quelques-unes de ces feuilles contre de la pacotille et de les rapporter en Espagne. Premier Européen fumeur de tabac, Rodrigo de Jerez en fut aussi la première victime. Car l'intolérance des autorités religieuses et politiques à l'égard de cette plante considérée comme diabolique se manifesta dès son apparition sur le Vieux Continent. En 1498, au retour de l'une de ses expéditions dans le Nouveau Monde, le navigateur fut arrêté dans une rue de Barcelone alors qu'il y fumait nonchalamment sa plante favorite. Aussitôt jugé par l'Inquisition, dénoncé comme sorcier possédé du démon puisqu'il exhalait de la fumée par le nez et la bouche tel le diable en personne, le malheureux précurseur fut enfermé dix ans dans un lugubre cachot.

Cette sévère condamnation ne découragea pas les amateurs de tabac, de plus en plus nombreux, initiés d'abord par les marins espagnols et portugais. Apparemment, peu leur importaient les jugements prononcés par quelques moines fanatiques contre ce plaisir scandaleux, ce « vice » résultant de pratiques superstitieuses impies. En fait, l'usage du tabac connut un essor foudroyant

en Europe dès les premières années du XVIe siècle. Et peu importe de savoir qui fut le premier importateur « officiel » du tabac sur le Vieux Continent, du moine espagnol Ramon Pane, de Cortez, de Hernandez de Tolède, du Flamand Damien de Goes, tous invoqués à ce titre par différents historiens. Le plus important demeure que chaque vaisseau revenant du Nouveau Monde transportait à son bord quelques balles de tabac et surtout des graines du précieux végétal, d'abord cultivé en Espagne et au Portugal.

En France, une tradition ancienne veut que Jean Nicot, ambassadeur de François II auprès de la cour du Portugal, ait été le premier, en 1560, à introduire le tabac dans son pays. Après avoir découvert la plante à Lisbonne, et constaté ses vertus curatives lorsqu'elle était prisée, il en aurait envoyé quelques mesures à la mère du roi, Catherine de Médicis, qui souffrait de migraines. Une lettre de Jean Nicot adressé le 26 avril 1560 au cardinal de Lorraine permet de savoir quel fut son véritable rôle dans l'histoire du tabac en France. Il y rapporte l'existence et les vertus d'une plante censée guérir certains ulcères cutanés, dont le *Noli me tangere* : « J'ay recouvré d'une herbe d'Inde, de merveilleuse et expérimentée propriété contre le *Noli me tangere*, et les fistules déplorées comme irrémédiables par lez médecins, et de prompt et singulier remède aux navrés. Si tost qu'elle aura donné sa graine jen envoyeray à vostre jardinier à Marmoustier, et de la plante mesme dedans ung baril avec une instruction pour la replanter, et entretenir, tout ainsy qu'ay faict pour les orengiers. »

Toujours est-il que Catherine de Médicis eut un jour l'occasion de consommer cette « herbe d'Inde », s'en trouva soulagée, et fit partager la recette à son entourage. Peu après toute la cour prisait. La mode était lancée. On appelait le remède miracle « herbe à la reine » ou « médicée ». Dix ans plus tard, le botaniste Jean Liébault associait à jamais Nicot à l'univers du tabac, en utilisant son nom pour baptiser savamment la nouvelle plante : la *Nicotiana*, dont fut extrait au début du XIXe siècle un alcaloïde fatal à l'état pur, la nicotine.

En réalité, et quelle que soit l'origine de l'engouement pour le tabac en France, son pre-

Le moine cordelier André Thevet (1504-1592) fut le véritable introducteur du tabac en France (ci-contre). C'est dans son jardin d'Angoulême que le grand voyageur, cosmographe du roi, fit pousser dès 1556 quelques plants de tabac rapportés du Brésil.

mier importateur s'appelait André Thévet. Moine cordelier, grand voyageur et botaniste, c'est au Brésil qu'il fut émerveillé par les belles fleurs de tabac. Il décida de rapporter en France cette plante bientôt baptisée *Angoulmoisine* en l'honneur de sa ville natale, puis de la faire pousser dans son jardin dès 1556. Mais d'autres Français ne l'avaient pas attendu pour succomber aux délices de la plante. Un texte français le prouve, écrit en 1525 par Pierre Grignon, cartographe et navigateur dieppois, auteur d'une *Perle de la cosmographie* : « Hier, j'ai rencontré un vieux matelot et j'ai pris avec lui un broc de vin de Bretagne. Tout en buvant, il a sorti soudain de sa bougette un objet en terre blanche que j'ai pris d'abord pour un écritoire d'écolier ; on eût dit un encrier avec un long tuyau et un petit gallimard ; il a rempli le gros bout de feuilles brunes cassées par lui dans le creux de la main, a bouté le feu dessus au moyen d'un briquet et, l'instant d'après, ayant mis le tuyau entre ses lèvres, il soufflait de la fumée par la bouche, ce qui fort m'émerveilla. Il me dit alors que les Portugais lui avaient appris cela et qu'eux-mêmes le tenaient des Indiens Mexicos. Il appela cela « pétuner » et dit que ce pétunage éclaircit les idées et donne des pensées joyeuses. » (Le gallimard en question devait être un étui.)

À partir de la seconde moitié du XVIe siècle, la réputation des propriétés thérapeutiques quasi miraculeuses du tabac est le véritable moteur de son expansion foudroyante. La rapidité avec laquelle il conquiert la France aussitôt après avoir soulagé les migraines de Catherine de Médicis est à cet égard très significative. Les médecins décrètent herbe médicinale cette plante réputée guérir à peu près tous les maux, des simples vertiges jusqu'à la peste en passant par les affections dermatologiques. Après Paris, cette mode encore onéreuse – les importations et les premières cultures locales ne peuvent satisfaire la demande – gagne toutes les cours princières d'Europe, puis tous les palais du Moyen et de l'Extrême-Orient.

Les éléments nous manquent pour faire la part, dans cette furie tabagique, de l'usage de la pipe proprement dite. On consommait à l'époque le tabac de toutes les façons imaginables : prisé en poudre, inhalé en rouleau ou en pipe, chiqué, concocté en d'atroces préparations pharmaceutiques. Mais il semble que l'usage de la pipe, ainsi que son nom venant du bas latin *pipa* (roseau, tuyau), ne se soit imposé qu'au début du XVIIe siècle, après l'ouverture des premières fabriques. Et c'est en Angleterre que l'événement se produisit.

On ignore pourquoi la pipe connut un tel succès d'abord en Angleterre. Son usage s'y répandit rapidement à la fin du XVIe siècle, lancé par les marins anglais. Ceux-ci s'étaient familiarisés durant leurs voyages avec les pipes en terre des Indiens d'Amérique du Nord. Parmi ces découvreurs du Nouveau Monde, sir Walter Raleigh, poète, navigateur et favori de la reine Élisabeth, fut le principal promoteur du tabac et de la pipe dans son pays. Fumeur de pipe invétéré, il introduisit son usage à la cour et de ce fait lança la mode dans l'aristocratie. En quelques années, « boire la fumée » – selon l'expression du temps – devint l'un des éléments essentiels du savoir-vivre, et des professeurs avisés se mirent à donner des cours de pipe à l'élite anglaise. Certains mauvais esprits ont prétendu que Raleigh, homme d'affaires autant que courtisan, avait lancé cette mode pour mieux tirer profit de la plantation de tabac qu'il avait créée en Irlande en 1580... Activité bientôt fort rentable, qu'il voulut étendre en fondant cinq ans plus tard en Amérique du Nord une colonie de planteurs nommée Virginie. Un nom qui allait devenir particulièrement célèbre dans l'histoire du tabac, choisi par Raleigh pour rendre hommage à sa souveraine, surnommée la « reine vierge » car elle n'avait pas eu d'enfants. Quoi qu'il en soit, le pionnier avait dû subir au début l'incompréhension de son entourage : la légende veut qu'un jour où il fumait tranquillement sur le pas de sa porte une bonne pipe en terre, un de ses braves domestiques, inquiet de le voir environné de fumée, lui avait lancé à la tête un grand seau d'eau... Les ennuis de sir Walter Raleigh ne faisaient alors que commencer. Tombé en disgrâce à l'avènement de Jacques Ier à la suite d'un prétendu complot, il fut détenu dans la Tour de Londres de 1603 à 1616. Enfin libéré, puis nommé à la tête d'une expédition en Orénoque, ses attaques contre les colons espagnols déclenchèrent un sérieux incident diplomatique entre l'Angleterre et l'Espagne. Arrêté dès son retour, il fut

Pour rendre hommage au grand précurseur de la pipe Sir Walter Raleigh, un fabricant de tabac anglais a donné le nom de Myrtle Grove à l'un de ses produits. C'est à Myrtle Grove que le fondateur de la Virginie, buvant tranquillement sa fumée, fut arrosé par son domestique qui le croyait en feu... (ci-contre)

Dans les pays germaniques, de virulentes campagnes anti-tabac furent menées tout au long du XVIIe siècle. En 1653, fumer du tabac fut interdit dans la ville de Dresde, en 1656 dans toute la Bavière, en 1661 à Berne. Dans cette caricature condamnant les méfaits du tabac, on remarque que celui-ci se vendait natté. Le tabac natté demeura populaire jusqu'au XIXe siècle (page ci-contre, en haut). Souvent, seul l'excès de tabac était condamné, comme sur cette gravure de 1630, illustrant un pamphlet intitulé *Le Buveur allemand de tabac* (page ci-contre, en bas).

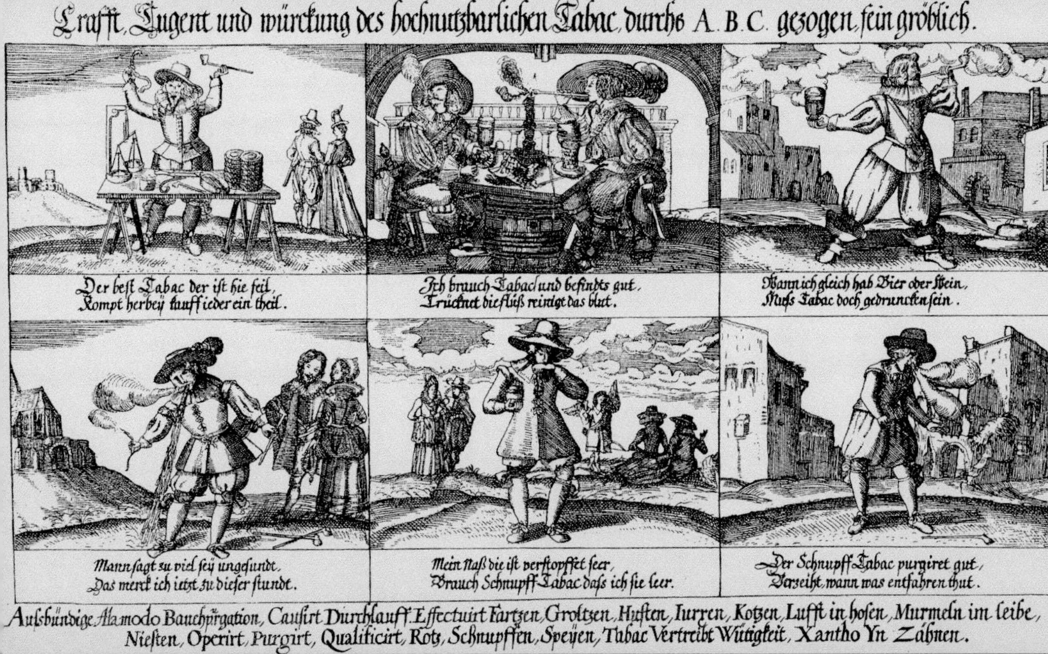
Crafft, Tugent und würckung des hochnutzbarlichen Tabac, durchs A. B. C. gezogen, fein gröblich.
Der best Tabac der ist hie feil,
Kompt herbey kauff ieder ein theil.
Ich brauch Tabac und befindts gut,
Trücknet die fluß reinigt das blut.
Wann ich gleich hab Bier oder Wein,
Muss Tabac doch gedruncken sein.
Mann sagt zu viel sey ungesundt,
Das merck ich ietzt zu dieser stundt.
Mein Naß die ist verstopffet seer,
Brauch Schnupff Tabac dass ich sie leer.
Der Schnupff Tabac purgiret gut,
Verzeiht, wann was entfahren thut.
Ausbündige Alamodo Bauchpurgation, Causirt Durchlauff. Effectuirt Fartzen, Groltzen, Husten, Iurren, Kotzen, Lufft in hosen, Murmeln im leibe,
Niesten, Operirt, Purgirt, Qualificirt, Rotz, Schnupffen, Speyen, Tabac Vertreibt Wütigkeit, Xantho Yn Zähnen.

condamné à mort. Tous les Anglais le savent, c'est en savourant avec flegme une délicieuse pipe indienne du plus bel érable – elle figure aujourd'hui, ou une autre semblable, dans la collection Dunhill – que ce grand précurseur gravit les marches de l'échafaud en 1618.

À cette date, tous les Anglais de bonne condition sociale fumaient la pipe, sans distinction de sexe... ni d'âge, si l'on en croit le récit d'un voyageur français du début du XVIIe, cité par Alfred Dunhill dans son incontournable *Pipe book* : « Lorsque les enfants partaient à l'école, ils emportaient dans leur cartable une pipe que leur mère avait pris soin de bourrer tôt le matin et qui leur servait de petit déjeuner.

« Un Hollandais sans pipe est une impossibilité nationale, comparable à une ville sans maisons, à une scène sans acteurs, à un printemps sans fleurs. Si l'on devait priver un Hollandais de sa pipe ou de son tabac, il ne pourrait entrer aux cieux de gaieté de cœur. » (Schotel, *Maatschappelijke Leven*). Ci-contre : *Dans une taverne hollandaise*, tableau de Max Gaisser (vers 1700). Page ci-contre : *Intérieur à l'homme endormi*, de Wybrand Hendriks (1744-1831).

À l'heure habituelle, tous posaient leur livre pour remplir de nouveau leur pipe, le maître fumant avec eux et leur apprenant comment tenir leur pipe et à la bien remplir, les habituant à fumer dès leur tendre jeunesse, convaincus qu'ils sont de la nécessité absolue du tabac pour conserver une bonne santé. » Ajoutée à l'effet de mode, qui faisait se presser dès la fin du XVIe siècle les Londoniens dans les premières tabagies, les *smoking parties*, où s'enseignait l'art de fumer, cette foi naïve en les vertus médicinales du tabac conduisait à des excès qu'exploitaient ses virulents adversaires.

Le plus illustre d'entre eux n'était autre que Jacques Ier. Dans un vigoureux pamphlet publié anonymement en 1604, *Counterblaste to Tobacco* (« Contre le tabac »), le souverain s'insurgeait contre une pratique imitée de peuples barbares, constituant une menace pour la société, nuisant à la santé et ne profitant en fin de compte qu'au commerce espagnol. Un combat mené en compagnie d'un nombre grandissant de savants et de médecins, tel cet hygiéniste batave déclarant en 1611 que « le tabac fait de l'homme un animal malodorant, affaibli et prêt à toutes les dépravations ». Un combat où l'on perçoit bien aussi des considérations d'ordre moral à l'encontre de ce « vice indien » qui incitait, dans un monde où seuls labeur et vertus militaires méritaient d'être exaltés, à la nonchalance et à la rêverie. Mais un combat perdu d'avance, tant grossissait et déferlait la vague tabagique sur le Vieux Continent. En 1609, au Japon où les Portugais avaient introduit le tabac une vingtaine d'années plus tôt, les Shogun décidèrent, en vain, d'interdire cette pratique, à l'origine d'un nombre croissant d'incendies... En Turquie, dès 1605, le sultan décréta l'interdiction totale de fumer. En cas d'infraction constatée, la peine était sévère : le percement des narines et l'infamie d'une exhibition à dos d'âne dans les rues, la mort en cas de récidive. Les fumeurs russes risquaient à la même époque les pires tortures, dont l'amputation du nez. Mais que valait la menace de tels châtiments pour ceux qui avaient goûté au délice du tabac ? Rien ni personne n'empêcha la vague de grossir encore.

En Angleterre, le roi dut s'incliner. Il trouva bien vite quelques raisons de se consoler, instituant une taxe sur le tabac que les colons d'Amérique expédiaient en Angleterre en quantité de plus en plus considérable (quarante mille livres en 1620). Le budget de l'État méritait bien quelques entorses à la morale. Quelques années plus tard, Richelieu l'imita en France, soumettant, par une ordonnance du 17 novembre 1629, l'importation de la livre de tabac à une taxe de trente sols. Mesure qui provoqua aussitôt la naissance d'une contrebande, florissante en France jusqu'à la fin du XIXe siècle.

Le règne de Gouda

Dès la fin du XVIe siècle, cependant, cette consommation croissante de tabac, également liée à une baisse des prix induite par les nouvelles cultures locales, avait posé un sérieux problème en Angleterre : une pénurie de pipes. Les fumeurs utilisaient alors des pipes indiennes en terre, produites en petite quantité et surtout très fragiles. Bientôt les importations ne suffirent plus à satisfaire la demande. Les conditions étaient réunies pour qu'apparaissent des fabriques européennes de pipes.

La première fut créée en 1575 dans une ville du Shropshire, Broseley. On y produisait des pipes en terre dont le fourneau, en forme de tonneau, permettait de les poser debout sur la table. Qualité fort appréciable pour une pipe dont la

Depuis son apparition en Europe, la pipe, avec la symbolique sexuelle que peuvent évoquer les formes de son tuyau et de son fourneau, a toujours donné lieu à quelques plaisanteries grivoises. L'univers des tavernes lui convenait donc à merveille, que se plut à représenter le peintre hollandais Jan Steen (1626-1679). Page ci-contre : *La Mauvaise Compagnie.*

Dans cet *Intérieur d'auberge*, Jan Steen, qui était également aubergiste, s'est représenté lui-même : le personnage hilare, au centre, est un autoportrait. Quant au fumeur assis à droite, son geste et son regard plus qu'éloquents annoncent la scène qui va suivre... (ci-contre)

matière devient brûlante après deux ou trois bouffées. Grâce à ces pipes dites « en relief », la manufacture de Broseley acquit très vite une grande notoriété dans tout le royaume. En 1600, prospéraient déjà plusieurs petites manufactures à Londres et dans la plupart des villes portuaires du pays. Moins de vingt ans plus tard, en 1619, les producteurs, réunis en une « honorable compagnie des fabricants de pipes et mélangeurs de tabacs » sollicitaient une charte auprès de Jacques Ier. Celui-ci, que des revenus multipliés par une habile politique fiscale n'avaient pas réconcilié avec le tabac, n'accéda pas à leur demande.

Il semble que cette hostilité du souverain, ajoutée à une politique de persécutions menée contre les catholiques et les puritains, ait été à l'origine du déclin de la production anglaise de pipes. Parmi les catholiques réfugiés en Hollande au début du XVIIe siècle, certains artisans pipiers s'établirent à Gouda. Cette petite ville voisine de Rotterdam et de Delft était connue depuis le Moyen Âge pour la qualité de ses poteries, due à l'extrême finesse de l'argile présente dans le lit de sa rivière, l'Ijssel. Tous ces artisans avaient suivi l'exemple d'un précurseur, le pipier anglais William Baernelts – devenu Willem Barentsz quelques années après son installation en Hollande –, créateur dès 1617 de la première manufacture de pipes de Gouda. Il l'avait baptisée *La Rose couronnée* en hommage aux Tudors, et le succès

de sa production avait été immédiat. Un succès qu'accrut encore, à partir de 1630, une forte augmentation de la consommation de tabac après l'implantation des premières cultures dans les régions d'Utrecht et de la Gueldre.

L'essor de Gouda, qui allait devenir en moins de dix ans le principal centre producteur de pipes en Europe et marquer le déclin des manufactures britanniques, fut lié à un accord tacite établi dès le début entre les pipiers anglais et les potiers locaux. Ces derniers, affrontant une dure concurrence nationale et étrangère, connaissaient alors une récession qui semblait irrémédiable. Ils accueillirent favorablement ces immigrés dont l'activité permettait de rallumer leurs fours. Une sorte de contrat non écrit régissait la coexistence pacifique des deux communautés : les pipiers gardaient le monopole de techniques apprises en Angleterre, mais devaient obligatoirement faire cuire leurs pièces chez les potiers hollandais. Ce trop beau pacte amiable, gage de prospérité pour tous, perdura jusqu'à la fin des années 1630, au cours desquelles certains Hollandais s'avisèrent de l'extrême rentabilité de l'activité pipière. S'étant approprié les techniques de fabrication anglaises, ils n'hésitèrent pas à les mettre en œuvre dans leurs propres ateliers et à inonder le marché de copies conformes. En 1641, les pipiers hollandais, constatant qu'ils dépassaient en nombre les britanniques, exigèrent du conseil municipal de Gouda l'agrément de leur propre guilde et un monopole de fabrication excluant naturellement leurs concurrents étrangers. La légende veut que ce soit les bruyantes manifestations des épouses des fabricants anglais qui aient incité les édiles municipaux à la modération. La décision concernant la nouvelle guilde fut ajournée, et un règlement s'appliquant à tous les pipiers sans exception fut édicté qui leur imposait, entre autres obligations, de graver leur marque sur chaque pipe produite. Vingt ans plus tard naissait la guilde des pipiers de Gouda, regroupant tous les fabricants sans distinction d'origine. Ils employaient alors plus de quinze mille ouvriers, soit à peu près la moitié de la main d'œuvre de la ville.

Au milieu du XVIIe siècle, les pipes en terre de Gouda et de sa région s'étaient imposées dans le

À partir du XVIIIe siècle, les pipes hollandaises, jusqu'alors très sobres, se chargent des décors les plus variés : fleurs, scènes mythologiques ou érotiques. Certaines portent des images et des slogans à la gloire de la dynastie d'Orange (ci-dessus). De nombreux peintres du temps surent tirer parti de la finesse et de l'élégance des pipes de facture hollandaise, objets familiers et quotidiens. Dans cette nature morte de Chardin, *Pipes et vase à boire*, tout l'équilibre de la composition est souligné par les diagonales des pipes (ci-contre).

Élève de Rembrandt, amateur de clairs-obscurs, le peintre hollandais Gerard Dou (1613-1675) a placé sa pipe au centre de son autoportrait (page ci-contre).

On fabriqua jusqu'au XVIIIe siècle, dans le Staffordshire, en Angleterre, d'extraordinaires pipes en faïence, dites « serpentines ». Quasiment infumables, elles étaient plutôt destinées à la décoration (ci-dessous). Différents modèles de pipes en terre de facture hollandaise, chez Hajenius à Amsterdam, dont le décor Arts déco, est resté intact depuis 1914 (en bas au centre).

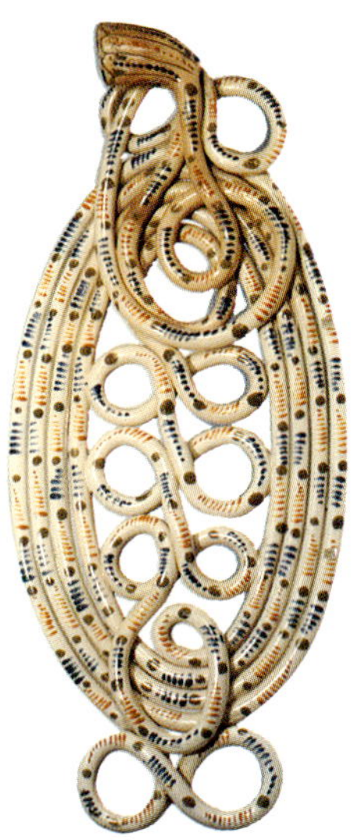

reste de l'Europe, où elles suscitaient déjà nombre d'imitations. Elles étaient encore dépourvues de tout ornement, et les artisans se contentaient de formes très simples et peu variées : à petit fourneau perpendiculaire ou incliné par rapport au tuyau, avec ou sans talon permettant de la poser droite, plus ou moins longue, de dix à quatre-vingts centimètres ; la *Gouwenaar*, l'une des plus longues, était la favorite des fumeurs hollandais. Ce n'est qu'à partir du XVIIIe siècle que les artisans pipiers de Gouda imaginèrent des produits plus élaborés. Chacun d'entre eux inventait ses propres dessins, ses propres décors, et la guilde veillait à ce qu'ils ne soient pas imités. Ainsi naquirent des pipes vernies ou polies après séchage, ornées des motifs les plus divers (des simples fleurs aux scènes les plus osées, ou simplement marquées de slogans ou de devises orangistes) grâce à des moules en cuivre parfois très finement gravés. Dans le cas des pipes dites « *doorrooker* », longtemps à la mode, les motifs décoratifs étaient appliqués à l'aide d'un email : ils demeuraient blancs à la cuisson alors que le reste de la pipe

fonçait. L'accroissement des importations et des productions locales de tabac, qui en diminuait le prix et le rendait moins précieux, conduisit les pipiers de Gouda à produire des fourneaux plus grands. Cette modification exigeait d'améliorer encore la qualité du matériau utilisé, afin de le rendre plus beau et plus solide. Les artisans y parvinrent, en obtenant par des lavages supplémentaires une argile tout à fait pure, bientôt réputée dans le monde entier. Certaines pipes devinrent ainsi des objets de luxe, qui parfois scellaient toute une vie, telles ces « pipes de mariage », héroïnes d'une charmante coutume où l'on ne peut s'empêcher de lire un symbole très cru, à l'image de nombreux tableaux ou gravures hollandais de ce temps, associant pipes et fumée à des scènes fort grivoises, dont on peut contempler quelques exemples notamment dans le livre de Simon Schama, *L'Embarras de richesse*. Ainsi, lorsqu'un soupirant voulait épouser sa belle, il se rendait chez elle la pipe au bec et lui demandait du feu ; si elle acceptait de lui en donner, l'issue semblait prometteuse ; si la fois suivante elle demandait à

L'habitude de fumer est « dégoûtante à la vue, repoussante à l'odorat, dangereuse pour le cerveau, malfaisante pour la poitrine, qui répand des exhalaisons aussi infectes que si elles sortaient des antres infernaux ». Publié en 1604, le pamphlet anti-tabac de Jacques Ier, *Counterblast to tabacco*, n'eut aucun effet sur ses sujets. La pipe gagna rapidement toutes les couches de la société, les femmes... et souvent même les enfants. La peinture anglaise témoigne de cette expansion, qui montra aussi bien des *clergymen* que des aristocrates en pétuneurs satisfaits : *To crown the feast*, de George Goddwin Kilburne (en haut, à gauche) et *A quiet drink*, de Jean Hegesippe Vetter (page ci-contre).

Seul le « corsaire du Roy » Jean Bart pouvait fumer sa pipe devant Louis XIV, qui détestait l'odeur du tabac (ci-contre). La Grande Dauphine et ses dames de compagnie n'avaient pas ce privilège, qui provoquèrent l'ire du roi lorsqu'on les surprit fumant des pipes ; une gravure de N. Arnoult, *La Charmante Tabagie*, évoque probablement cet épisode. Elle est accompagnée d'un quatrain : Dans un délicieux séjour / Au vif éclat de tant de charmes / Qui ne céderait pas les armes / Enyvré de bon vin, de tabac et d'amour ? (ci-dessous)

aspirer quelques bouffées, c'est qu'elle consentait au mariage et que les fiançailles officielles pouvaient être annoncées.

À la même époque, en Angleterre où se perpétuait la tradition des premiers fabricants, de véritables artistes établis dans le Staffordshire innovaient en concevant des pipes en terre extraordinaires : leurs tuyaux serpentins, emberlificotés en de savantes torsades, pouvaient atteindre plusieurs mètres de longueur. Elles étaient le plus souvent peintes de couleurs vives. En créant ces pipes très difficilement fumables et qu'on ne pouvait nettoyer, les pipiers du Staffordshire pensaient moins à leur fonction qu'à leur valeur esthétique, et sans doute étaient-elles plutôt destinées à la décoration des fumoirs. Elles furent ainsi les premières pipes conçues comme des œuvres d'art.

Gouda connut son apogée au milieu du XVIIIe siècle. Ses pipes, de plus en plus nombreuses et belles, étaient exportées dans tous les pays d'Europe et même en Amérique. Pour mieux affronter la concurrence des pipiers hollandais et étrangers, qui proposaient des pipes moins chères, les fabricants de Gouda jouaient sur l'argument de la qualité et garantissaient leurs produits par un double label : chaque pipe était gravée de la marque du fabricant et du blason de la ville. Malheureusement, la concurrence s'organisa, elle aussi. En 1740, tous les pipiers hollandais obtinrent d'utiliser le blason de Gouda pour faciliter leurs exportations. Mais ce fut l'essor de la production étrangère, au début souvent imitée des maîtres hollandais, qui peu à peu mit fin à la domination de Gouda.

LES PIPES EN TERRE FRANÇAISES

Les premiers pipiers français s'établirent au début du XVIIe siècle dans les Flandres, tout près de la Hollande et de Gouda dont ils commencèrent par imiter les produits. Dunkerque, port franc par où transitaient les importations de tabac américain, devint le premier centre important de production. D'autres fabriques de pipes furent créées par la suite dans un grand nombre de villes françaises, de Saint-Malo à Marseille en passant par Nîmes, Onnaing, Saint-Omer, Rennes et Montereau. Mais peu à peu la production de pipes en terre – seule sorte de pipes utilisée par les Français, contrairement à leurs voisins, jusqu'à la seconde moitié du XIXe siècle – se concentra dans le nord du pays. Deux importantes fabriques se partageaient l'essentiel du marché au XIXe siècle : l'usine Fiolet, installée à Saint-Omer dans le Pas-de-Calais, qui produisait plusieurs dizaines de millions de pipes par an, et surtout la célèbre maison Gambier, fondée en 1780 à Givet, dans les Ardennes, bientôt connue par tous les fumeurs de pipe européens. Arthur Rimbaud a immortalisé cette pipe très populaire (longtemps fabriquée à quelques kilomètres de Charleville, sa ville natale) dans le premier quatrain d'*Oraison du soir* (1871). Il s'y montre lui-même à dix-sept ans, assis à la table d'un cabaret enfumé par les pipes : « Je vis assis, tel qu'un ange aux mains d'un barbier, / Empoignant une chope à fortes cannelures, /L'hypogastre et le col cambrés, une Gambier /Aux dents, sous l'air gonflé d'impalpables voilures. »

La grande spécialité de la maison Gambier, qui produisait cent mille pièces par jour et dont le catalogue comptait plus de deux mille modèles, était la pipe sculptée à l'effigie de personnages célèbres ou reproduisant les objets les plus divers. À cet égard, le catalogue Gambier présentait un remarquable condensé de la culture populaire dans la France du XIXe siècle : personnages historiques et contemporains tels Victor Hugo, Napoléon ou Gambetta, mais aussi romanes-

Au XIXe siècle, les catalogues des maisons Fiolet et Gambier proposaient des milliers de modèles de pipes en terre, de la simple *néogène* aux pièces les plus sophistiquées. Ces précieux documents d'histoire populaire témoignent aussi parfois de la créativité publicitaire du temps : on voit ici avec quelle fantaisie Gambier sut promouvoir les pipes en « terre endosmoïde », d'une porosité supérieure à la terre ordinaire (page ci-contre).

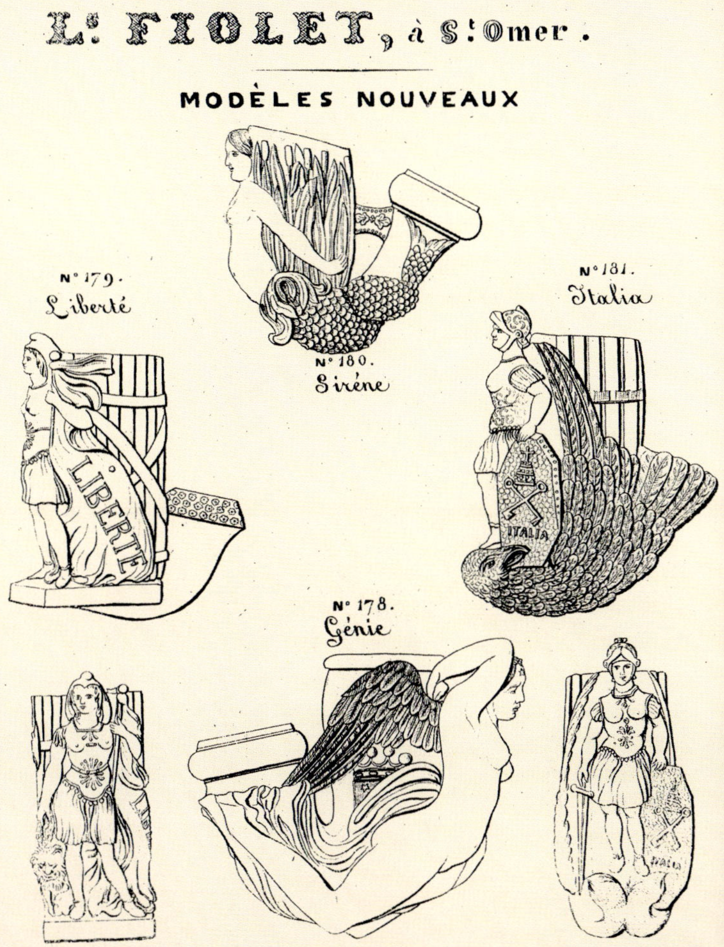
Ls. FIOLET, à St. Omer.
MODÈLES NOUVEAUX
N° 180.
Sirène
N° 179.
Liberté
LIBERTÉ
N° 181.
Italia
ITALIA
N° 178.
Génie

PIPES NÉOGÈNES
J. GAMBIER
TERRE ENDOSMOÏDE
PRIX
10
ARISTOPH
GAMBIER
A PARIS

Charlet

Si Napoléon Bonaparte ne fumait pas, il veillait à ce que ses soldats soient toujours bien pourvus en tabac et en pipes. La pipe ne leur apportait pas seulement un simple réconfort : elle était aussi censée combattre le sommeil, l'un des principaux ennemis du soldat en campagne. Page ci-contre : *Le Grenadier de la garde*, par N.T. Charlet. « Mon nom de guerre est la Tulippe / Je suis, comme on voit, beau garçon / Quand d'une main je tiens ma pipe / Et que j'ai de l'autre un flacon, / Si j'ai le gousset bien rempli, / Des maux que nous causent la guerre, / Avec mes amis, à plein verre / Je suis sûr de boire l'oubly » La Tulippe, estampe du XVIIe siècle (ci-dessus).

ques ou emblématiques telles Gervaise ou la Paimpolaise, voisinaient avec plusieurs variantes de têtes de mort, une grenouille, un poisson et même un pot de chambre. Les amateurs pouvaient également acquérir pour quelques sous des pipes plus gaillardes, femmes nues et autres jolies jambes chaussées d'affriolantes bottines à lacets, réservées aux réunions entre hommes... Mais le modèle qui connut le plus de succès s'appelait la Jacob. Souvent imité par d'autres maisons sous l'appellation Grand Jacob ou Bon Jacob, il représentait le visage avenant d'un vieillard barbu et enturbanné à l'orientale, dont nul ne sait aujourd'hui s'il était censé figurer le zouave Henri Jacob, célèbre à l'époque pour ses dons de guérisseur, ou le patriarche de la Bible qui fut surnommé Israël. La longue barbe de ce mystérieux Jacob explique sans doute son succès : à l'inverse de sa tête dans laquelle était creusé le foyer, la barbe demeurait froide durant la combustion et offrait au fumeur un excellent moyen de tenir sa pipe sans se brûler les doigts...

Dans cette France en état de guerre quasi permanent, la pipe était devenue le principal réconfort du soldat. Si Louis XIV détestait l'odeur du tabac et en interdisait l'usage à la cour, il veillait à ce que ses soldats, dont le moral devait être soutenu durant les longues heures d'attente inquiète passées dans les campements ou les casernes, soient tous munis de pipes et de briquets. L'interdiction de fumer à la cour ne souffrit qu'une exception : alors que le valeureux Jean Bart (qui a donné son nom à l'un des plus célèbres tabacs français), grand fumeur et corsaire du Roy, faisait antichambre à Versailles avant d'être reçu, il ne put s'empêcher d'allumer sa pipe ; Louis XIV, le découvrant, n'y vit pas une marque d'insolence et pardonna à ce grand marin ce qu'il n'aurait jamais toléré d'autres. La Grande Dauphine et ses dames de compagnie en firent l'expérience, qui provoquèrent la colère du Roi Soleil pour avoir été surprises en train de fumer des pipes empruntées aux gardes suisses...

Deux siècles plus tard, sous l'Empire, la pipe était devenue l'un des objets usuels de la vie quotidienne des Français. De nombreuses femmes n'hésitaient pas à pétuner, à l'exemple de la princesse de Metternich, inséparable amie d'Eugénie, qui le faisait même en jouant du piano. Les tenanciers d'estaminet fournissaient pipes et tabac et installaient sur leurs murs des râteliers où les habitués laissaient leur « calumet » réservé. Quelques désœuvrés particulièrement astucieux trouvaient le moyen de gagner leur vie en s'établissant culotteurs de pipes. Grâce à eux et pour quelques sous, le fumeur raffiné faisait l'économie des premières bouffées de sa pipe neuve, trop agressives à son palais délicat. De nombreux maréchaux d'Empire – Murat, Kléber, Lasalle, Oudinot... – étaient d'enragés fumeurs. Et c'est encore à un soldat que les Français doivent l'un des synonymes les plus usuels du mot pipe, « bouffarde » : Jean Népomucène Bouffardi, caporal de la garde impériale et fumeur impénitent, ne lâchait jamais sa « chipparde », autre synonyme courant à cette époque, même au plus fort des combats. Il mourut à Friedland, les deux bras arrachés par un boulet, et l'on retrouva l'une de ses mains serrant encore sa plus fidèle amie. Toutefois, cette anecdote est contestée par certains étymologistes qui voient plus prosaïquement dans le mot bouffer – souffler, gonfler, en ancien français – l'origine du mot. Quant à l'Empereur lui-même, qui veillait tout comme Louis XIV au bon approvisionnement de ses troupes en pipes et en tabac, il se contentait de priser. Ses rapports avec la pipe furent brefs et conflictuels, comme en témoigne un savoureux passage des *Mémoires* de son fidèle valet Constant, cité par Pierre Sabbagh dans son *Guide de la pipe* : « L'Empereur n'eut qu'une seule fois fantaisie d'essayer de la pipe ; voici à

Quelques pipes en terre françaises du XIXe siècle, dont la plus populaire, la Jacob : sa longue barbe permettait de tenir le fourneau sans se brûler les doigts. La tête de mort était également un modèle courant (ci-contre).

Les guerres napoléoniennes firent un grand nombre d'éclopés, vivotant péniblement de leur demi-solde, heureux tout de même de n'avoir pas « cassé leur pipe ». Selon certains, l'expression, qui signifie « mourir », toujours populaire aujourd'hui en France, serait née sur ces champs de bataille : lorsqu'on amputait un blessé, que celui-ci lâchait sa pipe tenue entre ses dents et qu'elle se brisait en tombant, on savait qu'il était mort. Une affiche publicitaire pour les pipes Jean Nicot s'adressait vers 1850 aux anciens combattants (ci-dessous).

C'est sans doute parce qu'ils étaient Alsaciens que les écrivains Erckmann et Chatrian, auteurs des *Contes et Romans populaires*, fumaient des pipes en porcelaine (ci-contre). Celles-ci n'eurent pas le même succès en France que dans les pays germaniques, comme le montre cette gravure de 1866. Elle était l'objet d'une véritable vénération de la part de tous, sans distinction d'âge ou de condition sociale (ci-dessous).

aux combats. Apparurent ainsi des pipes en fer, appelées parfois « pipes mousquetaires », réalisées par les forgerons des armées sur le modèle des pipes courantes en terre. Elles avaient malheureusement le défaut de devenir brûlantes après quelques bouffées, au point qu'il était impossible de les garder en main plus de quelques minutes. Un défaut en partie corrigé avec des pipes plus sophistiquées, parfois en argent, que n'hésitaient pas à se faire fabriquer des officiers fortunés : leur fourneau était muni d'un couvercle à trous qui ralentissait la combustion. Les pipes en argent gagnèrent un temps les classes aisées de la société civile, tels des signes de grande distinction. Certaines, ciselées avec art et parfois incrustées de pierres précieuses, furent des chefs-d'œuvre d'orfèvrerie.

Les fumeurs de pipe crurent avoir trouvé le matériau idéal quand se développèrent en Europe les moyens de produire la porcelaine, jusqu'alors exclusivement importée de Chine. Les secrets de fabrication furent découverts en Saxe par le chimiste Jean-Frédéric Böttger, en 1700, puis appliqués dans une première manufacture, à Meissen, dix ans plus tard. Dès le début, des têtes de pipe en porcelaine furent produites à Meissen. Les fabricants avaient bien assimilé l'invention des pipiers de Höhr – le tuyau amovible – et s'étaient aperçus qu'il valait mieux, pour maintenir la fumée à une température acceptable, concevoir le tuyau et l'embout en d'autres matières. Après différents essais, plusieurs bois, dont le merisier, furent choisis pour le tuyau, et la corne, le bois de cerf ou l'ambre pour l'embout.

Sauf en France, la pipe en porcelaine éclipsa dès lors toutes ses concurrentes. Elle résistait mieux à la chaleur que la pipe en terre, et son principal défaut – son manque de porosité – était compensé par l'adjonction d'une crosse, ou « poche d'eau », adaptée à la tête. Mais la porcelaine offrait surtout l'avantage d'une grande variété de formes et d'ornements. Sa pâte, relativement facile à travailler, permettait aux artisans de laisser libre cours à leur imagination et à leur savoir-faire. D'où une profusion de pipes de formes sobres mais magnifiquement décorées, ou de véritables sculptures qui comptent parmi les chefs-d'œuvre de l'art de la céramique. La manufacture de Meissen s'illustra dès l'origine dans ce genre de pipes, et trouva son artiste le plus inventif en la personne de Jean Gottlieb Ehder à partir de 1740. Son imagination et sa dextérité n'avaient pas de limites, et il proposait entre autres modèles aux fumeurs des têtes de Maures ou de Japonais, des visages féminins, des satyres... Un grand nombre de manufactures de porcelaine furent créées après celle de Meissen tout au long du XVIIIe siècle, dont celles de Vienne, de Berlin, de Kassel, proposant des pipes dans leur catalogue.

Cette commode pour fumeurs était installée dans un café viennois vers 1820. Les longues pipes en porcelaine, difficilement transportables, étaient proposées en location aux consommateurs, qui pouvaient venir avec leur tabac (page ci-contre).

Varinas
K.K. TABAK REGIE

Der Elephantenwärter
Admiral Schuster
Sarah

La pipe en porcelaine connut un essor extraordinaire en Allemagne au début du XIXe siècle. Pas un soldat, pas un étudiant, pas un bourgeois qui ne fumât sa pipe plus ou moins artistiquement décorée. À côté des grandes manufactures, une multitude d'artisans spécialisés dans la décoration des pipes, les *Hausmaler*, se répandit dans toutes les villes du pays pour répondre à la demande croissante de pipes « sur mesure ». Chaque fumeur pouvait ainsi, à peu de frais, disposer d'une pipe ornée du décor de son choix. Certains se faisaient représenter eux-mêmes, d'autres préféraient exalter leur profession par la reproduction d'un emblème ou d'un outil, d'autres encore rendaient hommage à des contemporains célèbres. En fait, les scènes peintes à la demande par les *Hausmaler* étaient d'une variété infinie, comprenant bien entendu des images que la décence imposait de tenir éloignées des enfants... La vogue allemande de ces pipes gagna le reste de l'Europe, en même temps qu'y naissaient des manufactures de porcelaine. En France, la manufacture de Sèvres proposa plusieurs modèles aux fumeurs, dont un grand nombre à l'effigie de Napoléon.

Avant que n'apparaissent des matières plus idéales encore, terre, métal et porcelaine n'auraient évidemment pas suffi à l'imagination des pipiers européens. Des pipes plus originales virent le jour, répondant souvent à des traditions artisanales locales et plutôt destinées à la décoration : des pipes en ivoire furent très finement sculptées à Dieppe, où l'on travaillait ce matériau rare importé d'Afrique depuis le XVIe siècle ; à Venise, renommée pour ses verreries, des souffleurs audacieux réalisèrent

Dans l'histoire de la pipe, le XIXe siècle restera celui de la diversité. Jamais autant de matières ni de formes n'auront été proposées aux fumeurs, et cette diversité disparaîtra au siècle suivant. Ce dompteur, dessiné en 1888 par Christian Wilhem Allers, poussa l'amour des éléphants jusqu'à fumer une pipe à leur image (page ci-contre, en haut). À la même époque, en Italie et en Angleterre, naissent des pipes en verre, surtout destinées à la décoration. Celle-ci a été soufflée à Nailsea, en Angleterre, aux alentours de 1800 (page ci-contre, en bas).

En France, la Geste napoléonienne inspire les décors de nombreuses pipes en porcelaine, fabriquées à la Manufacture de Sèvres (en haut). Les pipes en porcelaine ont bénéficié d'une invention allemande du XVIIe siècle : fourneau et tuyau deviennent deux pièces distinctes. Le tuyau amovible, souvent en bois de merisier, adoucit l'âcreté de la fumée des fourneaux non poreux. Petits bibelots allemands, en porcelaine, datant de 1860, qu'il était possible de fumer (au centre). En Allemagne, les pipes d'Ulm sont les seules à pouvoir concurrencer les pipes en porcelaine. En orme ou en aulne, délicatement sculptées, elles sont munies d'un couvercle souvent en argent. *À la fenêtre*, de H.G. Jentzsch (1862) (en bas).

Les traditions ne se perdent pas en Suisse ! On y fabrique toujours de belles pipes en bois « à l'ancienne » (ci-contre)...encore appréciées dans les alpages, comme en témoigne ce berger que n'atteint pas le cours du temps (page ci-contre).

des pipes en verre, fort belles mais infumables tant elles étaient fragiles ; des artisans italiens allèrent jusqu'à sculpter des têtes de pipe en marbre vert... Néanmoins, parmi ces matières marginales, c'est le bois, partout disponible et bon marché, qui donna lieu au plus grand nombre de tentatives.

Dans la mesure où quiconque, doté d'un minimum d'habileté et de patience, peut confectionner une pipe dans du bois, il est à parier que les premières pipes ainsi conçues sur le Vieux Continent apparurent dès l'arrivée du tabac. Une des plus anciennes retrouvées, en Allemagne, est en chêne, décorée d'un profil d'homme, et date de 1600 environ. En cette matière, toutes les espèces ou presque furent essayées, mais seules les plus dures – qui brûlaient moins vite que le tabac se consumait – donnèrent quelque satisfaction, bien qu'elles soient les plus difficiles à travailler : parmi elles le chêne, le hêtre, le cerisier, et surtout le merisier que l'on utilise encore en Hongrie et en Autriche. Pour éviter le goût souvent désagréable que le bois en brûlant donne au tabac, on garnissait parfois l'intérieur du fourneau de plâtre ou d'argile. Ces pipes en bois connurent peu de développement industriel. Seules celles fabriquées à Ulm et dans sa région à partir de 1650 connurent, pour leur élégance, un certain succès dans le reste de l'Europe. Leurs têtes en orme, en aulne, et plus rarement en noyer ou en buis, présentaient un beau veinage et les artisans leur ajoutaient de fins ornements en argent. Ces « pipes d'Ulm » étaient le plus souvent munies d'un couvercle et d'une chaînette reliant la tête et le tuyau. Le couvercle présentait d'autres avantages que le ralentissement de la combustion : il protégeait du vent et de la pluie lorsqu'on fumait en plein air et prévenait aussi les incendies. Seules les pipes à couvercle, par exemple, étaient admises dans la forêt de Bavière où il était strictement interdit de fumer.

Petite pipe pour gros fumeur : cette tête de pipe en bois sculpté, haute de sept centimètres seulement, est munie de deux fourneaux recouverts de cuivre ciselé. Elle est probablement hongroise et date du XIXe siècle (ci-contre).

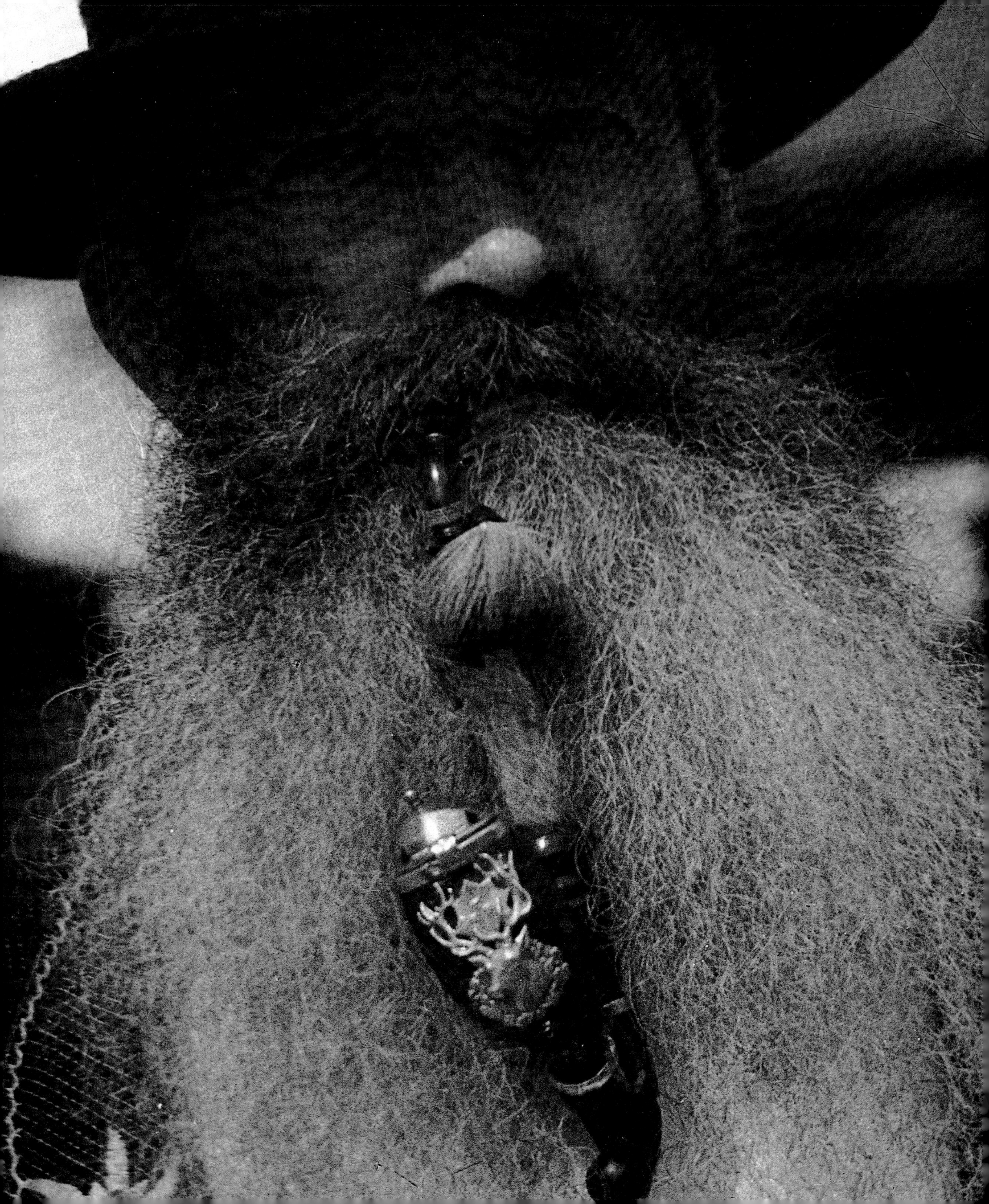

ET LA BRUYÈRE FUT...

Toutes ces pipes en bois souffraient du même défaut : le fourneau brûlait plus ou moins avec le tabac, altérant le goût de la fumée. Il fallut attendre l'invention de la pipe de bruyère pour réconcilier à jamais les fumeurs de pipe avec le bois. Les qualités de la bruyère – plus précisément de sa souche, c'est-à-dire du bulbe se développant entre la racine et le tronc – se résument en son extrême résistance à la chaleur et au feu, et donc à une très bonne préservation de l'arôme et de la saveur du tabac.

On s'en doute, l' « inventeur » du bois idéal pour la pipe n'a pas déposé de brevet et n'a jamais été identifié de façon formelle. Le mystère de l'origine de la pipe de bruyère a donc donné lieu à plusieurs hypothèses plus ou moins vraisemblables, et dont seul le point commun est indéniable : la découverte eut lieu en France méridionale et se développa dans la ville de Saint-Claude, au cœur du Jura. La plus amusante de ces hypothèses est bien entendu la moins plausible : un pipier français, qui ne se consolait pas de la disparition de Napoléon, se rendit en pèlerinage en Corse l'année même de la mort de l'Empereur, en 1821 ; après avoir brisé sa pipe au cours d'une promenade, il rencontra un berger qui lui façonna une pipe, bien entendu à l'effigie de Napoléon, dans une souche de bruyère ; stupéfait par la qualité du bois et la saveur de la fumée, il ramena dans son Jura natal une grande quantité de souches et se mit à régaler ses contemporains fumeurs. D'autres hypothèses sont plus sérieuses, comme celle qui attribue la découverte à un certain David, tourneur sur bois de Chaumont-les-Saint-Claude, renseigné vers 1855 sur les qualités de la bruyère par un marchand rencontré à la foire de Beaucaire. Dans son très bel ouvrage, *La Pipe*, André Paul Bastien cite la thèse d'un négociant de l'époque, Jules Ligier, dont la précision nous incite à la préférer aux autres. La scène se passe à Saint-Claude : « C'était dans les premiers jours d'octobre 1858. Un voyageur, aux manières un peu exubérantes et à l'accent méridional très prononcé, se présente un matin dans les magasins Gay aîné [...]. Il venait faire ses offres de souches de buis, appelées communément " broussins ", que ce négociant achetait en assez grande quantité pour la fabrication des tabatières. Après avoir pris commande de dix mille kilos de ces souches à livrer dans le courant de novembre, parlé de la pluie et du beau temps et des vendanges dans le Midi, le sieur Taffanel, c'était lui, sort mystérieusement de sa poche un petit morceau de bois, taillé à six pans au moyen d'une scie, dans la forme d'un éteignoir, le grand côté percé grossièrement avec une mèche, le petit côté avec un perçoir et muni d'une tige en bambou formant embouchure. "Voilà, dit-il, une pipe dans laquelle un de mes amis, berger dans mon village, m'a certifié avoir fumé du tabac pendant plus d'une année et qui, vous le voyez, n'est ni brûlée ni détériorée. Elle a été prise dans une souche de bruyère, semblable aux souches de buis, et qu'on trouve en abondance dans notre région." À la fin du mois d'octobre, la maison Gay avait vérifié les qualités incomparables de la bruyère, fait fabriqué bon nombre de pipes dans son usine et les avaient expédiées à Paris, dans le nord de la France et en Belgique. »

La teinture des têtes, dans une fabrique new-yorkaise de pipes en bruyère, dans les années trente (ci-contre). L'apparition de la bruyère marque un tournant dans l'histoire de la pipe. À partir de la fin du XIXe siècle, l'écrasante majorité des pipes est fabriquée dans ce bois relativement abondant, léger et très résistant à la chaleur.

Citons encore la thèse qui octroie à l'ancêtre d'un pipier de Cogolin, dans le Var, l'origine de la production en nombre des premières pipes de bruyère : Ulysse Courrieu, agriculteur, aurait dès 1802 fabriqué quelques-unes de ces pipes miraculeuses, après y avoir été initié par un berger des environs. Sa réputation franchit rapidement les limites du canton, incitant l'agriculteur à se convertir en pipier.

Le fait que la bruyère, qui ne pousse qu'à l'état sauvage autour de la Méditerranée, ait été surtout développée à Saint-Claude ne doit rien au hasard. Le travail du bois et le commerce de ses produits sont une institution de la ville depuis le VIIe siècle. Saint-Claude s'est bâtie autour de l'abbaye de Saint-Oyand où Claude, évêque de Besançon, choisit de finir ses jours. Dès cette époque, les moines, profitant de l'énergie dispensée par deux torrents, se firent tourneurs sur bois et formèrent des artisans qui s'établirent autour de l'abbaye. Lorsqu'on découvrit

Les ouvriers de la maison Courrieu, à Cogolin, au début du siècle. Son fondateur, Ulysse Courrieu, aurait été le premier pipier à utiliser la bruyère, dès 1802. L'« invention » est plus généralement attribuée aux pipiers de Saint-Claude, vers 1860 (page ci-contre, en haut). Les pipiers n'ont jamais cessé de vouloir rendre la fumée plus fraîche. Vers 1910, le pipier Vincent Genod, de Saint-Claude, mit au point le « tuyau diviseur » à cet effet. Il équipait une bruyère au nom élégamment international : *The Brindisi* (page ci-contre, en bas).

FABRIQUE DE PIPES EN BRUYÈRE
COURRIEU Nveu

The BRINDISI
PATENT No 21663
MADE IN FRANCE
LATEST STYLISH
and most perfect novelty
SEPARATE BORES
COOLING THE SMOKE
PIPE PERFECTIONNÉE
TUYAU DIVISEUR
REFROIDISSANT LA FUMÉE

Finement sculptées dans un minéral d'une grande rareté, les pipes en écume n'étaient pas à la portée de tous les fumeurs. Certaines, véritables chefs-d'œuvre de sculpture, n'étaient pas destinées à être fumées. Telle cette fabuleuse tête de pipe en écume datant de 1871, commémorant le mariage de la princesse Louise, fille de la reine Victoria, avec le marquis de Lorne. Elle trône aujourd'hui dans une vitrine du musée Dunhill à Londres (ci-dessus). Le Premier ministre anglais Harold Wilson inaugure l'exposition « Fumeurs à travers les âges », à Londres, en 1971. Il ne fait aucun effort pour porter cette pipe en écume géante fabriquée pour l'occasion : elle flotterait sur l'eau (ci-dessous).

au XIIe siècle, soit quatre cents ans après la mort de Claude, que le corps de l'évêque s'était miraculeusement conservé, la petite ville de Saint-Oyand, désormais Saint-Claude, devint une étape quasi obligée sur le chemin du pèlerinage de Compostelle. Ce fut le début de sa prospérité, attirant à elle des paysans que la pauvre terre du Jura réduisait à la misère. Les ateliers se multiplièrent, proposant aux pèlerins un grand nombre d'objets de piété en bois. Après l'introduction du tabac en France et l'engouement qu'il suscita, dans la seconde moitié du XVIe siècle, les artisans commencèrent à fabriquer des tabatières. Un siècle plus tard, leur réputation grandissant en Europe, ils fournirent à des pipiers allemands et autrichiens des tuyaux en buis, en corne, en ambre et même en ivoire. Vers 1750, enfin, les Sanclaudiens se lancèrent dans la fabrication de leurs premières pipes, généralement en buis. Ainsi des siècles de labeur permirent à cette petite ville du Jura de devenir le plus important centre de fabrication de pipes au monde.

Dès son apparition, la pipe de bruyère s'imposa, et relégua les autres au rang de curiosité à laquelle tout bon fumeur se doit de céder un jour ou l'autre pour se divertir. La production ne cessa de croître régulièrement jusqu'aux années vingt, atteignant alors environ trente millions de pipes par an. La crise économique de la décennie suivante, puis surtout l'expansion de la cigarette concurrençant toutes les pipes quelle que soit leur matière, marquèrent ensuite son long déclin : on ne fabriquait plus que deux millions de pipe à Saint-Claude en 1970, on n'en fabrique plus que sept cent mille aujourd'hui.

Le luxe de l'écume

Plus d'un siècle avant que naisse en France la pipe de bruyère, apparaissait en Hongrie une pipe dont tous les fumeurs avertis allaient tomber amoureux : la pipe en écume de mer, la seule à laquelle la pipe de bruyère ne fit jamais d'ombre. Si l'on en croit la légende, la pipe en écume serait née en 1723 tout à fait par hasard, dans l'échoppe d'un cordonnier de Budapest nommé Karel Kovacs. Cette année-là, un aristocrate, le comte Andrássy, rapporta d'un voyage en Turquie un morceau d'une sorte de pierre très légère et blanche. Intrigué par cet étrange minéral, le comte avait eu l'idée d'en faire une pipe. Il le confia à son cordonnier, Kovacs, qui sculptait à ses moments perdus de belles pipes en bois. Ce dernier confectionna deux pipes avec la pierre du comte, et décida sans vergogne d'en garder une pour lui. Il pensait au début l'avoir ratée : l'ayant manipulée avec ses doigts encore imprégnés de sa poix de cordonnier, elle avait été tachée de marques jaunes. Il fabriqua celle du comte après s'être soigneusement lavé les mains. En fumant la sienne, il constata avec surprise que la poix lui donnait une belle patine dorée. Il en fabriqua beaucoup d'autres par la suite, remplaçant la poix par de la cire pour obtenir un meilleur effet. Quant au comte Andrássy, enchanté par la belle allure de sa

« Reines », « divines »... mais fragiles. Dès leur apparition, les pipes en écume étaient livrées dans un étui destiné à les protéger des chocs. Les pipiers les fabriquaient eux-mêmes, précisément, sur mesure pour éviter les frottements (page ci-contre).

pipe, il l'exhiba dans les meilleurs salons de Budapest et même, dit-on, à la cour de Vienne. Comme de surcroît la fraîcheur et la douceur de sa fumée, dès la première bouffée, surpassaient tout ce que pouvaient offrir les pipes en terre, en porcelaine ou en bois, la pipe en écume de mer était lancée.

Le minéral en question, un silicate hydraté de magnésium, fut appelé « écume de mer » pour sa couleur et surtout sa légèreté, qui lui permet de flotter sur l'eau. C'est en Anatolie que se trouvent ses principaux gisements, exploités depuis 1675 environ, et l'on peut penser que les Turcs furent les véritables inventeurs de la pipe en écume. Devant le succès que remportait auprès des aristocrates européens cette matière peu abondante, longue à transformer et donc fort chère, les Turcs décidèrent d'exporter la totalité de leur production. On fabriqua des pipes en écume en France, en Allemagne, en Russie, en Angleterre et en Autriche, Vienne devenant l'un des centres les plus réputés.

Les débuts de la pipe en écume se limitèrent essentiellement à l'imitation des formes les plus courantes des pipes en terre ou en porcelaine. Mais l'écume étant une matière relativement facile à travailler, elle permit la création, surtout à partir du XIXe siècle, des plus beaux chefs-d'œuvre de l'art de la pipe. Souvent munies de couvercle en argent et de tuyau d'ambre, ces véritables petites sculptures, d'une finesse extraordinaire et représentant les motifs les plus variés – bustes ou têtes de personnages, têtes d'animaux, scènes mythologiques, scènes de chasse, etc. –, n'étaient évidemment pas à la portée du premier venu. Exclusivement réservées à l'aristocratie et à la haute bourgeoisie, elles étaient souvent le présent somptueux des grandes occasions.

Leur succès, mais aussi leur prix très élevé incitèrent les fabricants viennois à récupérer les déchets résultant de la taille du bloc d'écume puis, après les avoir amalgamés à la presse, mélangés à divers produits et moulés, de s'en servir pour tailler une nouvelle pipe. Celle-ci, plus lourde que la pipe en écume « véritable », mais moins fragile et surtout nettement moins chère, possédait quasiment les mêmes qualités. Ces pipes, dites en « écume de Vienne », permirent à de nombreux fumeurs de connaître enfin la plus douce fumée qui soit.

La Porsche. Dessinée au début des années quatre-vingt par Siegfried Ebner dans l'atelier de design de Ferdinand Alexander Porsche, elle s'inspirait des techniques de construction automobile. Ses ailettes en aluminium évitaient l'échauffement du foyer en bruyère et garantissaient une fumée plus fraîche. On en parla beaucoup, mais on la fuma peu. Elle n'est plus fabriquée aujourd'hui (page ci-contre). Ferdinand Alexander Porsche (ci-dessous).

LES PROMESSES DE L'AVENIR

Le règne de la pipe de bruyère a commencé dans la seconde moitié du XIXe siècle et dure encore. Aujourd'hui elle représente la quasi-totalité des pipes fabriquées dans le monde et de nombreux pipiers cherchent à renouveler les formes héritées du passé aussi bien en Italie, en Allemagne ou au Danemark. Citons simplement la célèbre pipe dessinée par Ferdinand Alexandre Porsche – plus connu pour ses automobiles – et qui fut commercialisée par une maison allemande ayant récemment fermé ses portes : Oldenkott. Sa tête en aluminium, munie d'ailettes et s'adaptant à un fourneau en bruyère, s'inspire du système de refroidissement des moteurs de compétition. Pour ce qui est des quantités produites, la pipe de bruyère est suivie, de loin, par la pipe en écume, dont la matière est rare et qui demeure de ce fait d'un prix élevé. Le grand art de la pipe en écume, qui fait de chacune d'elle une pièce unique minutieusement travaillée, est également menacé par la décision du gouvernement turc, prise en 1961, de ne plus exporter de blocs de matière brute, afin de privilégier la production locale en série. D'autres pipes sont encore proposées aux fumeurs qui désirent changer leurs habitudes de temps en temps : des pipes en terre, fabriquées selon la tradition à Gouda, mais également en Allemagne, en Belgique et en France ; et des pipes en maïs, dont un fermier du Missouri fut l'inventeur en 1869 et qui connaissent un grand succès aux États-Unis, sont importées en Europe depuis la fin de la Seconde Guerre mondiale.

Depuis une vingtaine d'années, la pipe connaît une certaine désaffection et les chiffres de production ne cessent de décliner. Ce sont surtout les pipes courantes, produites en série, qui sont atteintes, alors que les pipes « haut de gamme » connaissent une demande croissante. En même temps, l'âge moyen des fumeurs de pipe augmente : une étude française a révélé récemment que

La pipe en maïs est très populaire aux États-Unis. Celle du général Mac Arthur – ici en pleine offensive contre les Japonais aux Philippines, en janvier 1945 – était d'un format peu courant (ci-contre).

Dans un parc de Pékin, le vieil homme, la pipe et l'oiseau, photographiés en 1985 par Thomas Hoepker (page ci-contre).

Descendante des premiers habitants de Hong Kong, cette vieille femme Hakka en a gardé l'apparence et les coutumes. Mais la pipe à foyer en métal n'est apparue en Chine qu'à la fin du XIXe siècle. Jusqu'alors la plupart des pipes étaient entièrement confectionnées en bambou (ci-dessus). Gérard d'Abboville, sacré « Fumeur de pipe de l'année 1992 » par la Confrérie des Maîtres Pipiers de Saint-Claude, et croqué par Jacques Faizant (ci-dessous). Il n'aurait évidemment pas traversé le Pacifique à la rame sans sa pipe !

quatre-vingt-dix pour cent d'entre eux sont âgés de plus de trente-cinq ans. Les campagnes anti-tabac menées dans presque tous les pays développés du monde ne paraissent pas à l'origine de ce déclin : elles n'ont pas jusqu'à présent réellement entamé le gigantesque marché des cigarettes (seuls les États-Unis voient leurs ventes baisser d'environ deux et demi pour cent par an depuis dix ans, alors qu'elles stagnent en Europe... et augmentent en Chine). En toute logique, ces campagnes devraient au contraire favoriser la pipe, plusieurs études ayant montré la nocivité moindre de cette dernière par rapport à la cigarette. Un avantage que ne semblent pas encore avoir su exploiter les fabricants de pipes. Mais ceux-ci se heurtent à un phénomène plus profond : dans un monde qui depuis vingt ans n'exalte plus que des valeurs liées à l'argent, à la réussite professionnelle, dans un monde exigeant d'être toujours plus rapide et efficace et où s'imposent les produits tout prêts et jetables, la pipe n'a plus droit de cité qui évoque plutôt le rêve, la méditation, une mesure plus sereine du temps.

Que les pipiers et les amoureux de la pipe se rassurent, cependant. Économistes et sociologues s'accordent aujourd'hui pour prévoir l'inéluctable mutation de nos sociétés « postindustrielles » vers moins de travail et plus de liberté pour chacun dans la gestion de son temps. Quelques signes avant-coureurs – comme la mode du *new age* venue d'outre-Atlantique ou l'essor de l'idée du temps partagé – annoncent déjà une évolution des mentalités où s'efface le modèle de l'entrepreneur dynamique et surmené, cher aux années quatre-vingt. Si fabricants et marchands savent y répondre, l'avenir de la pipe est assuré.

Mon J. SOMMER
LOUIS SOMMER
11. 13. 15. Passage des Princes
PARIS
REGISTRE DU COMMERCE SEINE 357.704
TÉLÉPH. CENTRAL 78-72
5428

NAISSANCE D'UNE PIPE

Qu'elle soit de belle bruyère dont le bois vit toujours entre nos mains, de légère et douce écume remontée des profondeurs ou de simple terre modelée, la pipe ne laisse pas facilement deviner combien d'opérations distinctes et de soins méticuleux ont été nécessaires à sa conception. Sa fabrication relève d'un grand nombre de techniques artisanales spécifiques, mises au point durant des décennies et patiemment améliorées de génération en génération. Maîtres de ces techniques, les pipiers ne doivent pas seulement répondre à l'exigence de qualité toujours plus grande du fumeur, mais aussi à celle de diversité. Les fumeurs de pipe d'aujourd'hui possèdent en effet plusieurs pièces, parfois quelques dizaines, de toutes les matières, de toutes les formes, de toutes les finitions, de toutes les qualités. Aussi, pour bien rendre compte qu'il n'est pas d'uniformité dans le royaume des pipes, ce sont mille et une naissances qu'il faudrait raconter.

La pipe en bruyère

En France, blottie au creux d'une vallée du Jura, au confluent de la Bienne et du Tacon – deux torrents dont l'énergie tumultueuse a longtemps alimenté les machines des artisans –, la petite ville de Saint-Claude mérite depuis un siècle et demi le titre de capitale mondiale de la pipe. Il n'existe pas, ailleurs au monde, de lieu où l'on se consacre avec autant d'ampleur à cette fabrication. C'est vers 1850 que les artisans sanclaudiens, tourneurs sur bois de père en fils depuis un millénaire, se mirent à confectionner des pipes en bruyère. Aujourd'hui, les sept maisons de la Confrérie des maîtres pipiers de Saint-Claude fabriquent sept cent mille pipes par an, portant les noms de douze marques différentes : Bontemps, Butz-Choquin, Chacom, Chap, Ewa, Genod, Graco, Jeantet, Jean Lacroix, Claude Romain, Ropp et Vuillard. Elles fournissent ainsi la quasi-totalité du marché français et exportent plus de la moitié de leur production dans le monde entier, du Canada au Japon.

Chez Philippe Bargiel, ancien de la maison Sommer dont il a conservé quelques reliques, les outils du sculpteur d'écume : de haut en bas, un pointeau, un évidoir, un couteau pour sculpter, un ciseau, un creusoir et un tarot à main (double page précédente). Un ouvrier de la maison Courrieu, à la fin du siècle dernier. Le tour est actionné au pied, par le moyen d'une pédale. Un tour semblable, entièrement en bois,est encore en fonction aujourd'hui dans les ateliers de Charles Courrieu, à Cogolin dans le Var (ci-contre).

Tous les visiteurs de Saint-Claude devraient avoir la chance de la découvrir de haut, et le soir, par exemple de l'un des virages de la route départementale 69 en venant de Morez, afin de méditer sur la magie d'une indéniable prédestination : les lumières de la ville au fond d'un cirque aux parois sombres – celles de quelques monts du Haut-Jura – font penser à des braises rougeoyantes dans le foyer d'une pipe... Il suffit ensuite de la visiter en plein jour, de parcourir ses rues commerçantes ou ses venelles dévalant vers l'eau, de franchir ses ponts et d'observer les maisons des rives pour découvrir les signes de sa vocation. Des signes souvent déjà presque effacés, qui témoignent de l'ancienne splendeur pipière : grands séchoirs à ébauchons abandonnés, façades où finissent de s'estomper les larges enseignes de fabriques disparues, prospères en un temps, les années vingt, où elles étaient quatre-vingts à produire plus de trente millions de pipes par an. Mais signes aussi bien vivants, qui eux témoignent, au-delà de la passion et du savoir-faire des pipiers, de leurs qualités proprement jurassiennes : la patience et l'obstination. À voir la vénération qu'on lui porte ici – la « plus grande pipe du monde », fabriquée en bois par des scouts, trône sur une place du centre-ville telle une déesse tutélaire –, à contempler les vitrines des marchands, le visiteur acquiert bien vite la certitude que la pipe vit toujours à Saint-Claude, malgré la crise actuelle qui n'est pas la première, et que ses fabricants d'aujourd'hui ne l'abandonneront jamais au vent mauvais de la cigarette.

Si l'on excepte le travail des trois artisans sculpteurs de pipes encore en activité à Saint-Claude dont les spécialités sont les animaux, les portraits de personnages célèbres ou de leurs clients, si l'on excepte aussi quelques pièces « haut de gamme », dont les *freehand* réalisées par Pierre Morel et Alain Albuisson pour le compte des maisons Cuty Fort et Butz-Choquin, ce sont des pipes de bruyère de modèles courants qu'on fabrique ici, en usine et en série. Encore faut-il nuancer cette affirmation. D'une part, les usines ont conservé les proportions modestes des fabriques du début du siècle, bâtiments anciens d'un ou

Chez les pipiers d'échelle industrielle, la plupart des têtes sont produites en série d'après quelques modèles de base. Dans une usine du groupe Cuty Fort à Saint-Claude (page ci-contre) comme ailleurs, la reproduction fidèle des gabarits des modèles classiques donnera des pièces de prix très différents selon la qualité de la bruyère.

9
102
219

Sept grandes maisons, produisant aujourd'hui sept cent mille pipes par an, font de Saint-Claude, au cœur du Haut-Jura, la capitale mondiale de la pipe (ci-contre). À la fin du siècle dernier, à Saint-Claude, soixante-six pipiers employaient mille six cents hommes, cinq cents femmes et deux cents enfants. Le polissage des pipes, opération très délicate, est depuis toujours confié aux femmes, après un an de formation (ci-dessous).

deux étages où des machines à peine modernisées depuis lors occupent un nombre très limité d'ouvriers. La plupart sont encore situées au bord des torrents, qui fournissaient jusqu'aux années trente l'énergie nécessaire aux machines. L'entreprise la plus importante, le groupe Berrod-Regad qui produit cinq marques dont la célèbre Butz-Choquin, emploie un peu moins de cent personnes pour produire ses quatre cent mille pipes annuelles... Des méthodes ancestrales, des techniques éprouvées et des traditions familiales – la plupart des maîtres pipiers d'aujourd'hui sont fils et petits-fils de maîtres pipiers – caractérisent toujours la fabrication sanclaudienne. D'autre part, les modèles produits sont si nombreux et variés qu'une série en cours excède rarement quelques centaines de pièces. Les fumeurs doivent savoir que les pipes de Saint-Claude, d'un prix toujours raisonnable, naissent pourtant davantage d'un artisanat traditionnel que d'une moderne industrie robotisée. La bruyère est une matière naturelle et délicate, qui exige cette garantie de qualité.

C'est donc ici, dans ce Jura souvent froid et enneigé, que naissent le plus grand nombre des pipes de bruyère. Mais c'est au moins à mille kilomètres au sud à vol d'oiseau, dans un climat sec et ensoleillé, que tout commence.

La bruyère. La bruyère utilisée pour les têtes de pipe, dont on découvrit vers 1850 qu'elle était une matière idéale, ne pousse que sur les pourtours de la Méditerranée. Il s'agit d'une variété arborescente de l'espèce, baptisée *Erica arborea* par les botanistes, présente dans les maquis – principalement en altitude, entre 500 et 1000 mètres – et pouvant atteindre cinq ou six mètres de haut. La partie de l'arbuste employée n'est ni le tronc ni les branches mais, quand il en possède (ce qui n'est pas toujours le cas), une masse ligneuse plus ou moins volumineuse en forme de bulbe, située entre la racine et le tronc et affleurant le sol, appelée « souche » ou « broussin ». L'arbuste doit être âgé d'une trentaine d'années au moins pour que son broussin atteigne le volume minimal requis : à peu près la taille d'un ballon de football. Il pèse alors environ trois kilos. Toutefois, le plus gros broussin

Les gabarits des modèles les plus courants de la maison Courrieu (page ci-contre).

Une anomalie végétale : la souche de bruyère ou broussin. C'est dans cette excroissance située entre la racine et le tronc de l'arbuste que seront façonnées les têtes de pipes. Le broussin doit être âgé d'au moins trente ans pour donner plusieurs ébauchons de bonne qualité, emballés sur le lieu de production dans des sacs de cinquante kilos (page ci-contre).

déterré à ce jour, au début du siècle en Italie pesait environ cent dix kilos !

Parmi tous les bois utilisés pour la pipe, le broussin de bruyère offre des qualités incomparables : sa dureté, son inaltérabilité, son inégalable résistance au feu n'empêchent pas qu'il puisse être travaillé facilement. Et pour couronner le tout, il est beau. Bien taillé, le broussin présente en effet un harmonieux veinage, traces des rameaux qui l'ont constitué : il donnera la « flamme » et les « œils-de-perdrix », dont les amateurs rechercheront le dessin le plus pur sur le fourneau et qui sera l'un des éléments déterminants du prix de la pipe.

L'*Erica arborea* ne pousse qu'à l'état sauvage. Aussi son exploitation intensive conduit bientôt à l'épuisement des gisements, donc à une nécessaire rotation des pays producteurs. Durant la première moitié de ce siècle, l'Algérie, colonie française, fut le principal fournisseur de Saint-Claude en bruyère. Ce n'est pas l'épuisement de ses forêts de bruyère, mais les événements militaires et politiques conduisant à l'indépendance de ce pays qui firent se tourner les fabricants vers le Maroc. La majeure partie de la bruyère utilisée à Saint-Claude provient encore de ce pays. D'autres gisements, de moindre quantité et souvent de moindre qualité, sont exploités en Espagne, en Italie et en Grèce. La bruyère corse, belle et tendre, est malheureusement de plus en plus rare. La maison Courrieu, à Cogolin, dans le Var, utilise elle des broussins récoltés dans les massifs des Maures et de l'Estérel. Quant à la forêt marocaine, soumise à l'arrachage depuis trente-cinq ans, elle sera très bientôt épuisée. En Algérie, en revanche, l'arrêt total de l'exploitation depuis une trentaine d'années a permis la reconstitution d'un véritable trésor de bruyère qui ne demande qu'à être déterré. Mais la première transformation du broussin, qui doit être exécutée sur les lieux mêmes de la récolte, exige un savoir-faire... que les colons français ont emporté dans leurs bagages. Aussi le retour de l'Algérie au premier rang des fournisseurs de bruyère, qui s'amorce aujourd'hui dans des conditions difficiles, ne s'accomplira pas sans mal.

Les ébauchons. L'arrachage des broussins se pratique en général de novembre à mai. Aussitôt

La bruyère arborescente (*Erica arborea*) qui donne le bois des pipes ne pousse qu'à l'état sauvage sur les pourtours de la Méditerranée, entre cinq cents et mille mètres d'altitude. Elle fleurit de février à avril en Afrique du Nord, et de mars à mai en Europe (ci-dessus). Chez Courrieu au début du siècle : après l'extraction, la deuxième des cinquante à soixante opérations nécessaires à la fabrication d'une pipe : le nettoyage des broussins, qui consiste à les débarrasser à la serpe des résidus de terre et des cailloux agglomérés. Cette opération s'effectue exactement de la même manière aujourd'hui (ci-contre).

La maison Courrieu utilise toujours la bruyère du massif des Maures, aussi belle que rare (ci-contre).

déterrés, et pour éviter que le bois ne se fende, ils sont stockés en tas dans des hangars, à l'abri de l'air sec et du soleil, et constamment humidifiés durant plusieurs mois. Cette humidification des broussins s'opère en les recouvrant de terre ou de sacs de jute régulièrement arrosés. Une fois bien humide, le broussin est nettoyé, débarrassé à la serpe des petits cailloux, de toute trace de terre ou d'autres éléments étrangers, puis fendu en deux. Le cœur du broussin, inutilisable, est enlevé. Commence alors une opération qui requiert le doigté d'un expert : le sciage. Chaque moitié du broussin est débitée à la scie circulaire de façon à produire une ou plusieurs petites pièces de bois, les « ébauchons », qui chacune donneront plus tard une tête de pipe. En fonction de la demande du fabricant et de la présence éventuelle de défauts dans le bois, cette taille des ébauchons s'opère selon trois grands modèles de base, comprenant chacun diverses catégories de volume et de qualité. On conserve aux « plateaux », très rares, la croûte extérieure du broussin ; les plateaux sont des tranches épaisses sciées dans les broussins possédant un veinage d'une qualité exceptionnelle ; les plateaux serviront à confectionner les pipes *freehand*, modèles uniques conçus par les grands pipiers, dont le bord supérieur du fourneau est souvent la croûte du broussin elle-même. On appelle « fleurs » les pipes de ce style. Les deux autres grandes familles d'ébauchons constituent la production courante : « marseillaises » destinées à la fabrication des pipes droites et « relevées » destinées à celles des pipes courbes.

On comprend dès lors l'importance de ce travail. Plus l'ouvrier saura tirer parti de la qualité du bois dans cette découpe, et particulièrement de son veinage, plus la future pipe sera belle. Mais il doit tenir compte en même temps de l'aspect économique de son travail : si les plateaux se négocient à la pièce à des prix exorbitants, les ébauchons de modèles courants seront vendus en vrac et au poids, selon trois critères de qualité. L'intérêt de l'exploitant commande donc d'en produire le plus grand nombre possible, et d'éviter au maximum les déchets. Cet impératif n'empêche pas, cependant, qu'un kilo d'ébauchons s'accompagne en moyenne de quatre kilos de bois inutilisable... sinon en combustible au cours de l'opération suivante.

Chez Dunhill à Londres : le triage des ébauchons. Il y faut l'œil d'un expert (page ci-contre).

Après avoir été triés selon leur modèle, leur taille et leur qualité, les ébauchons sont bouillis dans de grands chaudrons de cuivre chauffés au feu. Il s'agit d'une part d'éliminer la sève du bois, qui risquerait de le fendiller en séchant, et d'autre part de le charger d'un tanin qui lui donnera une belle couleur brune. L'opération s'effectue en deux temps : les ébauchons sont bouillis durant six heures, après avoir été immergés dans de l'eau tiède chauffée ensuite progressivement.

102

Après ces six heures de bouillon, le feu est arrêté, mais les ébauchons demeurent dans l'eau durant une douzaine d'heures au moins. Ils sont ensuite mis à sécher à température ambiante et si possible régulière, sur des claies et dans des locaux couverts, pendant un mois environ. Considérés comme « demi-secs », ils sont alors à nouveau triés. Malgré la cuisson, certains se sont fendus durant ce premier séchage et doivent être éliminés. Rares sont les ébauchons qui ne présentent aucun défaut. Seuls seront conservés, emballés puis expédiés ceux dont les défauts, minimes, ne compromettront pas la qualité de la pipe ou pourront être corrigés à la fabrication.

L'unité de conditionnement, et en même temps de valeur, des ébauchons est la « balle » de cent kilos. Les pièces sont aujourd'hui expédiées aux fabricants dans des « demi-balles », sacs contenant cinquante kilos d'ébauchons de même taille. Les calibres des ébauchons pouvant être très différents, chaque demi-balle renferme un nombre très variable de pièces. Ce nombre est inscrit sur le sac en douzaines, et varie entre vingt-quatre et cent huit. Ce procédé explique pourquoi la dimension de la pipe est l'un des éléments déterminants de son prix : la balle coûtant le même prix (aujourd'hui un peu plus de quatre mille francs français) quel que soit le nombre d'ébauchons, ceux-ci ont un prix d'autant plus élevé à l'unité qu'ils sont gros. Et quelle que soit la qualité de la fabrication de la pipe, ce prix, variant à peu près du simple au quintuple, se répercutera dans celui du produit fini.

La fabrication en série. Revenons à Saint-Claude, dans un vaste bâtiment sans âge situé juste au bord du Tacon. Gérard Chapel, héritier d'une longue lignée de pipiers et président du Pipe-Club de la ville, nous emmène dans les combles de l'usine du groupe Berrog-Regad, dont il est l'un des experts. Dans ces vastes pièces mansardées, auxquelles de grandes fenêtres dépourvues de vitres assurent un courant d'air permanent, les demi-balles de toutes provenances sont stockées en attendant la phase préalable à la fabrication, la fin du séchage des ébauchons. Selon la qualité – c'est-à-dire souvent la provenance – de ces derniers, le séchage s'effectue naturellement ou artificiellement. Les ébauchons corses d'une belle bruyère tendre, par exemple, ont le privilège de sécher ici, à l'air libre, disposés sur des claies où ils seront régulièrement retournés à la fourche. Ce séchage naturel, qui dure de quatre à six mois, garantit la préservation de toutes les qualités du bois. En raison de la manutention, de l'espace et du temps qu'elle requiert, cette méthode coûte plus cher que le séchage artificiel, introduit récemment à Saint-Claude, pourtant dispendieux en énergie. Au rez-de-chaussée de l'usine, la plupart des ébauchons

À Saint-Claude, Dominique Jeantet, chargé du suivi de la fabrication chez Cuty Fort, inspecte des ébauchons marocains avant leur séchage. Le séchage à l'air libre et sur claies dure de quatre à six mois et ne se pratique que pour les ébauchons de très bonne qualité (page ci-contre).

Chez Cuty Fort à Saint-Claude, le calibrage des ébauchons. C'est la dixième opération (ci-contre).

Un ouvrier de W.Ø. Larsen, à Copenhague, esquisse la tête de la pipe sur un plateau, en tirant le meilleur parti du dessin de la flamme. Ce procédé, qui exclut toute fabrication en série, n'a cours que chez les grands artisans pipiers (ci-dessus).
À Cantù, près de Côme en Italie, Franco Coppo, de la maison Castello, sélectionne un plateau. Extraits de broussins quasi parfaits dont est conservée la croûte extérieure, les plateaux sont destinés à produire un chef-d'œuvre unique : une pipe entière fabriquée à la main (ci-dessous).

marocains sont ainsi séchés artificiellement dans des pièces bien closes où des machines font circuler continuellement un air chaud. Cette seconde méthode réduit le temps de séchage à quatre ou cinq semaines, et ne demande quasiment aucune manutention puisque les ébauchons sèchent encore emballés dans leur demi-balle d'origine.

Quittons les combles pour le cœur de l'usine. Partout règne une odeur de soufre, celui des tuyaux en ébonite dont nous reparlerons. Une fois secs, les ébauchons sont à nouveau triés. Huit pour cent en moyenne se sont fendus au cours du séchage et doivent être éliminés. Les autres sont répartis précisément selon leurs tailles dans des sacs, où un ouvrier très expérimenté, le trieur, assis devant une table percée d'une rangée de trous de différents calibres, les fait tomber par un petit volet qui déclenche un compteur par douzaine. Lorsqu'il décidera la production d'une série, le fabricant connaîtra ainsi le nombre exact d'ébauchons de taille égale qu'il possède.

Dès lors, la fabrication proprement dite peut commencer, dans le vacarme des machines. Ronflement des moteurs ou des aspirateurs placés au-dessus des outils afin d'éviter que ne se répande la fine poussière de bruyère, crissement des scies ou des fraises au contact du bois. Jusqu'à son emballage et son expédition, la pipe va se dégager peu à peu de sa matière première, s'assembler, se décorer. Le tout lors d'un grand nombre d'opérations successives, le plus souvent mécanisées, dont l'ordre et les dénominations sont immuables.

Le **calibrage** permet d'abord de rectifier légèrement la forme toujours un peu imprécise des ébauchons. À la scie circulaire, l'ouvrier remodèle les angles et les plans afin d'obtenir un ébauchon rigoureusement rectangulaire, qui pourra ainsi s'adapter avec précision aux formes des machines.

Avec l'**ébauchage** apparaissent le fourneau et le foyer de la pipe. L'ébauchon est tourné tandis que deux outils coupants façonnent en même temps le foyer et les deux tiers supérieurs du fourneau.

Le **varlopage** est le tournage de la tige. Sa base est maintenue entre deux mâchoires, mais cette fois-ci horizontalement. La partie de l'ébauchon qui donnera la tige est tournée deux fois contre une varlope en acier munie de lames tranchantes tournant à grande vitesse.

L'ébauchon est devenu une ébauche. La tige est formée, mais le fourneau ne l'est pas encore totalement puisque sa base, prise jusque-là dans

Un atelier de la maison Genod, à Saint-Claude. Jacques Craen et ses trois employés y produisent seize mille pipes par an. Les plus belles ne sont vendues qu'à Saint-Claude (page ci-contre, en haut).
La douzième opération, l'ébauchage. Le fourneau, tourné à l'extérieur et à l'intérieur, apparaît (page ci-contre, au centre et en bas).

Chaque jour, environ mille pipes sont façonnées dans les usines du groupe Cuty Fort. Ici, deux phases de l'ébauchage : le forage du foyer (en haut) et le contrôle (au centre). Après le varlopage qui a fait apparaître la tige, le fraisage (quatorzième opération) : la base du foyer est tournée, donnant sa forme au cul de la pipe (en bas).

des mâchoires, n'est pas détourée. Le **fraisage** va permettre de dégager la plus grande part de cette base du fourneau, appelée « cul de pipe ». Le foyer de la pipe est engagé sur un petit mandrin conique, et le cul de pipe approché d'une fraise dont les fers sont galbés selon le modèle qu'on désire obtenir.

La fraise n'a pu ôter les coins arrière de la base du fourneau, formant un petit bec inaccessible à la machine. Il sera éliminé par le **râpage** qui, pour les pièces rares, s'effectue toujours à la main, à l'aide d'une grosse lime. Pendant longtemps cette opération manuelle était confiée à des râpeurs indépendants, tous installés dans un petit village proche de Saint-Claude. Paysans pauvres sur une terre enneigée l'hiver, ils venaient chercher les pièces à l'automne et les rapportaient au printemps. Aujourd'hui, les modèles courants sont râpés six par six sur un pantographe – machine dont les outils sont montés en parallèle pour reproduire, grâce à un « palpeur », un objet-modèle (chacun connaît le pantographe du serrurier qui permet de reproduire une clef).

L'opération suivante, le **perçage** de la tige, est certainement la plus délicate de toutes. Le foyer est engagé sur une forme en buis, puis la tige approchée de la mèche d'une perceuse horizontale. La mèche, constamment graissée au suif, doit déboucher très précisément dans le bas et au centre du foyer. Un infime décentrage entraînerait immanquablement des problèmes de tirage pour le fumeur.

Le façonnage de la tête est dès lors presque terminé. Les opérations précédentes ont souvent fait apparaître des défauts dans le bois, qui vont donner lieu à un nouveau tri. C'est le **premier choix**, qui consiste à séparer les têtes sans défaut des autres, sur lesquelles apparaissent des petits trous, des fentes. Certaines en présentent une quantité telle qu'elles sont éliminées. Les autres, dont les défauts pourront être corrigés, sont passées au papier de verre et polies. Elles constituent le **deuxième choix** qui, après un nouveau triage, se répartira en cinq choix différents. En comptant quelques variantes, l'ensemble des têtes comprennent en fait neuf choix différents.

L'opération suivante, la **mise en route**, consiste simplement à regrouper, selon la série qu'on désire produire, les têtes d'une même qualité et les tuyaux, dont nous reparlerons.

Le **masticage**, opération naturellement réalisée à la main, est destiné à corriger les petits défauts, trous ou petites fentes, du bois. On commence par les accentuer légèrement à l'aide d'une petite gouge, puis on les rebouche en appliquant avec une spatule une bonne dose de mastic, composé d'un mélange de colle de poisson et de poudre d'albâtre. Le surplus de mastic sera enlevé lors d'un polissage ultérieur.

Après l'ébauchage, les parois du foyer conservent toujours quelques peluches de bois. Le **bobéchonnage** lui donne son apparence et sa qualité définitives en le polissant. Le bobéchon, peti-

La seizième opération, le râpage, est entièrement manuelle pour les pièces de bonne qualité : les coins laissés sur la base du foyer par la fraise sont éliminés à l'aide d'une râpe. Celle-ci est fabriquée par l'ouvrier lui-même à partir d'une ébauche de lime, l'angle d'attaque des stries étant spécialement conçu pour la bruyère (page ci-contre).

Le perçage de la tige : un décentrage d'un millimètre suffit à envoyer la tête au rebut (ci-contre). Chez Courrieu, le polissage des têtes, l'une des opérations les plus délicates (la dix-huitième) : aucune « facette » n'est tolérée (ci-dessous).

te masse de feutre imbibée d'huile et enduite de ponce, est pressé dans le foyer.

On revient ensuite à la tige, encore incomplètement percée. Le **second perçage** consiste à ménager dans la tige l'espace qui recevra le « floc » du tuyau (le petit cylindre entrant dans la tige) et celui, de diamètre plus réduit, qui recevra le système.

Au cours du **montage**, la lentille du tuyau est retouchée pour lui donner le fini désiré, puis son floc façonné à la machine pour s'adapter précisément à la tige. Ces deux opérations minutieuses s'effectuent au tour, et l'instrument de coupe n'est autre qu'un diamant industriel, (ou un ersatz, composé de poudre de diamant et d'un liant). Lui seul peut donner la précision qui permettra à la tête et au tuyau de s'épouser parfaitement, et de tenir ensemble grâce à leur seul contact.

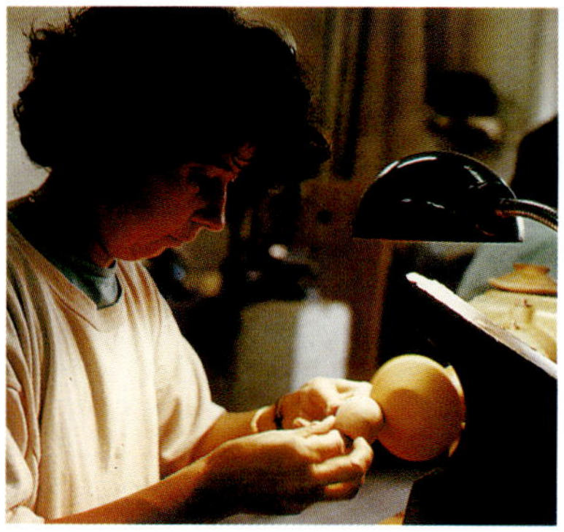

Un petit peigne tranchant est tourné ensuite à l'intérieur du floc, pour y creuser le pas de vis qui recevra le système : c'est le **taraudage**. Puis les deux parties essentielles de la pipe sont enfin assemblées.

On appelle **réparage** l'opération suivante, qui consiste à aligner la tige et le tuyau, dont les diamètres externes sont différents L'opération s'effectue au tour, un petit disque revêtu de toile verrée passant à grande vitesse sur les parties à corriger.

Gérard Chapel nous conduit dans une autre salle. Surprise : ici ne travaillent que des femmes. Une dizaine d'ouvrières accomplissent l'une des plus délicates opérations de la fabrication, le **polissage,** destiné à effacer sur la tête et le tuyau toutes les traces qu'ont pu y laisser les machines, le surplus de mastic et les dernières petites imperfections. L'opération est recommencée à quatre reprises, le tour contre lequel est promenée la pipe recevant chaque fois une toile d'un verrage plus fin. Ce gommage de tous les petits défauts exige beaucoup d'attention et de minutie : en aucun cas la forme de la pipe ne doit être altérée. Une pose un peu trop longue d'une partie de la pipe contre le tour risquerait d'aplatir une courbe, de créer une « facette » qui enverrait la pièce au rebut... Voilà pourquoi le polissage est le plus souvent confié au doigté féminin, et qu'une année est nécessaire pour former une bonne polisseuse.

La pipe est désormais presque terminée. Nous

Un modèle de Rhodésienne, entre le fraisage et le perçage. La tige n'est pas percée, et les coins laissés par la machine sont toujours apparents (page ci-contre).

Pas de bonne pipe sans bon tuyau ! Le finissage des tuyaux, le plus souvent moulés dans des entreprises spécialisées, s'opère toujours chez le pipier. L'opération requiert un grand savoir-faire pour les pièces haut-de-gamme. C'est le cas chez W.Ø. Larsen à Copenhague (page ci-contre) et chez Dunhill à Londres (ci-dessus).

quittons les « salles des machines » pour des pièces plus calmes. Avant de recevoir sa finition, la pipe passe par un dernier tri, opéré selon une demi-douzaine de critères de qualité très précis (et différents selon les pays) où sont considérés la texture du bois, l'absence ou non de défauts, le nombre et l'emplacement de ceux-ci. C'est le **choix**, qui requiert chez son auteur une grande expérience. En France, cette classification s'étend de la rarissime pipe au grain droit (*straight grain*), dont la flamme est parfaitement régulière et qui ne comporte aucun défaut, jusqu'à la « race », catégorie comprenant les pipes de deuxième ou de troisième choix où se décèlent facilement de nombreux masticages, parfois même à l'intérieur du fourneau. Entre les deux, le premier choix est constitué des catégories AB – de très belle texture et sans défaut – et AC – de texture plus commune et avec quelques rares imperfections. La catégorie A n'est presque plus utilisée aujourd'hui : il s'agit de la pipe œil-de-perdrix, dont la quasi-totalité du fourneau est dessiné par les petites loupes circulaires du bois ; les broussins de bruyère, arrachés de plus en plus jeunes, n'offrent plus que très rarement de si belle matière. Viennent ensuite le « mixte A », qui tolère sur le fourneau de un à trois petits masticages, puis le « mixte ordinaire » qui en tolère jusqu'à cinq de superficie plus importante. Ces catégories « mixtes » offrent au fumeur dont les moyens ne sont pas illimités des pipes d'un excellent rapport qualité/prix.

L'ultime phase de la fabrication des pipes de bruyère est leur finition. Les plus belles d'entre elles, celles de premier choix, demeurent en leur état naturel et sont seulement cirées. Les autres peuvent être teintées. La gamme des coloris est illimitée, mais les plus foncés présentent l'avantage, ou plutôt l'inconvénient, de dissimuler les imperfections et surtout les masticages. Quoi qu'il en soit, la **couleur** est une opération toujours effectuée à la main : on applique d'abord un mordant sur le bois, puis on le colore au pinceau ou à l'aide d'un tampon. On effectue ensuite un léger brûlage à la flamme, le **flambage**, pour fixer le colorant, puis on suspend les pipes sur des planches à clous et on les fait sécher devant une lampe à infrarouges. L'**éclaircissage** s'obtient ensuite en polissant la pipe sur des rouleaux de feutre : il s'agit de débarrasser la teinture des éventuels coulages et d'obtenir une teinte uniforme sur l'ensemble de la tête. Certaines pipes sont teintées de telle sorte qu'apparaisse par contraste la texture du bois.

Ces pipes teintées peuvent être cirées ou vernies. Si le **cirage** ne présente pas de difficulté particulière, le **vernissage** exige par contre, tout comme le polissage, le tour de main d'une virtuose. Le vernis, appliqué avec un peu de coton imbibé, sèche en effet presque instantanément sur le bois, et doit donc être étendu sur la totalité de la tête en un seul passage d'égale intensité. Toute « reprise » serait visible et condamnerait la pipe au rebut. Il convient également de veiller à ce qu'un peu de vernis ne déborde, et *a fortiori* coule, dans le foyer, ce qui rendrait la pipe infumable. La chose est d'autant plus délicate que le bord supérieur du fourneau est vernis lui aussi.

On destine certaines pipes, dont la bruyère présente un grand nombre de petits grains noirs dus à un excès de silice, au **sablage.** Un mélange de sable et de poussière de verre est projeté sous pression, au pistolet, sur la tête de la pipe. Il attaque la bruyère, creuse ses parties tendres et dégage ses petits grains. Les parties dures apparaissent alors en relief. Pour éviter que sable et poussières n'envahissent l'atelier et les poumons du sableur, l'opération s'effectue aujourd'hui à l'abri d'une caisse en verre à travers laquelle ce dernier peut travailler grâce à des manchons. Le sablage ne présente pas seulement l'avantage de « récupérer » les pipes présentant certains défauts. En fait, les

Chez Dunhill, l'apposition du célèbre *white spot*, petit point blanc sur le tuyau, permet de reconnaître une Dunhill du premier coup d'œil... Le *white spot*, autrefois en ivoire, est aujourd'hui en résine synthétique (ci-contre).

La trente-cinquième opération chez Cuty Fort : la couleur des pipes teintées. Elle s'effectue en deux phases : le passage de la couleur au pinceau puis un léger brûlage à la flamme d'une lampe à alcool pour fixer le colorant (ci-contre et à droite).
Le musée de Gavirate conserve plus de trois mille anciens poinçons destinés aux marquage des pipes et fabriqués par Fratelli Rossi, la plus ancienne maison spécialisée d'Italie (ci-dessous).

pipes sablées, plus légères et dont la surface irrégulière rend la fumée plus fraîche, sont souvent d'excellente qualité. Le sablage se pratique néanmoins de plus en plus rarement.

Le **guillochage**, quant à lui, a désormais pratiquement disparu. Il s'agissait, lorsqu'une tête de pipe présentait un trop grand nombre de défauts, de les effacer tout simplement en sculptant la tête à la fraise. Trous et fentes de la bruyère disparaissaient ainsi dans les petits décors en relief, imitation de sablage, rayures et autres motifs variés. Ce long travail exécuté sur des pipes très ordinaires, et donc bon marché, défiait toute logique économique. Aujourd'hui, les rares pipes guillochées sont de belle bruyère. Œuvres de sculpteurs, italiens pour la plupart, elles valent le prix des *freehand.*

Qu'elles soient naturelles ou vernies, les pipes subissent un dernier polissage, celui-là très doux, à l'aide de peaux de chamois ou de bandes de feutre enduites de pâte à polir. La plupart d'entre elles passent ensuite au **tubage**, terme indiquant la fixation du système dans le tuyau, et toutes au **soufflage**, qui est l'élimination par air comprimé de toutes poussières résiduelles dans la tige et le tuyau.

Reste le **marquage**. Toutes les pipes sont en effet gravées de la marque du fabricant, du nom de la série, éventuellement du numéro du modèle et du choix, et enfin du lieu de fabrication (Saint-Claude ou France). Ce marquage se fait sur la tige, grâce à une machine munie de fers chauffés et actionnée au pied par une pédale. C'est aussi à ce dernier stade de la fabrication que les pipes reçoivent éventuellement leur virole ou leur bague, et que les tuyaux, le cas échéant, sont marqués d'un signe distinctif.

La pipe est alors vérifiée une dernière fois sur toutes les coutures, puis reçoit un ultime « **coup de fion** », autrement dit un dernier petit lustrage à l'aide d'un rouleau de feutre, avant d'être emballée dans son sachet individuel, mise en boîte et expédiée.

Ainsi naissent – à Saint-Claude mais aussi dans quelques autres fabriques en France (Courrieu à Cogolin), en Allemagne (Vauen), aux Pays-Bas (Hilson, Big Ben), en Italie (Savinelli, Mastro de Paja, Lorenzo), au Danemark (Stanwell, Nording, Svendborg) et en Grande-Bretagne et en Irlande (Dunhill, Peterson) – plus de quatre-vingt-dix pour cent des pipes de bruyère vendues dans le monde. Produites en série et à la machine, elles offrent néanmoins aux fumeurs, outre leur prix très abordable, une gamme étendue de modèles de bonne qualité.

Le pipier signe toujours son œuvre. C'est le marquage (quarante-sixième opération). La marque du fabricant, le nom du modèle, parfois un numéro de série et le lieu de fabrication sont gravés sur le tuyau. Le marquage s'effectue aujourd'hui à la machine, mais Dunhill préfère encore la méthode traditionnelle, qui exige une très forte pression du bras (page ci-contre).

JOB No. 3.4.81

S B A
PRODUIT

Le pipier-sculpteur Paul Lanier, dans son atelier de Saint-Claude. La pipe-portrait demande au moins une semaine de travail et coûte plus de dix mille francs (page ci-contre).

Les « fait-main ». Quant aux autres, elles naissent du génie d'artisans individuels qui sont parfois de véritables artistes. Souvent de modèle unique, longuement façonnées à la main dans la plus belle bruyère, elles forment l'aristocratie de la pipe et méritent leurs prix élevés. Elles sont parfois exécutées « sur mesure », selon les indications du client. Leur fabrication suit les mêmes étapes que les précédentes, mais diffère essentiellement par les méthodes de travail et les outils employés : un artisan pipier travaille à la main.

Il convient de distinguer chez les artisans pipiers deux méthodes de travail différentes, qui les divisent en deux catégories : ceux qui façonnent leurs pièces manuellement mais en s'aidant d'un tour, et ceux qui les façonnent entièrement à la main – d'où le nom donné à leurs pipes : *freehand*. La différence est importante, puisque les seconds, à l'inverse des premiers, peuvent modeler la pipe en respectant intégralement la texture du bois. Pour les « tourneurs », la fabrication commence par l'esquisse au crayon gras du modèle de tête imaginé, ou commandé par le client, sur une face de l'ébauchon. Celui-ci est ensuite découpé à la scie à ruban selon ce tracé. Les étapes suivantes ressemblent à celles de la fabrication en série, à un détail près, important : lors de l'ébauchage et du varlopage, ce n'est pas une machine qui façonne la pièce tournée, mais un outil tenu par l'artisan.

En revanche, pour ceux qu'on appelle parfois les maîtres pipiers, les grands artistes de la pipe qui sont aujourd'hui le plus souvent italiens ou danois, le travail commence par le choix des ébauchons. Comme nous l'avons vu, ceux-ci sont sciés dans des plateaux et présentent des qualités exceptionnelles. Les producteurs de bruyère reconnaissent les plus belles pièces et savent à qui les expédier. Mais la rareté et le prix de tels ébauchons conduisent souvent les maîtres pipiers à se rendre dans les régions de production, pour se fournir directement auprès des scieries et choisir eux-mêmes. L'expérience et l'instinct s'allient ici pour tenter de deviner si l'ébauchon tiendra sa promesse. Malgré cela, la proportion des pièces qui se révèleront inutilisables en cours de fabrication est aussi importante que dans la production en série. La bruyère est une matière imprévisible. Et le coût de ce rebut se répercutera dans le prix de chaque pipe. Un prix dont on doit connaître la raison principale : outre le temps passé à choisir l'ébauchon, chaque *freehand* exige une dizaine d'heures de travail dans l'atelier.

Pour ces maîtres pipiers, il n'est pas de modèle préétabli : c'est l'ébauchon lui-même qui détermine la forme de la pièce. Travaillant uniquement à la main, sans tour, ils peuvent suivre au plus près la texture du bois, et déterminer la forme en fonction des petits défauts qu'il convient de contourner ou d'éliminer à la lime. Une pipe *freehand* n'est en effet jamais mastiquée. Pour le reste, les étapes de la fabrication sont les mêmes : façonnage du fourneau à la scie et à la lime, forage du foyer à l'aide d'une gouge ou d'une petite perceuse, perçage de la tige, ponçage du tuyau et de la tête, polissages, etc.

Une pipe en bruyère « fait main » est parfois une pièce sublime, et toujours un objet précieux car s'y trouve porté au plus haut degré de la créativité et du savoir ce que la nature nous donne. La bruyère est ici magnifiée. On peut contempler sans fin son veinage, sa couleur, ne jamais se lasser de caresser sa texture, d'admirer son exceptionnelle finition. On peut l'aimer sa vie durant.

Les sculpteurs. Il convient de mentionner enfin une autre catégorie d'artistes pipiers : les sculpteurs. Grâce aux œuvres de Paul Lanier, de Jean Masson et de Roger Vincent, la pipe sculptée demeure une tradition sanclaudienne. Les têtes de pipe sont parfois produites en petite série (lorsqu'il s'agit par exemple de portraits de personnages célèbres, ou de têtes d'animaux). Le sculpteur réalise d'abord un modèle, puis celui-ci est reproduit par un pantographe à six pièces. Mais la machine ne peut reproduire précisément le modèle. La pièce, seulement dégrossie, doit être terminée à la main. Il va de soi que le talent de ces sculpteurs ne s'épanouit vraiment que dans l'exécution, entièrement à la main, de pièces uniques. Les sujets et les formes sont d'une variété infinie, et certaines atteignent des dimensions impressionnantes, tel ce monstre ailé exposé au musée des Tabacs de Bergerac, aux crocs en ivoire et aux yeux en rubis, long de quarante centimètres, dont Roger Vincent présente non sans fierté la maquette dans son atelier. Depuis quelque temps, un autre sculpteur, Paul Lanier, est chargé par la Confrérie des maîtres pipiers de Saint-Claude de réaliser la pipe portrait offerte chaque année à la personnalité élue « Premier fumeur de France ». Paul Lanier, dont le dynamisme, la jovialité et plus encore une sûreté de main absolument intacte expliquent qu'il repousse toujours l'heure de la retraite, exécute aussi des pipes portraits sur commande. Ces pipes requièrent une cinquantaine d'heures de travail, et sur-

La pipe en bruyère sculptée est une tradition de Saint-Claude. Le Voltaire de Houdon fut d'abord reproduit par le pipier Henry Dalloz vers 1862. Depuis, il n'a pas cessé d'être un modèle très demandé (ci-dessous).

tout le savoir-faire hérité de la tradition millénaire de la sculpture sur bois à Saint-Claude.

Pour commencer ce travail, le sculpteur dispose de quelques photographies du modèle. Une première pièce est réalisée d'après ces photos en pâte à modeler, puis une maquette en bois, permettant de s'assurer de la « faisabilité » du projet et de déterminer le volume de l'ébauchon requis. Commence alors la sculpture de la bruyère. Travail de miniaturiste, d'autant plus éprouvant et minutieux que le moindre faux mouvement, surtout à la fin, peut gâcher quelques journées de travail. Celui-ci exige aussi d'allier l'esthétique au fonctionnel : toutes ces pipes sculptées doivent pouvoir être fumées. Le motif ornant la tête, souvent prolongé sur la tige, ne doit en aucun cas gêner le forage d'un foyer de qualité, ni le perçage de la tige.

Les tuyaux

Certains fumeurs considèrent qu'une bonne pipe en bruyère dépend davantage de la qualité du tirage, donc en partie de celle du tuyau, que de celle de la tête. Excellent sujet de débat ! Il est en tout cas certain qu'un mauvais tuyau compromet la saveur potentielle d'une bruyère sans défauts.

Un tuyau fait main du maître pipier allemand Rainer Barbi, gravé de ses initiales. Rainer Barbi garde secrète sa technique spécialement mise au point pour polir ses tuyaux (ci-contre).

Comme pour le fourneau, on a longtemps cherché la matière idéale du tuyau. Celui-ci exige des qualités précisément inverses de celui-là : moins il est poreux, en effet, moins il se chargera des déchets de la combustion et plus la fumée sera agréable et légère. Mais si sa matière doit être bien compacte, il faut aussi qu'il soit léger. Depuis plus d'un demi-siècle, cette matière presque idéale pour tuyaux a remplacé à Saint-Claude et ailleurs l'os, la corne, le merisier ou l'ambre : c'est le caoutchouc vulcanisé, autrement dit l'ébonite, inventée fortuitement par Charles Goodyear en 1839, alors qu'il avait laissé fondre une gomme sur un poêle. Se laissant facilement travailler, légers, non poreux, n'altérant pas le goût de la fumée, et de surcroît très économiques, telles sont les qualités des tuyaux en ébonite équipant aujourd'hui la grande majorité des pipes de bruyère. Mais ils présentent quelques défauts : ils ne sont pas d'une solidité à toute épreuve et surtout vieillissent mal. À l'usage et au contact de la lumière et de l'humidité, l'ébonite après quelque temps se décolore, puis verdit et prend le goût du soufre qui la compose en partie. Défauts que ne présentent pas d'autres matières, plus idéales dans l'absolu mais malheureusement beaucoup plus chères, telles la résine synthétique ou le cumberland (autre caoutchouc vulcanisé mais de qualité supérieure et toujours travaillé à la main).

Le tuyau en ébonite offre donc un bon compromis entre le prix et la qualité, nécessaire à l'économie des pipes de bruyère fabriquées en série. Une entreprise de Saint-Claude, L'Ebonite, est spécialisée dans la fabrication de ces tuyaux, dont elle produit plusieurs centaines de milliers d'exemplaires par an. Comme chacun le sait, la vulcanisation du caoutchouc consiste à insérer du soufre dans cette matière. La bruyère étant inodore, c'est donc le soufre de l'ébonite – travaillée également chez les pipiers où est effectuée la finition des tuyaux – qui donne leur odeur caractéristique à toutes les usines de pipes. La fabrication consiste d'abord à mélanger du soufre broyé à du caoutchouc liquéfié et à un peu de matière plastique, puis à faire fondre à la chaleur ce mélange dans une trémie, d'où il s'écoule sur une plaque creusée d'un certain nombre de moules, donnant autant de tuyaux. Chacun des moules contient une broche placée longitudinalement, qui permet de laisser la place du conduit de tirage. Les tuyaux sont démoulés avant leur refroidissement total pour les dégager de cette broche. Ils sont ensuite étuvés en autoclave. Chauffée à 130 °C, la vapeur déclenche une réaction du soufre qui s'élève à la température de 190 °C. Dès lors la matière devient de l'ébonite, et les tuyaux sont cuits.

Tous les tuyaux sont moulés droits. Ceux qui sont destinés à être courbés doivent être d'abord chauffés puis courbés à la main sur des formes. Enfin, droits ou courbes, les tuyaux subissent un premier polissage avant d'être livrés. Le pipier se chargera de la finition de la lentille, du façonnage et du taraudage du floc, des nombreux ponçages et polissages.

Les ateliers de Saint-Claude ressemblent parfois à de mystérieux laboratoires. Chez Chapuis-Comoy (pipes Chacom), fabricant depuis 1825, un ouvrier procède au courbage des tuyaux. D'abord chauffés à 60° C par radiation électrique, ils sont ensuite courbés manuellement puis refroidis et figés dans l'eau froide (page ci-contre).

Une autre entreprise de Saint-Claude, les Établissements Waille, qui produisent les pipes de marque Ewa, se sont spécialisés depuis quelques années dans la fabrication de tuyaux moins courants. Héritier d'une longue dynastie de pipiers (la maison est gérée de père en fils depuis 1860), Michel Waille a repris la tradition du tuyau en corne, florissante jusqu'aux années trente et l'apparition des matières synthétiques, qui employait la totalité de la population active d'un petit village tout proche de Saint-Claude : Cinquetral. Quatre-vingt-quinze pour cent des pipes de bruyère étaient alors munies d'un tuyau en corne. Les avis sont partagés sur ces tuyaux. Certains prétendent que leur porosité rend à l'usage la fumée amère. Michel Waille, quant à lui, défend la corne avec passion : de belle apparence jaspée, la corne séduit aussi les fumeurs pour sa douceur et le confort qu'elle procure, l'empreinte des dents se marquant bien sur la lentille. Reste que ces tuyaux ont un prix plus élevé que ceux en ébonite, et que la demande demeure relativement faible.

La fabrication commence en fait sur les lieux d'abattage, en Afrique noire, en Afrique du Sud et en Australie, de façon on ne peut plus naturelle. Juste après l'abattage des bovins, les cornes sont grossièrement tronçonnées au niveau du crâne puis mises à sécher telles quelles sur des plates-formes en plein air, exposées à la voracité des mouches. Celles-ci se délectent abondamment de la corne fraîche et y pondent leurs œufs. Les larves se nourriront de corne durant un mois, jusqu'à leur transformation complète. Ainsi évidée de toute matière molle, la corne est ensuite seulement frappée contre une surface dure, pour faire tomber la matière première du tuyau : l'os de cette corne. Ces os – qui servent à la confection des tuyaux de pipe mais aussi à celle de boutons, de manches de blaireaux et de couteaux, de peignes – sont ensuite expédiés dans le monde entier dans des ballots de un ou deux mètres cube.

Chez le fabricant de tuyaux, on commence d'abord par redresser les cornes. L'opération demande de les faire bouillir pour les ramollir, puis de les passer au chalumeau pour casser leur gros nerf interne. Un nerf intact ferait reprendre aux cornes, quels que soient les traitements ultérieurs, leur forme initiale. On inverse ensuite leur courbe dans un petit étau appelé « mathieu ». Elles sont ensuite séchées durant une dizaine de jours, puis on sélectionne les plus belles pointes, dans lesquelles seront façonnés les tuyaux. Les pointes passent alors dans des machines à ébaucher. Le perçage s'effectue à la main. L'égorgeage, qui consiste à élargir le conduit au niveau de son orifice externe, est quant à lui pratiqué par une perceuse à mouvement latéral.

C'est une entreprise allemande, la maison Raschig à Ludwigshaffen, qui fournit l'« ambrolith » – une résine synthétique – à Jean Nicolas (Lyon), Gilbert Guyot (Paris) et Philippe Bargiel (Crépy-en-Valois), les trois derniers artisans pipiers français sachant façonner à la main l'intégralité de leurs pipes : têtes et tuyaux. Dans son remarquable ouvrage sur l'histoire et les techniques de la pipe en France, *Les Pipiers français*, Gilbert Guyot décrit la fabrication de ces tuyaux en résine dont les qualités – non porosité, inaltérabilité, légèreté – sont incomparables. Selon la longueur de tuyau désirée, on scie d'abord un tronçon dans le bloc de matière première, qui se présente sous la forme d'une longue règle de section rectangulaire. La pièce, tenue à la main, est ensuite ébauchée et façonnée sur un plateau de fort papier de verre. Après le perçage, le tuyau est assemblé à la tige au moyen d'une vis en os ou en nylon puis, après le réparage, longuement poncé et poli.

La pipe en écume

Depuis une trentaine d'années et à de très rares exceptions près, les pipes en écume se fabriquent dans un seul pays, la Turquie. Jusqu'alors, et dès le début du XVIIIe siècle qui vit l'apparition de la pipe en écume en Autriche, la Turquie fournissait aux pipiers européens de la matière brute. En décrétant en 1961 la fin de ces exportations pour se réserver le monopole de la fabrication, le gouvernement turc a voulu développer une activité économique fort rentable et pourvoyeuse de devises étrangères. Mais par manque de main-d'œuvre qualifiée, les produits de l'industrie pipière turque, qui en est toujours à ses débuts, souffrent d'imperfections souvent jugées impardonnables par les amateurs d'écume. Depuis peu, cependant, des artisans turcs viennent se former dans divers pays d'Europe de l'Ouest et certains progrès ont été accomplis. Il reste à souhaiter qu'à côté d'une production courante de qualité médiocre, de plus en plus d'artisans reprennent l'intégralité des traditions qui ont fait de l'écume le nec plus ultra en matière de pipe.

L'écume de mer est un minéral d'une grande rareté : un silicate naturel de magnésium que les minéralogistes appellent magnésite ou sépiolite.

À la question « Quelles pipes préférez-vous, parmi celles que vous avez sculptées ? » Eyüp Sabri répond : « Les uniques, celles que je n'ai jamais refaites. » Eyüp Sabri est sans conteste l'un des meilleurs sculpteurs de pipes en écume. Il est né et travaille à Eskişehir, en Anatolie, où se trouve le principal gisement d'écume au monde (page ci-contre).

Philippe Bargiel, au travail sur sa poupée. Ancien pipier de la maison Sommer, aujourd'hui établi à son compte à Crépy-en-Valois, il est désormais le seul au monde à respecter intégralement les procédés de fabrication traditionnels des pipes en écume (ci-contre).

Quelques gisements ont été découverts et exploités en Tanzanie, en Somalie, en Espagne, en Grèce, en Crimée et en Turquie. Le principal gisement exploité aujourd'hui se trouve aux environs de la petite ville anatolienne d'Eskişehir, à mi-chemin entre Istanbul et Ankara. Nul ne connaît précisément la quantité de matière extraite chaque année, ni l'importance des réserves du gisement. Toujours est-il que les mineurs doivent aujourd'hui descendre dans des puits d'une profondeur de quatre-vingts mètres pour accéder à l'écume, présente autrefois à seulement vingt-cinq mètres sous terre. Signalons aux amateurs, à juste titre inquiets de voir le gisement d'Eskişehir se tarir, qu'une rumeur insistante circule depuis quelque temps, annonçant la découverte récente, mais gardée secrète pour on ne sait quelle raison, d'un magnifique gisement d'écume dans une autre région de Turquie...

La fabrication turque. La fabrication turque de série commence par un mouillage du bloc d'écume, qui facilite sa taille. Il est ensuite découpé à la scie. Aujourd'hui, un bloc de dimensions courantes permet de dégager deux ébauchons et quelques chutes. Celles-ci permettront la fabrication de fourneaux destinés aux pipes « doublées écume », ou seront réduites en poudre pour toutes les pièces bon marché en « écume reconstituée », façonnées au moule après adjonction d'un liant. La poudre servira aussi à masquer quelques défauts avant la finition de la pièce.

L'écume étant une matière particulièrement tendre, l'opération suivante, la taille de l'ébauchon, s'effectue à la main. Différents couteaux et grattoirs sont utilisés pour parvenir à la forme, encore grossière, de la tête.

Viennent alors le forage du foyer et le perçage de la tige. Les deux opérations s'effectuent à la machine, l'ouvrier tenant la pièce en main et la creusant sur des mèches tournant à grande vitesse. Cette méthode ne peut garantir un travail de grande précision : le foyer est creusé aussi profondément qu'un foyer en bruyère et le conduit de la tige, souvent légèrement désaxé, y aboutit de manière approximative. La tige est également percée pour recevoir une bague en plastique, dans laquelle s'insérera, par simple pression, le floc, lui aussi en plastique, du tuyau. Là encore, bien souvent, l'imprécision du perçage peut réserver quelques déconvenues au fumeur : un léger biais rendra difficile l'ajustage du tuyau sur la tige et risquera de briser celle-ci lorsqu'elle sera fragilisée par une saturation de goudrons...

La tête est ensuite confiée à un ouvrier pour sa finition. Elle est d'abord limée pour effacer les

Le matériel de tournage utilisé par Philippe Bargiel : mandrins, anneaux de serrage, nez de tour, polissoirs, mèches, fraise... La plupart de ces outils n'ont pas changé depuis le XIXe siècle (ci-contre).

plus grosses irrégularités, puis polie au papier de verre. Ce polissage manque souvent de rigueur et fait dire aux amateurs d'écume les plus exigeants que les pipes turques sont « patatoïdes »... C'est à ce stade que sont corrigés les défauts éventuels de la matière : petits trous et petites fentes sont comblés par de la poudre d'écume mouillée puis tassée. Les différences de texture qu'ils présentent sur la tête sont camouflées dès l'opération suivante, qui consiste à plonger la pièce dans un bain de stéarine ou de paraffine fondue. Malheureusement, la stéarine – qui n'est pas la matière idéale pour obtenir la « culotte » (et non le « culot ») du fourneau, c'est-à-dire la patine qui fait toute la beauté de l'écume – se dégrade à l'usage. Bientôt ces emplâtres ne sont plus protégés, se délitent et laissent réapparaître les défauts.

On connaît la légende du cordonnier du comte Andrássy, qui aurait découvert fortuitement, en manipulant avec des mains enduites de poix la première pipe d'écume qu'il confectionnait, l'intérêt qu'il y avait à traiter cette matière avec un corps gras. Elle prenait une belle patine à l'usage, qui sublimait les couleurs *a priori* peu engageantes des goudrons absorbés. Après quelques essais, il aurait opté pour la cire d'abeille, couramment utilisée à la satisfaction générale plus de deux siècles durant. Nul ne sait très bien pourquoi les pipiers turcs ont préféré la stéarine, mais on peut penser qu'ils profitent ainsi de son seul avantage : son opacité camoufle tous les défauts de l'écume, du moins lorsque la pipe est neuve. La cire d'abeille, elle, transparente, exige une matière parfaite.

Rapidement extraite de son bain, puis refroidie, la pipe subit alors un dernier polissage et un lustrage à la chaux. Il ne reste plus qu'à y ajuster son tuyau en résine synthétique greffé au préalable de son floc en plastique, puis de la placer dans son écrin. Toutes les pipes turques sont destinées aux fumeurs étrangers : les unes sont exportées, les autres vendues aux touristes.

À côté de ces pipes en série, dont la qualité heureusement ne cesse de s'améliorer, il existe aussi des pipes sculptées. Si le plus souvent elles demeurent de facture assez grossière, quelques artisans talentueux, tel Eyüp Sabri à Eskişehir, produisent de fort belles pièces. Certaines, très volumineuses, sont plutôt destinées à la décoration. On ne sait si l'on doit conseiller de fumer les autres dont la matière, non traitée comme il le faudrait, risque de se dégrader rapidement. Enfin, avis aux amateurs : de nombreux artisans turcs proposent « sous le manteau », avec force clins d'œils et sourires, des pipes sculptées qu'inspirent leurs rêves érotiques les plus fous...

La fabrication traditionnelle. L'existence qu'on peut dire miraculeuse d'un artisan pipier français, Philippe Bargiel, sculpteur de formation et ancien pipier de la maison Sommer aujourd'hui disparue, nous permet de comprendre à quel point la fabrication turque pourrait s'améliorer encore. Ce pipier est malheureusement le dernier au monde à fabriquer des pièces en écume selon la tradition. Non qu'il soit traditionaliste de nature, mais tout simplement par amour de l'écume. Philippe Bargiel est avant tout un fumeur exigeant. Il sait donc qu'une pipe en écume non fabriquée ni traitée convenablement ne vaut pas mieux qu'une mauvaise bruyère. La pipe en écume ne souffre aucun compromis. Encore fallait-il que cet artisan soit particulièrement débrouillard pour savoir se procurer de l'écume brute, et même de l'ambre véritable qu'il réserve le plus souvent à la restauration de pipes anciennes, son autre spécialité.

Pour un amateur d'écume, rendre visite à ce fort sympathique expert, dans son atelier de Crépy-en-Valois, à une soixantaine de kilomètres au nord de Paris, est un véritable bonheur. Passionné par son art, Philippe Bargiel en parle avec fougue et n'hésite pas à laisser ses couteaux, ses peignes et ses tours pour répondre en détail à toutes les questions que le fumeur se pose. Quelles sont les différences entre une pipe turque et une pipe traditionnelle ? « Vaste sujet ! » s'exclame-t-il, avant de les détailler, illustrant son propos de nombreux petits croquis. En premier lieu, les méthodes de forage du foyer et de perçage de la tige sont inverses : ici, c'est la pipe qui tourne, et non l'outil, que l'artisan tient en main. Il peut ainsi contrôler son travail avec toute la précision requise. Ensuite, le foyer est creusé moins profondément. Cette précaution empêchera que le cul de pipe, usé par les goudrons, se délite et finisse par se détacher. Le fond du foyer se trouvant ainsi plus haut que le conduit de tirage, celui-ci, pour le rejoindre, est courbe à son extrémité.

Puis la tige est taraudée pour recevoir la vis en buis qui la raccordera au tuyau. Cette opération est la plus délicate de toute la fabrication : la vis doit pouvoir s'insérer sans le moindre effort et très exactement dans l'axe de la tige et du tuyau pour éviter des désastres ultérieurs. Pour le taraudage, l'artisan possède un grand nombre de peignes en acier de tailles différentes, le diamètre de la vis étant précisément calculé selon ceux de la tige et du tuyau.

Bien qu'on ait souvent utilisé des vis en os dans la fabrication des pipes en écume, le buis demeure le meilleur matériau. Contrairement au premier, très dur, sa grande solidité n'empêche pas une certaine souplesse qui permettra d'amortir un choc intempestif. En cas de chute, par exemple, c'est l'onde de choc rebondissant sur une vis trop dure qui brise la tige (ou parfois même le tuyau, si celui-ci est en ambre véritable). Enfin, contrairement cette fois au système en plastique des pipes turques, la vis en buis n'altère pas le goût de la fumée.

Le travail de polissage de la tête est également très différent. L'artisan opère sur une « poupée », petit support en bois d'une vingtaine de centimètres de hauteur coiffé d'un amas de tissus : cette plate-forme douce et souple lui permet de tenir fermement sa pièce sans risquer pour autant de tasser la matière au contact du support. Tout tassement de l'écume, en effet, se traduirait à l'usage par une tache claire. La finition traditionnelle de l'écume exige un polissage à la prèle. Appelée parfois queue de cheval, la prèle est une sorte de petite fougère à tige cannelée, s'épanouissant volontiers sur les rives des grands fleuves ou au bord des marais. Sa tige, utilisée mouillée pour le polissage, contient en grande quantité de microscopiques grains de silice qui la rendent abrasive. À ce jour, on n'a rien trouvé de plus fin, de plus précis ni de plus commode pour polir l'écume.

Le blanc de la baleine. Une fois la tête façonnée, elle est trempée dans un bain de blanc de baleine fondu. Ce traitement de l'écume, absent dans la fabrication turque, est pourtant absolument indispensable. La blanc de baleine, ou spermaceti, est une graisse contenue dans la bosse frontale des cachalots. « Que les amoureux des baleines se rassurent, s'empresse de préciser

Une fois polis, sciés et amoureusement façonnés, ces blocs d'ambre bruts donneront des tuyaux d'une douceur et d'une résistance incomparables. Hélas, désormais trop chers, les tuyaux d'ambre ont pratiquement disparu (ci-contre).

La reine des matières pour la pipe : l'écume de mer. La légèreté, la porosité et la pureté de ce silicate naturel de magnésium demeurent à ce jour inégalées. Minéral rare et cher, il provient aujourd'hui presque exclusivement des profondeurs du sous-sol anatolien (page ci-contre).

L'opération que Philippe Bargiel juge la plus délicate : le façonnage du système en buis qui permettra à la tête et au tuyau de s'épouser parfaitement, sur un axe rigoureux et au millimètre près (ci-dessus). L'indispensable bain de cire d'abeilles. Sans elle, pas de belle culotte. Sa transparence n'autorise aucun défaut sur la surface de la tête (ci-dessous).

Philippe Bargiel, une seule bosse contient de quoi traiter plusieurs millions de pipes... » Longtemps utilisé dans la composition des cosmétiques, et même dans l'industrie pour lubrifier les machines, le blanc de baleine présente l'avantage de fondre à basse température et surtout d'être à la fois une substance propre et non dégradable. Mais depuis que l'industrie, contrainte par les campagnes de protection des espèces animales, ne l'utilise plus, le blanc de baleine est devenu une denrée très rare...

Le blanc de baleine est le complément idéal de l'écume, puisqu'il en fait une matière vivante et autonettoyante. Sans lui, l'écume est rapidement saturée par les goudrons et devient inutilisable. Chauffant en même temps que la pipe, il fond, se mélange aux goudrons absorbés et les entraîne vers l'extérieur des parois. Lorsque la pipe refroidit, la cire des parois retient les goudrons, tandis que le blanc de baleine revient à l'intérieur de la matière. Ainsi les goudrons demeurent à l'extérieur du fourneau, lui donnant, avec la cire, la belle patine recherchée. Il suffit d'ailleurs de gratter quelques dixièmes de millimètres de cette patine, allant du jaune pâle au rouge foncé selon l'âge de la pipe, pour retrouver la blancheur immaculée de l'écume. Et celle-ci conserve indéfiniment ses propriétés absorbantes, sans lesquelles elle n'aurait aucun intérêt.

La pipe est enfin plongée dans un bain de cire d'abeille, dont la transparence exige une écume sans défauts.

Le tuyau en ambre. Nous avons vu plus haut comment se fabrique un tuyau en ambrolith, matière synthétique imitant l'ambre, le plus souvent utilisée par Philippe Bargiel. L'ambre véritable, qui fit le bonheur des fumeurs de pipes en écume jusqu'à la Seconde Guerre mondiale, est devenu si rare que son prix peut atteindre trente mille francs le kilo. Mais Philippe Bargiel parvient à s'en procurer à un prix légèrement plus raisonnable. L'ambre est une résine fossile, issue de divers arbres et vieille d'au moins un million d'années. Les gisements les plus exploités, et aujourd'hui quasiment épuisés, se trouvent sur la rive méridionale de la mer Baltique, en Allemagne, en Pologne ou en Lituanie. Il arrive qu'on en trouve aussi sur les plages de Poméranie, ou parmi les galets des bords de l'Oder... Elle se présente sous la forme d'une pierre assez rugueuse, de couleur pouvant varier du blanc sale au rouge foncé en passant par le jaune. Ce n'est qu'après un polissage du bloc qu'on découvre sa plus ou moins grande pureté. Pour les tuyaux, les pipiers ont toujours préféré l'ambre jaune, et suffisamment opaque pour cacher le conduit. Quelques très rares pipes entièrement façonnées en ambre ont aussi été fabriquées au cours des siècles. Elles n'étaient pas fumables, à moins de prendre le risque de faire éclater l'ambre du fourneau, soumis à de trop grandes différences de température.

La fabrication d'un tuyau droit en ambre véritable ne pose pas de problèmes particuliers : la taille du bloc à l'aide d'une scie très fine puis son polissage au contact de papier abrasif doux permettent d'abord de faire apparaître d'éventuels défauts, comme des petites fissures qui le rendraient inutilisable. La pièce est ensuite percée et tournée. L'affaire se complique si l'on veut façonner un tuyau courbe. Contrairement à l'ambrolith que l'on ramollit après l'avoir retiré d'une eau chaude commençant à bouillir, l'ambre véritable, pour obtenir une malléabilité convenable, doit être plongé quelques secondes dans de l'huile chauffée à 120 °C. Après avoir extrait la pièce brûlante... à la main, à l'aide d'un petit chiffon, car tout autre instrument risquerait de lais-

Dans la lumière dorée d'une fin d'après-midi, Philippe Bargiel donne à l'écume son plus qu'indispensable bain de blanc de baleine. Il métamorphosera une simple pierre en une matière animée, vivante (page ci-contre).

En 1968, Robert Doisneau fit un reportage chez le dernier fabricant de pipes en terre de Saint-Quentin-la-Poterie (Gard) : Job Clerc. Il photographia cette ouvrière démoulant une pipe. Le modèle est un Bacchus, un classique des pipes en terre (ci-contre). Du milieu du XVIIIe siècle jusqu'à la crise de 1929, la petite ville d'Andenne, en Belgique, fut un important centre de fabrication de pipes en terre. Il ne restait plus qu'un seul artisan en 1943, le pipier Émile Lévèque. Dans son atelier photographié à cette époque, on voit l'établi où deux mouleurs face à face serraient les moules dans une presse (ci-dessous).

ser son empreinte, on lui fait prendre la courbe désirée le plus rapidement possible. Après l'avoir courbée, une fois encore à la main, on recouvre la pièce de poussière d'écume pour ralentir un peu le refroidissement. Ajoutée au prix de l'ambre, cette opération si délicate qu'elle échoue une fois sur deux explique le renoncement de Philippe Bargiel à fabriquer des tuyaux courbes.

Précisons enfin que toute pipe en écume est accompagnée de son étui conçu sur mesure par le pipier lui-même. La pipe doit s'y insérer parfaitement, afin d'éviter tout frottement. Un bon étui est à la fois léger et très solide, son bois doit présenter une densité régulière et se laisser travailler facilement : il est donc en pin de Norvège.

« Une pipe en écume traditionnelle n'a pas de prix », conclut Philippe Bargiel pour indiquer avec élégance qu'elle est fort chère. Mais sa qualité, sa beauté et sa rareté valent largement, aux yeux de quelques passionnés, l'offrande d'une somme considérable...

La pipe en terre

Universellement répandues et abondamment consommées au XIXe siècle, les pipes en terre appartiennent à l'histoire et n'ont rarement d'autre existence que décorative, dans les musées et les collections privées.

Après son extraction, la terre argileuse était souvent mélangée à une autre, détrempée dans une cuve en bois puis battue par un ouvrier spécialisé, le « batteur », à l'aide d'une barre de fer. On obtenait ainsi un bon « liant » et une couleur uniforme. Le « rouleur » prenait ensuite une petite quantité de terre, correspondant à une pipe, et la roulait à la main sur une table. Le rouleau ainsi façonné était renflé à l'une des extrémités, destinée à former le fourneau. Après un léger séchage à l'air libre, ce même rouleur perçait à la main le tuyau, à l'aide d'une broche préalablement huilée.

Puis l'ébauche passait entre les mains du mouleur. Toujours munie de sa bro-

À Andenne, vers 1930 (page ci-contre). Trois à quatre tonnes de terre à pipe étaient portées à la fabrique dans le « tchaur », camion à chevaux caractéristique de la région (ci-dessus). Les fours de l'usine Lacroix et Cie, dont les abords servaient de séchoir (au centre). Les pipes cuisaient à une température de 1050 à 1100 °C.
Le pipier a reposé l'estampeux à sa droite sur l'établi. Il vient de dégager délicatement la pipe du moule au moyen de l'auriculaire enfoncé dans le fourneau (ci-dessous).

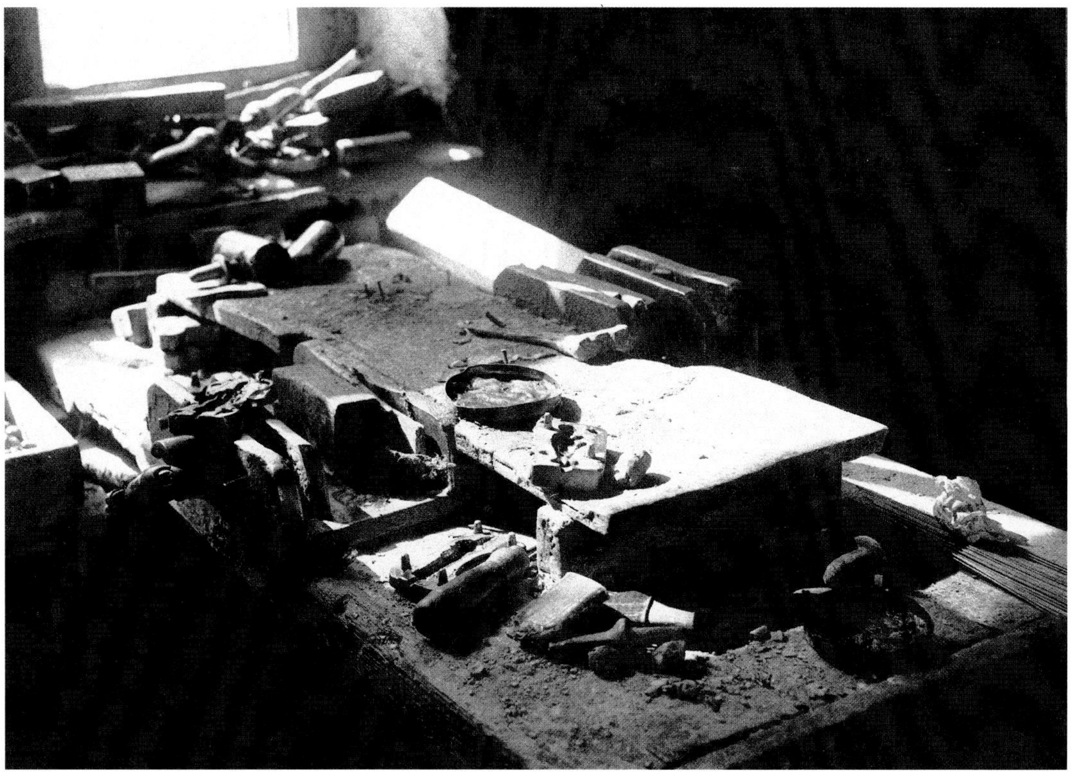

che, elle était disposée dans un moule, de fonte ou de bronze, formé de deux parties que le mouleur emboîtait l'une à l'autre grâce à des chevilles, tout en pressant l'ébauche. Il évidait ensuite le fourneau en y insérant un « estampeux », petite pièce en forme de gland, puis achevait le perçage en poussant la broche vers le foyer. On laissait la pipe sécher un peu, puis on la débarrassait de toutes les « bavures » à l'aide d'un petit racloir en cuivre ou en corne. Enfin, la « trameuse » polissait la pièce en la frottant avec une pierre, une agate appelée « caillou ».

Ainsi façonnées, les pièces étaient disposées en couches dans des récipients, recouvertes de sable siliceux et passées au four où elles cuisaient durant une vingtaine d'heures à une température de 200 à 300 °C. On sortait les récipients des fours, puis on attendait que les pipes soient froides pour les détremper dans un bain de savon, de cire et de gomme, qui les vernissait et les blanchissait. L'« émailleuse-finisseuse » se chargeait enfin du décor final, appliquant au pinceau divers vernis et couleurs. La pipe passait au four une deuxième fois, le temps de fixer ces derniers ajouts, c'est-à-dire une vingtaine de minutes. Avant leur expédition, les pipes terminées étaient emballées une à une dans du papier de soie, puis disposées en couches dans des caisses en bois, chaque couche reposant sur un lit de paille destiné à les protéger des chocs.

En français, le beau lexique des fabricants de pipes en terre connaissait des variantes. Ainsi, en Belgique, on appelait « mouleû » le mouleur, « roleû » le rouleur, et l' estampeux se disait « chtoup »...

La confection des rouleaux était exclusivement manuelle, et souvent confiée à des femmes et à des enfants. En 1943, derrière Émile Lévèque, les rouleaux de terre (appelés *roles* en Belgique) sèchent avant d'être moulés (page ci-contre).

Le dernier fabricant français de pipes en terre à échelle industrielle, le pipier Laville installé à Montluçon, utilisa en fait, jusqu'en 1975, plusieurs moules heureusement conservés de la célèbre maison Gambier. Quelques-unes sont encore produites à Gouda, et vendues aux Pays-Bas, surtout pour répondre à la demande des touristes amateurs de souvenirs. On trouve aussi des pipes en terre en Belgique, où la « piperie Léonard » d'Andenne, près de Namur, spécialisée depuis 1932 dans la fabrication de pièces destinées aux « tirs aux pipes » des fêtes foraines, a repris depuis les années soixante la production de vraies pipes, qui faisaient la réputation de la petite ville au XIXe siècle. Pascal Léonard, petit-fils du fondateur, utilise aujourd'hui d'anciens moules et propose plus de cent modèles représentant quelques membres de la famille royale belge, une imitation locale de la Jacob de Gambier mais aussi des personnages de la mythologie, de la « nature humaine » tel le moissonneur, de la Flore, de la Faune ou encore des évènements historiques. En France, dans le village de Vernègues près de Salon-de-Provence, le faïencier d'art Michel Coquet fabrique, entre autres objets, quelques pipes en faïence rehaussées de décors peints à la main avant cuisson : motifs bleus dans le style de Moustiers, têtes d'animaux, emblèmes d'anciens régiments royaux. Enfin, et surtout, saluons le très beau travail d'un artisan pipier français, Gérard Prungnaud, installé à Saint-Quentin-la-Poterie, dans le Gard. Ses pièces en terre sont d'une grande qualité et nous en reparlerons.

Un four à trois étages de la grande manufacture belge Wingender, à Chokier, vers 1900. Le four du bas était réservé à la cuisson des pipes blanches, les fours du milieu et du haut respectivement à la deuxième et à la première cuisson des pipes noires. La base de chaque four était percée d'une ouverture ronde et le foyer se trouvait au rez-de-chaussée. Il était alimenté durant cinq heures à la houille, puis durant sept heures au bois (ci-contre).

Les pipes en maïs et en pyrolite

Au cours de leur histoire récente, les Américains ont mis au point deux sortes de pipe. La première, la pipe en maïs inventée en 1869 par un fermier du Missouri, est éphémère au point qu'on peut la dire « jetable ». La seconde, la pipe en pyrolite née un siècle plus tard des recherches de nouveaux matériaux qu'exigeait l'industrie de l'aéronautique, était à l'inverse si inaltérable qu'on pouvait lui reprocher un petit manque d'âme... et que sa fabrication a cessé. Malgré leurs indéniables qualités respectives, ces particularités les ont empêché de trouver une place significative auprès des fumeurs de l'Ancien Monde.

La pipe en maïs présente les avantages de son prix dérisoire, de sa légèreté et de l'excellente porosité de sa matière qui la rend très agréable à l'usage. Mais le maïs se dégrade rapidement et la pipe n'est plus fumable après un ou deux trimestres. Sa fabrication est fort simple. On récolte les épis mûrs d'une espèce bien dure, puis on les fait sécher durant de longs mois. Une fois bien secs, on les scie en plusieurs morceaux destinés chacun à devenir un fourneau. On en extrait la moelle, on façonne la tête au tour puis on la polit. Le foyer est ensuite poncé au papier de verre, parfois enduit de plâtre, et parfois aussi de miel pour adoucir la fumée. On insère enfin dans la tête un tuyau en ébonite ou en bambou. Le tout, produit à plusieurs millions d'exemplaires par an, est vendu quelques dollars pièce.

À tous égards aux antipodes de la pipe en maïs, la pipe en pyrolite était le fruit d'une technologie de pointe. Le matériau utilisé, la pyrolite graphitée, est composé à 99,995% de carbone pur, et est obtenu sous vide, au cours d'un processus assez sophistiqué, dans des fours chauffés à plus de 2 000 °C

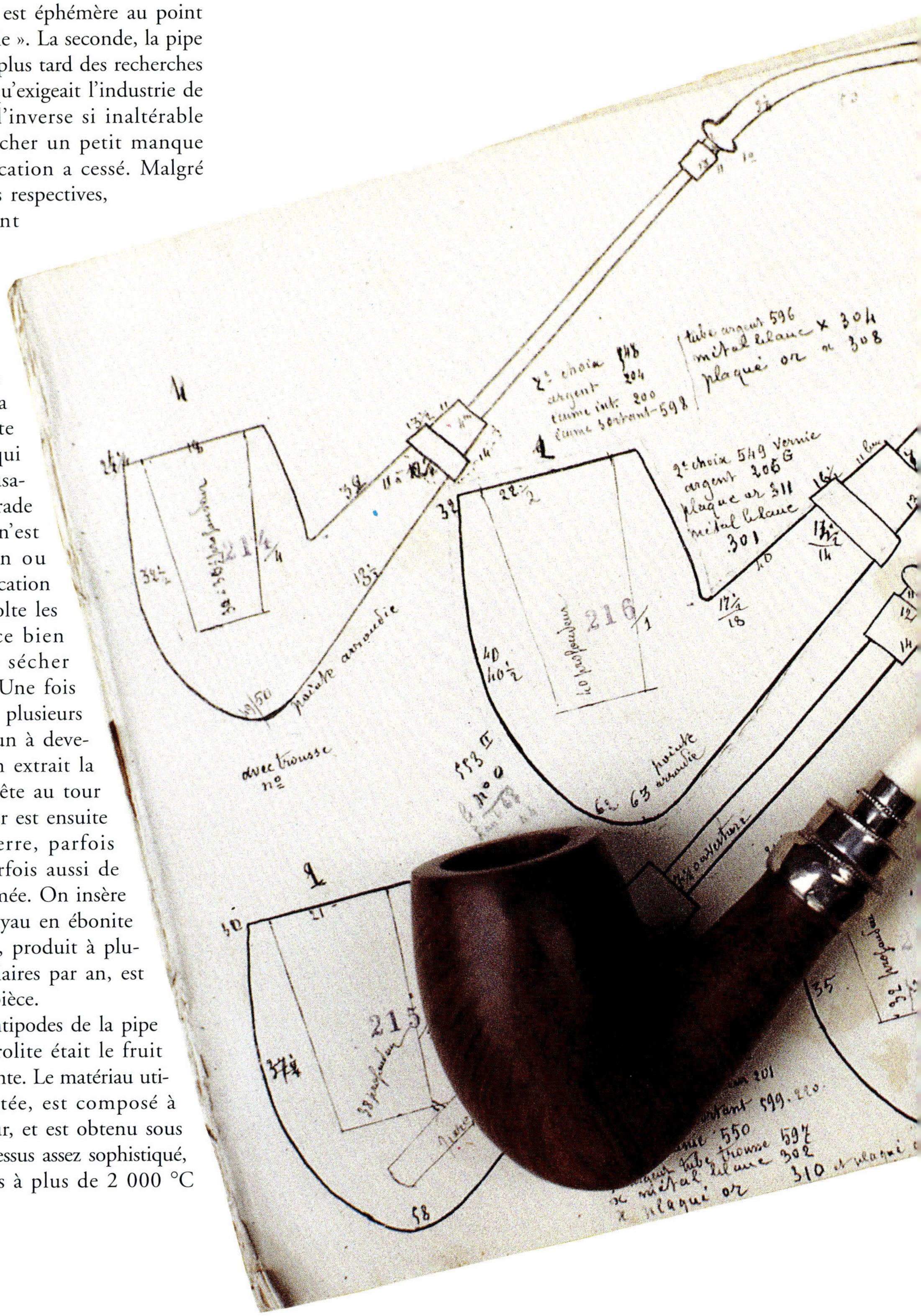

La véritable naissance des pipes de série commence lors de leur conception sur le papier. Pour obtenir la meilleure qualité possible, sinon pour atteindre la perfection, chaque élément de la future pipe est minutieusement étudié (ci-contre).

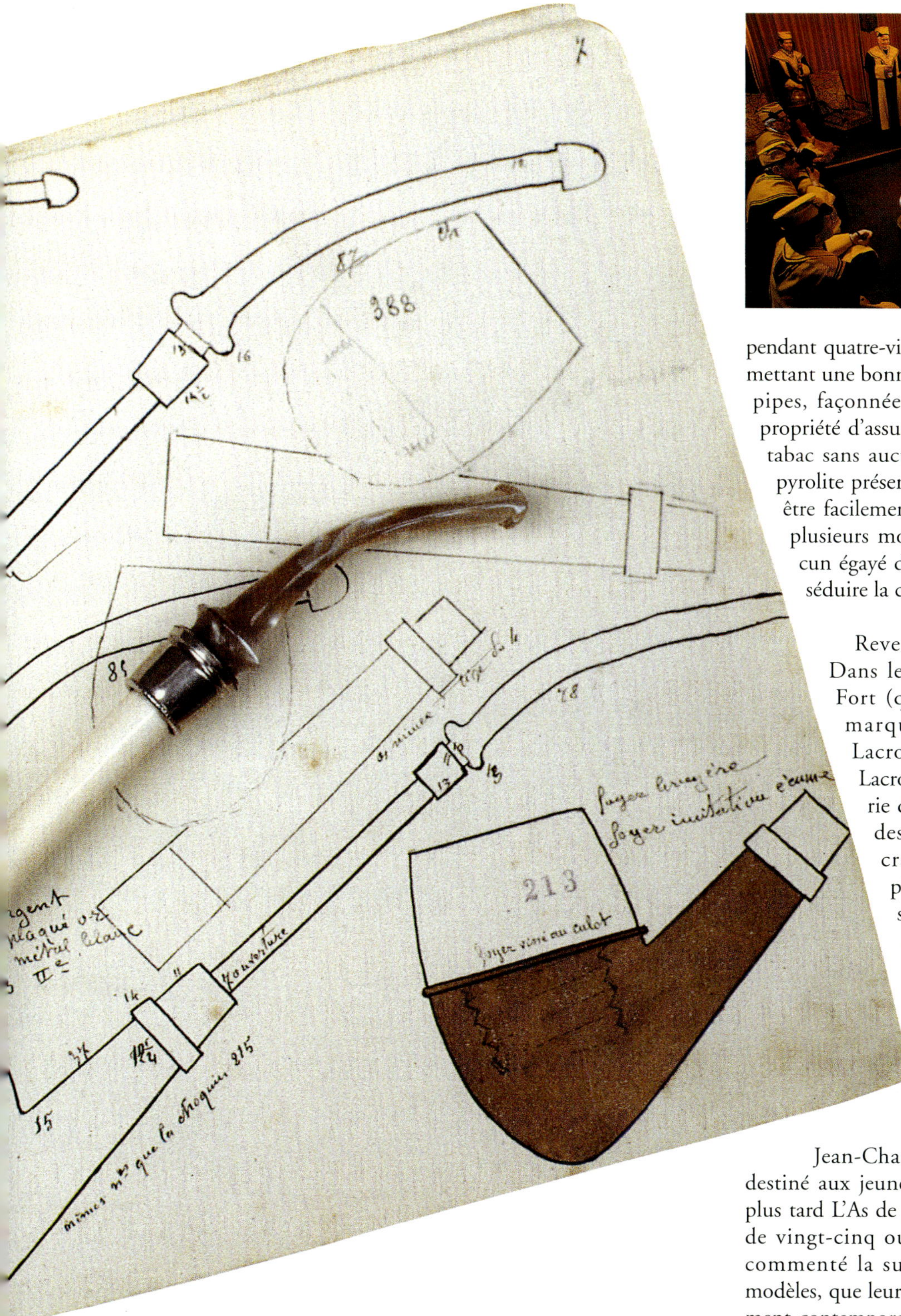

Imaginer de nouvelles pipes pour séduire de nouveaux fumeurs, telle est la préoccupation des pipiers sanclaudiens. Pour eux, l'intronisation d'un jeune fumeur par la Confrérie des Maîtres Pipiers est synonyme d'optimisme et d'espoir (ci-dessus).

pendant quatre-vingt-dix heures. Le carbone permettant une bonne conductivité de la chaleur, les pipes, façonnées dans des moules, avaient la propriété d'assurer une combustion parfaite du tabac sans aucun risque d'altérer le foyer. La pyrolite présentait aussi l'avantage de pouvoir être facilement colorée et décorée. Il existait plusieurs modèles de forme classique, chacun égayé de couleurs parfois vives censées séduire la clientèle jeune.

Revenons encore à Saint-Claude. Dans les bureaux de la société Cuty Fort (qui regroupe depuis 1987 les marques Chacom, Jeantet, Jean Lacroix et Vuillard), Jean-Charles Lacroix, vice-président de la Confrérie des maîtres pipiers mais surtout designer de la maison, imagine, crayon en main, une nouvelle pipe. En fait, la véritable naissance de la plupart des pipes d'aujourd'hui se produit ainsi, à la pointe d'un crayon qu'anime l'imagination d'un inventeur. Mais que peut-on inventer encore ? Des formes, des décors, des ornements. En 1988, la « cellule de recherche et de design » de Jean-Charles Lacroix créait un modèle destiné aux jeunes, la Mini-Poyat, et deux ans plus tard L'As de pipe, à l'intention des fumeurs de vingt-cinq ou trente ans. On a beaucoup commenté la surprenante esthétique de ces modèles, que leurs concepteurs ont voulu résolument contemporaine. Il reste que, pour la pipe, cette naissance toujours recommencée est une promesse d'avenir.

TABACS

« Nicotiane : Est une espèce d'herbe, de vertu admirable pour guérir toutes navrures, playes, ulcères, chancres, dartres, et autres tels accidents au corps humain, que Jean Nicot de Nîmes Conseiller du Roy, et maître des requêtes de l'hôtel du dit Seigneur,étant ambassadeur de sa Majesté très chrétienne en Portugal, lequel a recueilli ce présent Trésor ou Dictionnaire de la langue françoise, envoya en France l'an mil cinq cent soixante. Dont toutes provinces de ce Royaume ont été peuplées, à cause de quoy ladite herbe a obtenu et porté ledit nom de Nicotiane... » Ainsi Nicot, qui fut aussi lexicographe, décrivit le tabac dans son *Trésor de la langue française*. Ci-dessus : la nicotiane sur une gravure française du XIXe siècle.

Quelle que soit la vénération qu'on porte à la pipe, il est bon de se rappeler parfois qu'elle n'est au fond qu'un instrument, destiné à savourer le plus agréablement possible une plante délicieuse aux mille variétés : le tabac. Rien de tel qu'une pipe, en effet, car contrairement à une bonne bruyère ou une bonne écume, le papier de la cigarette altère le goût du tabac. Mais une pipe somptueuse, admirablement culottée, fumée dans les règles de l'art, ne vaut rien sans un bon tabac. Or il n'existe pas de bon tabac, dans l'absolu. Si la plupart des produits pour la pipe vendus dans le commerce sont de bonne qualité, un fumeur trouvera excellent le tabac qu'un autre jugera infect. Le bon tabac n'est qu'une affaire de goût. Et à la variété des goûts des fumeurs répond celle des produits qu'on lui propose, si grande qu'il doit posséder quelques notions sur la plante et ses différents mélanges pour établir son choix. Car à la différence d'un fumeur de cigarettes mais tout comme l'amateur d'art ou de vins, un véritable fumeur de pipe est d'abord un connaisseur. Il sait pourquoi un tabac blond n'a pas le même goût qu'un brun, distingue un mélange anglais d'un mélange hollandais les yeux fermés.

TABACS BLON
TABACS BRUNS

De même
inoffensives to
me de terre ma
vénéneuse bella
est une plante
la famille des so
sées, si l'on en
logie, « cons
consommateu
neur de Jean N
légende veut q
duit en France,
l'ont enregist
nomenclature s
Nicotiana. Si le
une soixantain
plusieurs milliers de variétés, deux
ment sont couramment cultivées à
fumeur : le *Nicotiana tabacum,*
fleurs rouges ou roses à longue co
fournit l'essentiel de la production
cigarette, au cigare et à la pipe ;
rustica, aux fleurs jaunes et aux
rondes, réservé à quelques usage
pays d'Orient, tels les fumeurs de
Il est aujourd'hui universellem
le tabac est originaire d'Amérique,
à l'état sauvage et était fumé p
depuis plusieurs millénaires. C'est
vocable amérindien que dérive son
adopté en Europe dans la secon

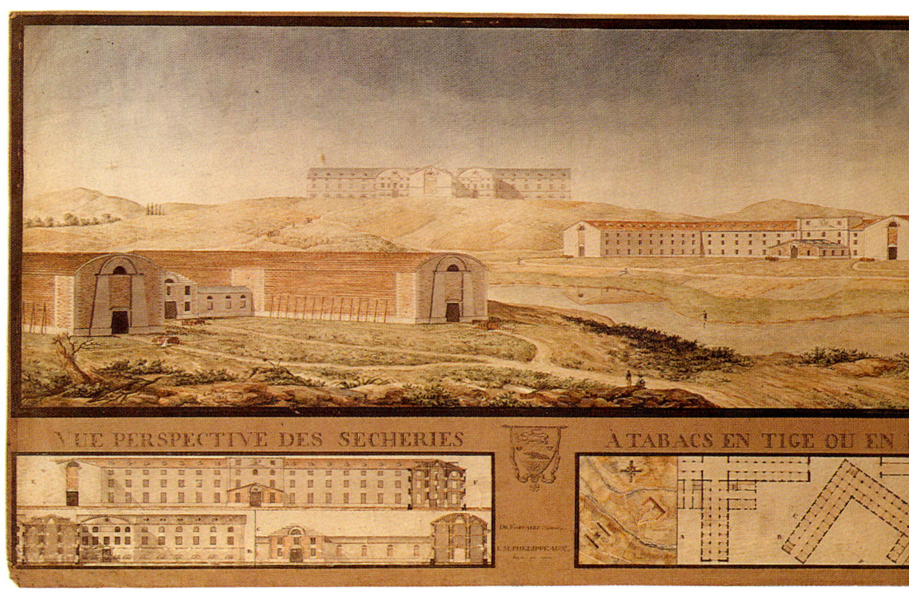

Après leur séchage et leur fermentation chez le producteur, les feuilles de tabac brun arrivent comprimées dans leur emballage chez le fabricant (double page précédente).

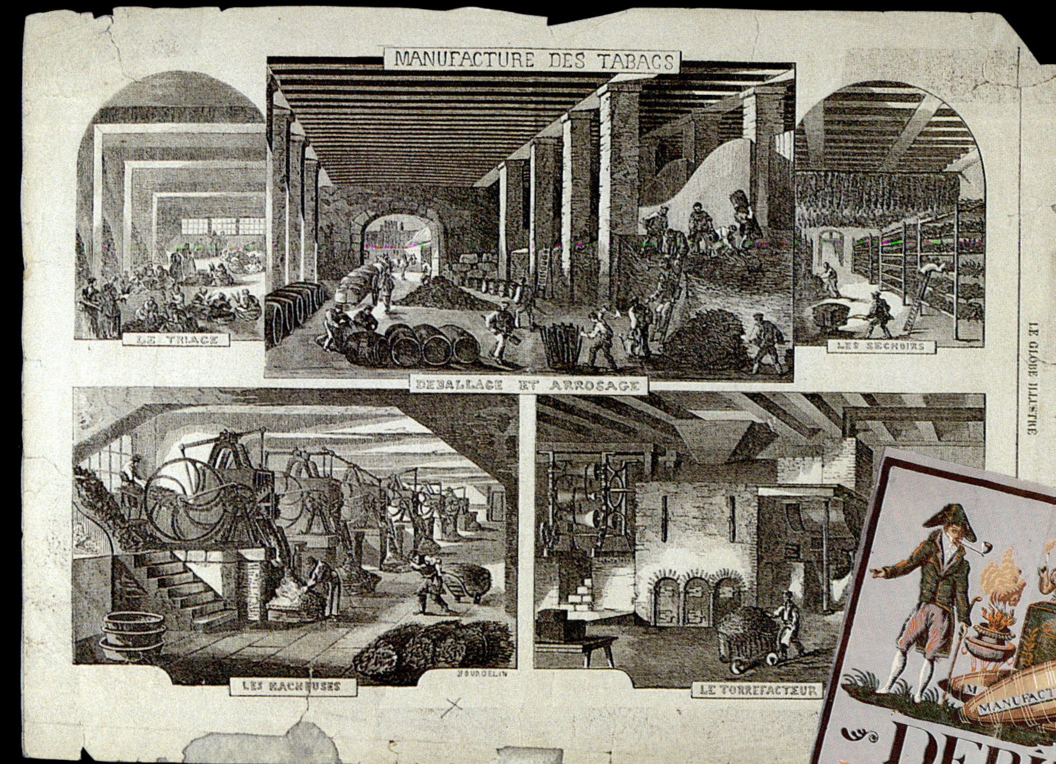

L'entrepôt des tabacs du port de Londres, vers 1850. À cette époque, les importations de tabac en Angleterre avoisinaient les quarante mille tonnes, qui rapportaient 3,5 millions de livres de taxes à la Couronne (ci-contre).

Scientifique ou populaire, l'imagerie liée au tabac abonde au XIXe siècle (page ci-contre). Cette représentation d'une Manufacture des Tabacs, parue dans *Le Monde illustré*, suit les différentes étapes de la fabrication et nous renseigne précisément sur la mécanisation des usines de l'époque (en haut). Pour le grand public d'alors, les images du tabac sont celles, quotidiennes, des enseignes des marchands (au centre, France, 1825) et des publicités sur les boîtes d'allumettes (en bas, Belgique, 1820).

XVIe siècle et employé aujourd'hui dans une soixantaine de langues et de dialectes : au choix, selon les étymologistes, *tobago* (l'île des Antilles) ou *tabaco* (le nom que les Indiens Arawaks de Haïti et de Saint-Domingue donnaient, selon les marins espagnols, aux petits rouleaux de cette plante qu'ils fumaient). On sait comment il a ensuite conquis la planète entière, à partir du continent américain, d'abord diffusé par les premiers conquérants du Nouveau Monde au XVIe siècle. Pourtant, en 1983, une équipe de savants français réunie autour de la momie du pharaon Ramsès II pour la sauver de la moisissure découvrit, dans son corps embaumé, des traces de tabac. D'où venait-il ? Avait-il poussé dans la vallée du Nil ? Avait-il été importé d'Asie ? Des migrations préhistoriques pouvaient-elles expliquer sa présence sur le continent américain ? Ces questions furent posées très sérieusement dans quelques revues destinées au grand public. Mais la plupart des historiens, ceux de l'Égypte ancienne comme ceux du tabac, se sont bien vite accordés sur une opinion de bon sens : les fragments découverts provenaient certainement de la blague à tabac d'un des archéologues qui avaient ouvert la momie au XIXe siècle...

Quoi qu'il en soit, ces questions ne doivent pas hanter le sommeil des producteurs de tabac, aujourd'hui répartis dans la plupart des pays de tous les continents, excepté l'Antarctique : la production mondiale de tabac ne cesse de croître, a doublé depuis trente ans et dépasse actuellement les sept millions de tonnes annuelles.

Le tabac est une plante fragile, exigeante. Elle n'accepte de s'épanouir que sous des climats tempérés à tendance chaude : la tiédeur entre 25 et 30 °C lui semble l'idéal, elle rechigne à moins de 15 °C et expire à moins 3 °C. Il lui faut encore des sols profonds et fertiles, légèrement acides et bien pourvus en eau. Pour produire un kilo de tabac sec, les plants doivent recevoir en moyenne neuf cents litres d'eau. Conditions toutefois réunies dans un grand nombre de régions du monde, surtout tropicales et subtropicales, où le tabac occupe une superficie totale approchant les cinq millions d'hectares. Aujourd'hui, un peu plus de cent pays produisent du tabac. La Chine est le premier producteur mondial assurant à elle seule plus du tiers de la production totale, pour sa propre consommation, suivie des États-Unis, de l'Inde, du Brésil puis des douze pays de la CEE menés par l'Italie et la Grèce, respectivement aux septième et dixième rangs mondiaux.

Mais toutes ces régions, si elles cultivent la même plante, ne produisent pas uniformément le même tabac à fumer. Quatre grandes catégories de tabac, regroupant chacune un certain nombre d'appellations elles-mêmes à la base de mélanges, se répartissent dans le monde selon la nature des marchés fournis et les procédés de fabrication adoptés. Les professionnels les appellent le plus souvent par leur nom anglais.

La Ferme du tabac créée par Colbert en 1674 reçut le monopole de la fabrication du tabac en 1681. La Ferme contrôlait toutes les manufactures du Royaume et faisait respecter son privilège : contrebandiers et fraudeurs furent passibles de la peine de mort à partir de 1711. Comme le montre cette planche de 1728, la Manufacture du tabac du Havre fabriquait du tabac en provenance de Louisiane et des Antilles, importé par la Compagnie des Indes (ci-contre).

Le **tabac blond séché artificiellement** – le *flue cured*, type Virginie –, base de la majeure partie des cigarettes blondes et des tabacs blonds pour la pipe dans lesquels il est souvent mélangé à des tabacs d'Orient, représente les deux tiers de la production mondiale. Il est produit surtout aux États-Unis, en Virginie bien sûr, mais aussi dans les deux Caroline, et dans de nombreux pays dont la Chine, le Brésil, l'Argentine, le Japon, la Pologne, le Zimbabwe...

Le **tabac blond séché à l'air naturel** – le *light air cured* – : le Burley, résultat d'un croisement, a d'abord été produit aux États-Unis puis a été introduit avec succès en Italie, au Brésil, en Thaïlande et dans certains pays d'Afrique comme le Malawi. Le Burley est un tabac léger, très apprécié des fabricants car il possède la propriété de bien absorber les substances aromatiques et de ne pas agresser langue et palais même à forte dose.

Les **tabacs bruns séchés à l'air** – les *dark air cured* –, base des cigares, des cigarettes brunes et des tabacs bruns pour la pipe. Ils sont fabriqués en Inde et en Indonésie, aux Philippines, au Brésil et à Cuba, et bien sûr en France.

Les « **tabacs d'Orient** » sont des tabacs blonds séchés au soleil – *sun cured*. On les retrouve dans de nombreux mélanges car leur légèreté et leur douceur gomment le côté « piquant » de certains tabacs comme le Virginie. Ils sont cultivés dans plusieurs pays riverains de la Méditerranée et de la mer Noire : Italie, ex-Yougoslavie, Albanie, Grèce, Turquie, sud de l'ex-URSS, Syrie.

Des paysans albanais, en 1913. Les feuilles tout juste récoltées seront séchées au soleil et donneront du tabac d'Orient, très apprécié pour sa légèreté (page ci-contre).

D'autres tabacs, issus de procédés de fabrication particuliers, échappent à ces catégories : le Périque – un américain qui doit son nom au planteur français Pierre Chenet – macéré plusieurs mois en tonneau avec du jus de prune et de la pulpe de fruits, selon une recette secrète employée dans le sud des États-Unis depuis le début du XIXe siècle ; tabac rare et cher, le Périque donne aux mélanges, même en très petite quantité, un arôme fruité d'une grande subtilité. Le Latakié, tabac brun originaire de Syrie et qu'on produit aussi à Chypre et au Liban, n'est pas à proprement parler séché, mais fumé, plusieurs mois durant, au-dessus d'un feu de bois de

Au cours des siècles, la culture du tabac s'est répandue sur tous les continents. En Tanzanie, un séchoir en construction, en 1920 (ci-dessus). Les Indiens du Canada fumaient déjà du tabac quand Jacques Cartier le découvrit en 1534. La culture ne s'y développa que très lentement, surtout au Québec, qui produisait cinq cents tonnes de tabac par an vers 1850. En 1920, W.C. Scott O'Connor photographia ce Québécois et sa charrette (ci-contre).

Le tabac a été importé à Java par les Hollandais au XVIIe siècle. L'île de Java produit essentiellement du tabac brun, pour la consommation locale. Il est séché au soleil (ci-contre).

chêne ou de pin d'Alep. Il donne aux mélanges une note de « brûlé » ou d' « épicé » très caractéristique. Le Kentucky, produit dans l'État du même nom mais aussi dans le Tennessee et dans plusieurs autres pays du monde comme le Canada, le Malawi et l'Italie, est un autre tabac brun corsé et fumé au feu. On utilise ici du bois d'hickory, de chêne ou d'érable.

La culture

Il fut un temps où la culture du tabac relevait du jardinage. Le premier plant de tabac ayant poussé en Europe fut amoureusement veillé par un horticulteur, impatient de voir éclore une fleur inconnue sur son continent. Cette scène attendrissante se produisit probablement vers 1550, en Belgique où des navigateurs hollandais avaient rapporté quelques graines de Floride. Dès 1554, en effet, le botaniste hollandais Rembert Dodoens évoque dans un ouvrage, *Cruydeboeck,* une plante extrêmement rare qu'il avait vue croître dans quelques jardins de Belgique. La plante qu'il décrit sous le nom de *Hyosciamus luteus* n'est autre que la *Nicotiana rustica.* Deux ans plus tard, c'est son jardin d'Angoulême, ou celui du couvent des Cordeliers de cette même ville, que le Français André Thévet, de retour du Brésil, voulut embellir grâce aux jolies fleurs à longue corolle du tabac. Il fallut attendre un demi-siècle encore pour voir, un peu partout en Europe, de véritables plantations de tabac destinées à la consommation.

Il fut un temps aussi où cette culture rimait avec aventure. Celle des planteurs, de ces colons partis défricher des territoires entiers du Nouveau Monde pour y faire fortune avec le tabac. Le premier d'entre eux fut l'Anglais John Rolfe, qui voulut en 1611 imiter les naturels d'une toute nouvelle colonie anglaise fondée par sir Walter Raleigh, la Virginie : ceux-ci cultivaient une plante qu'ils appelaient l'*apooke* et qu'on baptisera plus tard la *Nicotiana rustica.* John Rolfe améliora les techniques, fit venir de meilleures graines de Trinidad et du Venezuela. Cinq ans plus tard, les plantations de Rolfe commençaient à l'enrichir, huit ans plus tard débutaient les exportations de tabac de Virginie en Angleterre. Entre-temps, Rolfe avait épousé Pocahontas, la fille du chef indien qui l'avait initié à la culture du tabac... Et aussitôt, dès 1620, la Virginie demandait de la main-d'œuvre supplémentaire pour ses plantations. On manquait de bras : on fit venir des esclaves d'Afrique noire. On manquait de colons : on fit venir cent cinquante jeunes Anglaises, plus ou moins volontaires, afin de renouveler abondamment la génération. Pour ces esclaves et pour ces femmes, une autre sorte d'aventure commençait...

En Dordogne, dans la vallée de la Vézère, en été, le tabac donne ses fleurs blanches tandis que mûrissent ses feuilles au soleil. Comme partout en France, la récolte aura lieu entre août et septembre (page ci-contre).

« Nicotiane : Est une espèce d'herbe, de vertu admirable pour guérir toutes navrures, playes, ulcères, chancres, dartres, et autres tels accidents au corps humain, que Jean Nicot de Nîmes Conseiller du Roy, et maître des requêtes de l'hôtel du dit Seigneur,étant ambassadeur de sa Majesté très chrétienne en Portugal, lequel a recueilli ce présent Trésor ou Dictionnaire de la langue françoise, envoya en France l'an mil cinq cent soixante. Dont toutes provinces de ce Royaume ont été peuplées, à cause de quoy ladite herbe a obtenu et porté ledit nom de Nicotiane... » Ainsi Nicot, qui fut aussi lexicographe, décrivit le tabac dans son *Trésor de la langue française*. Ci-dessus : la nicotiane sur une gravure française du XIXe siècle.

Quelle que soit la vénération qu'on porte à la pipe, il est bon de se rappeler parfois qu'elle n'est au fond qu'un instrument, destiné à savourer le plus agréablement possible une plante délicieuse aux mille variétés : le tabac. Rien de tel qu'une pipe, en effet, car contrairement à une bonne bruyère ou une bonne écume, le papier de la cigarette altère le goût du tabac. Mais une pipe somptueuse, admirablement culottée, fumée dans les règles de l'art, ne vaut rien sans un bon tabac. Or il n'existe pas de bon tabac, dans l'absolu. Si la plupart des produits pour la pipe vendus dans le commerce sont de bonne qualité, un fumeur trouvera excellent le tabac qu'un autre jugera infect. Le bon tabac n'est qu'une affaire de goût. Et à la variété des goûts des fumeurs répond celle des produits qu'on lui propose, si grande qu'il doit posséder quelques notions sur la plante et ses différents mélanges pour établir son choix. Car à la différence d'un fumeur de cigarettes mais tout comme l'amateur d'art ou de vins, un véritable fumeur de pipe est d'abord un connaisseur. Il sait pourquoi un tabac blond n'a pas le même goût qu'un brun, distingue un mélange anglais d'un mélange hollandais les yeux fermés.

TABACS BLONDS, TABACS BRUNS

De même que les très inoffensives tomate et pomme de terre mais aussi que la vénéneuse belladone, le tabac est une plante appartenant à la famille des solanacées, censées, si l'on en croit l'étymologie, « consoler » leurs consommateurs. En l'honneur de Jean Nicot dont une légende veut qu'il l'ait introduit en France, les botanistes l'ont enregistré dans leur nomenclature sous le nom de *Nicotiana.* Si le genre compte une soixantaine d'espèces et plusieurs milliers de variétés, deux espèces seulement sont couramment cultivées à l'intention du fumeur : le *Nicotiana tabacum*, aux très belles fleurs rouges ou roses à longue corolle pâle, qui fournit l'essentiel de la production destinée à la cigarette, au cigare et à la pipe ; et le *Nicotiana rustica*, aux fleurs jaunes et aux petites feuilles rondes, réservé à quelques usagers de certains pays d'Orient, tels les fumeurs de narguilés.

Il est aujourd'hui universellement admis que le tabac est originaire d'Amérique, où il poussait à l'état sauvage et était fumé par les Indiens depuis plusieurs millénaires. C'est d'ailleurs d'un vocable amérindien que dérive son nom courant, adopté en Europe dans la seconde moitié du

Un plant de tabac en Virginie. Trois à cinq mois après les semailles, les feuilles basses sont bien mûres, et donc prêtes à être cueillies. Le Virginie est cultivé dans quatre-vingts pays et représente 60 % de la production mondiale (page ci-contre). Cette aquarelle de Louis-Michel Philipeaux date de 1813. Trois ans plus tôt, Napoléon avait reconstitué le monopole d'État en matière de fabrication du tabac. La France comptait alors onze manufactures, qui traitaient environ neuf mille tonnes de tabac par an (ci-contre).

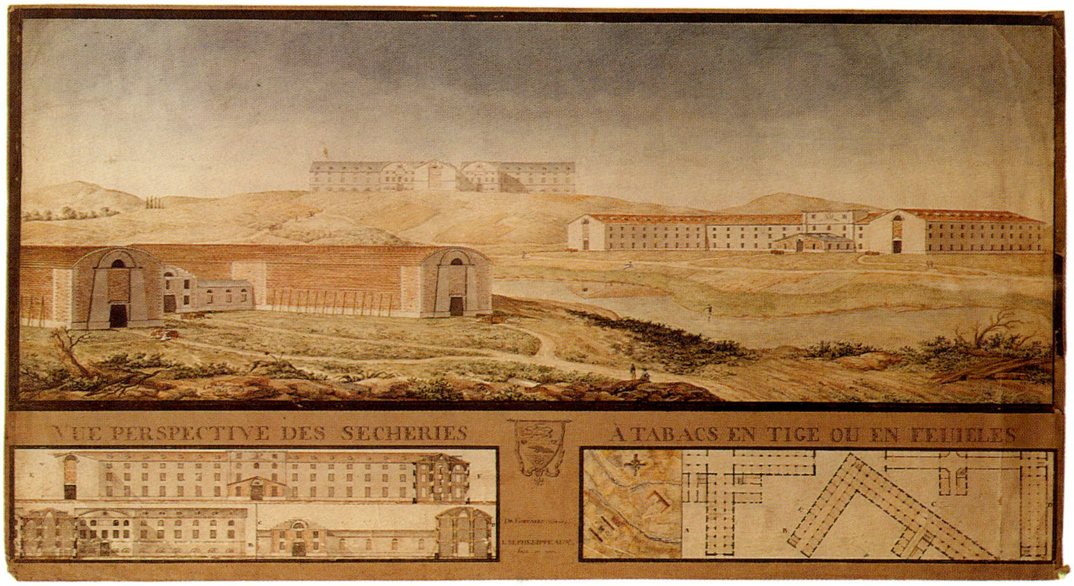

Après leur séchage et leur fermentation chez le producteur, les feuilles de tabac brun arrivent comprimées dans leur emballage chez le fabricant (double page précédente).

TABACS

Dans cette plantation de Caroline du Nord, les plants de tabac, dont la tige vient d'être sectionnée, subissent un léger fanage avant d'être transportés au séchoir. La Caroline du Nord est l'un des sept grands États producteurs de tabac aux États-Unis (page ci-contre, en haut). Vues du ciel, les grandes plantations américaines laissent voir leurs longues rangées de plants rigoureusement rectilignes, qui s'effacent progressivement au moment de la récolte. Ici, des ouvriers agricoles de Farmville (Virginie) effectuent une récolte en feuilles (page ci-contre, en bas).

De cette poésie des fleurs, de ce romantisme ou de cette ignominie de l'aventure, que reste-t-il aujourd'hui dans la culture du tabac ? Rien. Pas même quelques traces. Depuis longtemps déjà, cette culture presque entièrement mécanisée, scientifiquement contrôlée et rentabilisée, n'offre plus à celui qui veut la découvrir qu'une longue succession d'opérations techniques. Il faut en connaître l'essentiel, néanmoins, pour comprendre quelle somme de savoir-faire contient une blague à tabac.

Le tabac naît à l'abri d'un film de plastique sur de longues plates-bandes, dans un terreau désinfecté chimiquement où l'on a semé au préalable ses graines minuscules (un gramme en contient plusieurs milliers). Le semis s'effectue tous les ans, à des dates variables selon les climats : par exemple fin mars-début avril en France, en octobre à Cuba, en janvier en Floride... Chaque mètre carré de terreau reçoit environ deux mille graines, qui donneront mille plants à la condition d'être constamment arrosées. Lorsque deux ou trois mois plus tard, les plants atteignent une dizaine de centimètres et de quatre à huit feuilles, ils sont repiqués à la machine en plein champ, sur un sol soigneusement préparé. Selon les tabacs produits, la densité de cette plantation est très variable : de sept à neuf mille plants à l'hectare pour le Kentucky *fire cured,* jusqu'à deux cent mille plants pour certains tabacs d'Orient. Entre ce repiquage et la récolte quelques mois passent (de trois à cinq selon la variété du tabac et les conditions climatiques et géologiques), durant lesquels est exercée une surveillance constante et sont opérés un grand nombre de travaux d'entretien : binage, fumure, désherbage et arrosage sur le champ, et sur la plante elle-même quelques petites interventions chirurgicales, pour la plupart opérées à la main, telles que l'épamprement (retirer les feuilles basses), l'écimage et l'ébourgeonnage (pour augmenter la taille des feuilles). Entre-temps, le tabac, plante à la santé fragile, doit être constamment prémuni contre la voracité des insectes et diverses attaques virales, bactériennes ou cryptogamiques comme le mildiou, ou « moisissure bleue », qui détruisit dans les années soixante une bonne part des plantations cubaines.

La Réunion bénéficie d'excellentes conditions climatiques pour la culture du tabac, et une usine y fabrique la plupart des marques françaises à partir de la production locale. Sur les plateaux de l'île, la récolte est encore le plus souvent entièrement manuelle (ci-dessus).
En Dordogne, au mois de septembre : les feuilles en tiges ont été récoltées en fin de matinée et ont fané quelques heures sur le terrain. Dans la soirée, elles sont transportées au séchoir, où elles sont « mises à la pente » sur des fils de fer horizontaux. Elles sécheront ainsi durant un ou deux mois (ci-contre).

La dernière phase de la récolte en feuilles, à Didim, en Turquie. Toutes les feuilles basses ont déjà été cueillies. La Turquie est, de loin, le premier producteur mondial de tabac d'Orient (ci-contre). Aujourd'hui, le Sénégal ne produit que très peu de tabac, essentiellement destiné à la consommation locale. Cette jeune Sénégalaise de Casamance porte une guirlande de feuilles déjà sèches (ci-dessous).

Les plants destinés aux tabacs bruns sont mûrs quand apparaissent sur les feuilles hautes des marbrures jaunes et une coloration verte des feuilles basses. D'autres signes indiquent la bonne maturité des plants qui donneront les tabacs blonds : une couleur vert tirant sur le jaune des feuilles, les pointes de celles-ci courbées vers le bas, des nervures pâles. Dans le cas du tabac à cigare, on récolte un peu avant sa pleine maturité. On attend par contre une pleine maturation pour le tabac de coupe, destiné à la cigarette et à la pipe. Il existe deux méthodes différentes de récolte selon les régions : en tiges ou en feuilles. La première méthode consiste à sectionner la tige avec toutes ses feuilles. On transperce alors l'extrémité des tiges afin de suspendre un certain nombre de plantes à un fil de fer, chargé ensuite sur un engin qui conduira le tout au séchoir. Plus tard, les tiges seront effeuillées avant d'être traitées. Le Burley, variété présente dans de très nombreux mélanges, est récolté de cette manière. Depuis la mise au point des « coupeuses-encocheuses », machines tractées par un motoculteur, cette récolte est mécanisée. La seconde méthode, dite « en feuilles », consiste à prélever au fur et à mesure les feuilles dès qu'elles sont parvenues à maturité, en commençant donc par les plus basses. Dans la plupart des pays, cette récolte en feuilles est également mécanisée, à l'aide d'engins qui enjambent les plants, portent des cueilleurs et même, pour les plus modernes, pratiquent la défoliation. Les feuilles sont ensuite « enguirlandées », c'est-à-dire percées et enfilées sur des ficelles. Des machines spéciales, les « enfileuses », ont été conçues à cet effet. Puis les guirlandes, dont la taille peut varier de un à plus de cinquante mètres de long, sont portées au séchoir. Cette récolte par étage dure généralement de trois à quatre semaines. Elle présente le double avantage d'augmenter les rendements de dix à vingt pour cent par rapport à la récolte en tiges, les feuilles laissées sur le plant connaissant un regain de vigueur après la cueillette de leurs voisines, et surtout d'apporter au séchoir des feuilles

Le début du séchage des toutes petites feuilles de tabac d'Orient (trois à dix centimètres), à Didim. Les gerbes de feuilles entassées sont tout simplement disposées à même le sol, ou dans un panier, au soleil (page ci-contre).

Septembre-octobre. Des couleurs d'automne s'emparent des beaux et vieux séchoirs de Saint-Sulpice, en Dordogne. Un long séchage à l'air naturel est nécessaire au tabac brun. Les feuilles perdent leur chlorophylle et jaunissent, puis s'oxydent et éliminent leur sucre. En deux mois, elles auront perdu 90 % de leur poids initial (page ci-contre, et à droite).

La même phase de la transformation de la plante dans l'usine de Bouaké, créée en 1957 par la Manufacture des Tabacs de Côte d'Ivoire, devenue Société Ivoirienne des Tabacs en 1971. L'usine fournit toutes sortes de tabacs, bruns et blonds, ainsi que des cigares. La Côte d'Ivoire a produit deux mille cinq cents tonnes de tabacs bruts en 1992 (ci-contre).

d'égale maturité. Mais elle présente l'inconvénient d'être coûteuse en main-d'œuvre. Elle est employée par exemple pour les tabacs de type Virginie.

Séchage et fermentation

La première phase de transformation de la plante est le séchage. Là encore, deux méthodes principales sont appliquées selon les régions et les variétés : le séchage naturel et le séchage artificiel (distinction déjà rencontrée, exactement semblable, dans le séchage des ébauchons de bruyère). Dans le cas du premier, *air curing*, les feuilles sont simplement suspendues, à raison de deux cents feuilles par mètre cube environ, dans un hangar bien ventilé, où elles sèchent à l'air libre durant un ou deux mois. C'est la méthode utilisée le plus couramment pour les tabacs bruns, en Amérique du Sud, à Cuba et en France. Le séchage artificiel, *flue curing*, raccourcit considérablement l'opération, en chauffant l'installation grâce à des canalisations d'air chaud. Il dure environ une semaine, à une température variant entre 35 et 75° C selon des phases minutieusement contrôlées. La moindre erreur, comme un séchage trop lent par exemple, compromettrait définitivement la qualité du produit. On utilise ce procédé pour la plupart des tabacs blonds à couper, comme le Virginie. La rapidité de la dessiccation permet en effet, en limitant l'oxydation des feuilles, de maintenir dans la plante l'essentiel de sa teneur en sucre, qui disparaît par contre lors du long *air curing*. D'où la différence essentielle entre tabacs blonds et tabacs bruns : le sucre des premiers, en se consumant au moment de fumer, déclenche une réaction acide, alors que les seconds, sans sucre, présentent une réaction basique. D'autres procédés de séchage sont plus rarement employés, comme le séchage au feu, *fire curing* – méthode traditionnelle des Indiens d'Amérique, aujourd'hui toujours utilisée pour produire le Kentucky et le célèbre Latakié – et le

La fermentation du tabac brun, à Bouaké. La température des feuilles entassées s'élève spontanément à 50 ou 60° C au bout d'un mois, durant lequel l'échauffement est minutieusement contrôlé (ci-dessus).

Un chariot de manutention, à Bouaké. Les feuilles, liées par plusieurs dizaines en manoques, seront entassées telles quelles pour la fermentation (page ci-contre).

Les feuilles de tabac séchées sont menées au pesage. Elles fermenteront à raison de deux cents à trois cents kilos au mètre cube (ci-contre).

Des ouvriers de Bouaké préparent une fermentation « en masse ». Les manoques sont entassées dans de grands coffrages pouvant contenir plusieurs tonnes de tabac (ci-contre).

séchage au soleil, *sun curing*, qui demeure l'exclusivité des tabacs d'Orient. Quelle que soit la méthode adoptée, le tabac perd de quatre-vingts à quatre-vingt-dix pour cent de son poids en séchant. Mais cette opération n'est pas qu'une simple dessiccation. En fait, le séchage modifie sensiblement la composition chimique de la plante, lors de trois phases successives. Lors de la première, appelée « jaunissement », la ventilation doit être réduite au minimum : la feuille vit toujours, mais jaunit en même temps que se dégrade sa chlorophylle et que se transforment ses protéines et son amidon. La deuxième est la dessiccation proprement dite de la feuille, qui est la période de son oxydation. Comme on l'a vu, elle est de durée variable selon qu'on traite du tabac blond ou brun. En limitant l'oxydation de la plante, le *flue curing* lui conserve sa couleur jaune. La troisième phase, enfin, est celle de la déshydratation de la nervure centrale de la feuille.

Après leur séchage, les plantes sont stockées. Les tabacs bruns et les tabacs d'Orient subissent alors une fermentation, et les tabacs blonds un simple vieillissement. Ce n'est qu'à ce stade que la plante commence à dégager son arôme si caractéristique. Ces opérations sont destinées à améliorer sa consistance et ses qualités gustatives. La fermentation des tabacs bruns doit mener à son terme le processus d'oxydation, éliminer les dernières traces de sucre et de chlorophylle. En même temps, certaines réactions chimiques permettront de rendre plus volatils l'ammoniac et la nicotine de la plante, facteurs essentiels de son arôme et de son goût. C'est durant cette phase que la couleur du tabac s'uniformise et que s'améliore sa combustibilité.

Trois méthodes sont utilisées pour la fermentation des tabacs bruns : la « fermentation en masses » consiste à entasser les feuilles en vrac dans d'immenses coffres amovibles, de contenance variable (de dix à deux cents tonnes). Cet énorme entassement provoque un échauffement spontané des feuilles dès les premiers jours, atteignant 40 ou 50 °C au bout d'un mois. Pour obtenir une fermentation égale de chacune des feuilles, les masses sont remuées deux ou trois fois. Une autre méthode de fermentation, employée particulièrement en France, permet d'obtenir un abaissement du taux de nicotine des tabacs bruns pouvant atteindre cinquante pour cent : la « fermentation en caisses ». Ici les feuilles sont placées dans des caisses à raison

Ces outils et ces manoques, nécessaires à la préparation des masses, sont aujourd'hui en voie de disparition (ci-dessous). Désormais, de plus en plus souvent, les masses sont constituées à partir de feuilles libres, entassées mécaniquement dans les coffrages à l'aide d'une soufflerie.

Le contrôle de la température du tabac, lors de la fermentation, à Bouaké (ci-contre).

d'une centaine de kilos chacune. Celles-ci sont d'abord stockées durant six à huit mois dans une pièce à température normale, puis dans une salle chauffée à 55 °C durant huit jours, et enfin replacées dans la pièce initiale où la fermentation se poursuit quelques mois. La température s'élève moins dans ces caisses que dans les grandes masses, mais la nicotine s'y dégrade davantage. Une troisième méthode de fermentation, celle-là très rapide, est utilisée pour traiter des feuilles déjà bien mûres, les feuilles basses du plant par exemple : les feuilles réunies dans des caisses séjournent une dizaine de jours dans une « chambre chaude », où la température s'élève à 60 °C environ et le taux d'humidité à quatre-vingt-cinq pour cent.

Les tabacs d'Orient, quant à eux, séchés au soleil, subissent une fermentation beaucoup plus naturelle et modérée. Les feuilles sont tout simplement réunies par balles d'une cinquantaine de kilos, et celles-ci stockées côte à côte sur un ou deux niveaux dans un hangar. L'air doux méditerranéen s'occupe du reste. Cette lente fermentation naturelle ne produit qu'une très faible augmentation de température des feuilles d'environ 3 °C. Le traitement en « chambre chaude » du tabac d'Orient est également employé, chez certains producteurs pratiquant une fermentation « hors saison ». Le procédé présente l'avantage d'accélérer considérablement l'opération, mais il exige une surveillance constante afin d'éviter le noircissement du tabac.

Les tabacs blonds séchés artificiellement, comme le Virginie, certains séchés naturellement comme le Burley ou le Maryland, ne sont pas fermentés – ils perdraient leur couleur jaune – mais seulement « vieillis » au cours d'une période de stockage. Le processus demande que les feuilles subissent au préalable un second séchage à haute température, afin de réduire au minimum leur taux d'humidité. Elles sont ensuite refroidies, puis traitées à la vapeur pour les assouplir et éviter qu'elles ne se brisent au cours des traitements suivants. Elles sont enfin battues avant d'être stockées. Le battage consiste à séparer mécaniquement leurs nervures centrales (ou côtes) du parenchyme afin de diminuer la quantité de bûches et d'œils-de-perdrix (fragments des côtes) dans le produit fini. Une partie des côtes, laminées et hachées, sera replacée dans le mélange final pour réguler la densité de la fumée et abaisser les taux de nicotine et de goudrons.

Une fois fermenté, battu et humidifié, le tabac est haché. Le hachage transforme les feuilles en fines lanières enchevêtrées : le scaferlati (ci-dessous).

W. Ø Larsen
N° 10
Dunhill
Blenders own
W. Ø Larsen
Fraser Flake cut
Burley
Red Virginia
Latakia
Dunhill
Ribbon cut
turkish
W. Ø Larsen
Selected blend
N° 32
W. Ø Larsen
Selected blend
N° 50
Bell's three nuns
N° Nicer

W. Ø Larsen
Selected blend N° 4
Loose leaf
Black Cavendish
W. Ø Larsen
Bright Virginia
Dunhill
Rubbed Flake
Cavendish
Dunhill
N° 10
Dunhill
Alfred's own
Dunhill
N° 34596
Dunhill
June 86

Près d'Orléans, au sein du très secret Centre de recherches de la Seita, entreprise nationale qui détient le monopole de la fabrication des tabacs en France, travaille Gérard Pellissier, l'un des deux aromaticiens de la maison chargés du *flavoring* des tabacs pour pipes et cigarettes. Après des études à l'École d'aromaticiens de Versailles, qui forme aussi bien des parfumeurs que des techniciens de l'industrie alimentaire, Gérard Pellissier est ainsi devenu l'un des deux hommes chargés en France de chatouiller les narines de millions de fumeurs. Il dispose pour ce faire d'environ un millier d'essences les plus diverses : des huiles essentielles naturelles, souvent fabriquées à Grasse, et des essences artificielles (à base de molécules de synthèse) qui présentent l'avantage, contrairement aux premières pouvant varier selon les saisons, de la stabilité. Mais mille essences ne donnent pas mille parfums fondamentalement différents : pour un arôme de girofle, par exemple, utilisé pour sa note épicée, Gérard Pellissier dispose de trois ou quatre essences très légèrement distinctes. Dans l'univers des tabacs, le *flavoring* est l'art des nuances les plus infimes. Quant au reste, nous n'en saurons pas plus : « En matière d'aromatisation, confie Gérard Pellissier, la concurrence entre fabricants est acharnée, et le silence de rigueur... »

La curiosité et l'esprit d'aventure des fumeurs de pipe étant sans limites, certains fabricants leur proposent, à côté de ces scaferlatis habituels, des produits particuliers qui relèvent d'une coupe ou d'une présentation différentes. Il s'agit d'abord des « tabacs pressés » : au lieu d'être hachées après leur mélange, leur humidification et éventuellement leur sauçage, les feuilles préalablement chauffées sont comprimées sous pression (environ une tonne au centimètre carré) en un gros bloc très compact. Le bloc est ensuite découpé en tranches, puis ces tranches en fines lamelles, appelées *flakes*, que le fumeur trouvera dans son paquet et devra triturer pour bourrer sa pipe. Le tabac préparé de cette manière reçoit l'appellation de *flake cut*. C'est pour éviter au fumeur pressé d'avoir à malaxer lui-même les *flakes* qu'a été conçu le *ready rubbed*, tabac pressé dont les lamelles sont défaites et réduites en fragments plus ou moins compacts dans des tambours rotatifs. Les tabacs Cavendish et Black Cavendish – dont le nom ne désigne pas une variété mais des produits subissant une double fermentation, à l'origine de leur extrême douceur – sont généralement proposés *ready rubbed*. Le tabac pressé donne également le *granulated* : cette fois les tranches des blocs sont découpées en tout petits morceaux, tels des grains un peu cubiques. Le tabac « natté », populaire jusqu'au XIXe siècle, a pratiquement disparu aujourd'hui. Les feuilles étaient tressées en une longue natte, ou une longue corde, d'un diamètre de deux ou trois centimètres, que le marchand tronçonnait pour ses clients en morceaux d'une vingtaine de centimètres. Mais cette préparation a donné naissance aux *curly cut*, toujours disponibles chez les meilleurs marchands de tabac : les feuilles, d'habitude un mélange de tabacs clairs et foncés, sont tressées en une mince corde, puis celle-ci découpée en rondelles de un ou deux millimètres, que le fumeur introduira dans son fourneau, selon la forme de celui-ci, telles quelles ou après les avoir défaites. Une autre coupe particulière, recherchée pour sa très bonne combustibilité, est dite *crimp cut* : les feuilles sont d'abord légèrement compactées, puis hachées en brins très courts (moins de deux centimètres) et ceux-ci finalement frisés par un séchage spécial. Enfin, quelques très rares fabricants proposent des *loose leaf cut*, autrement dit des mélanges contenant quelques morceaux de feuilles de tabac, non hachés ni pressés.

Après s'être reposés environ vingt-quatre heures, tous ces différents tabacs pour la pipe sont pesés dans des doseuses automatiques puis conditionnés dans un emballage variant selon leur qualité ou les habitudes des fabricants : simples petits paquets de papier kraft, blague en plastique souple ou boîte en métal.

Parmi les nombreux tabacs de base proposés par la maison W.Ø. Larsen, à Copenhague, pour établir son propre mélange, le Fraser, un Burley présenté en *flake cut*. Il devra être réduit en fins filaments par le fumeur avant d'être mélangé avec un *scaferlati*. Pour sa capacité à bien absorber les sauces, le Burley est quasiment incontournable dans les mélanges aromatiques du commerce (page ci-contre).

Sur cette nature morte anonyme, outre les cigares, deux produits en voie de disparition qui faisaient encore le bonheur de millions de fumeurs de pipe au début du siècle : du tabac natté et des paquets de *scaferlati* Caporal (ci-contre, au centre).

LA SUBTILITÉ DES « GOÛTS »

Tabacs bruns ou blonds, naturels ou aromatiques, de coupe plus ou moins fine, scaferlatis ou pressés : le consommateur n'a que l'embarras du choix. Pourtant, c'est encore une autre classification qui décide habituellement les fumeurs de pipe, à la fois plus subtile et plus vague car elle ne correspond pas à des critères aussi précis. En effet, les quatre principaux pays fabricants de tabacs pour la pipe, les États-Unis, l'Angleterre, les Pays-Bas et le Danemark, ont imposé chacun dans le monde des fumeurs ce qu'on appelle le « goût » de leurs produits. Les guillemets s'imposent car le concept est ici extrêmement vague. Il ne reflète qu'une tendance générale, parfois contredite, et ne répond pas forcément à des critères d'origine géographique : ainsi l'on peut produire, par exemple, un tabac de « goût hollandais » – on dit même souvent un « tabac hollandais » – en France... avec du tabac brésilien. Quelques généralités peuvent néanmoins être énoncées sans grand risque de se tromper. Les tabacs dits « américains » sont le plus souvent des mélanges aromatiques blonds, à base de Virginie et de Burley, souvent épicés par une touche de Périque ou de Latakié. L'ensemble donne une fumée réputée pour sa douceur et sa légèreté. Mais l'essentiel de leur arôme, de leur goût et de leur consistance provient d'avantage de la puissance du *saucing* et du *flavoring* que de leurs qualités propres. Ils présentent un excellent taux d'humidité et une note dominante sucrée, tous deux obtenus au moment du *saucing* par une forte adjonction de produits tels que le sucre, le sirop d'érable et une grande variété d'extraits de fruits. Ils ont souvent un arôme de pain d'épice (dont le parfum est très apprécié). Notons que la législation américaine favorise la puissance de cette aromatisation, puisqu'elle autorise la vente de tabacs contenant jusqu'à quinze pour cent d'additifs divers, alors que la législation anglaise n'autorise pas plus de deux pour cent d'additifs. Il existe plus de deux cents mélanges de ce type aux États-Unis. Parmi les plus connus, citons par exemple le très classique et fort sucré Prince Albert – qui malheureusement n'est plus distribué en France depuis quelques années mais qu'on trouve partout ailleurs au monde –, l' Edgeworth et le Half and Half. Un certain nombre de ces mélanges sont exportés ou fabriqués sous licence en Europe et ailleurs dans le monde.

« The national joy smoke », slogan publicitaire pour le très populaire *crimp cut* américain Prince Albert (« P. A. » pour les habitués), ici aménagé pour les fêtes de Noël. Au début du siècle, la compagnie R.J. Reynolds Tobacco commercialisait un pot humidificateur en verre, rempli de P.A., d'une capacité d'une livre ou d'une demi-livre (ci-dessus). La plupart des amateurs étaient plus volontiers adeptes du *toppy red bag*, qui ne coûtait que cinq cents en 1913 (ci-dessous).

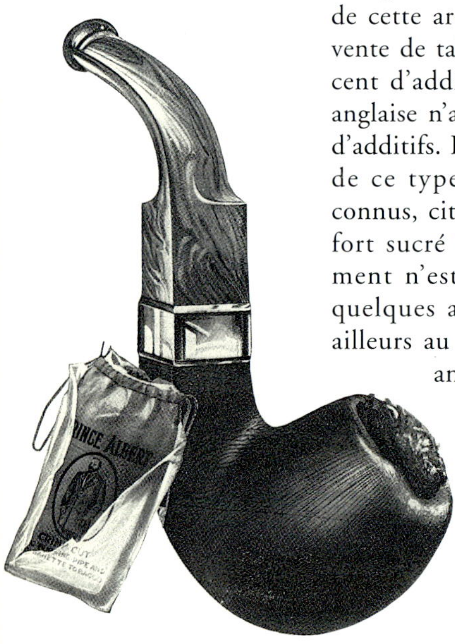

Les tabacs dit « anglais », contrairement aux précédents, ne sont pas toujours aromatisés. Mais les produits de base sont souvent les mêmes : Virginie, Burley, Périque et Latakié. Ils se distinguent surtout par deux préparations particulières, très appréciées des connaisseurs. Les *mixtures*, tout d'abord, sont des mélanges de Virginie, de tabacs d'Orient et de Latakié, ces derniers leur donnant leur touche de fumé et leur robustesse. Ils se caractérisent aussi par leur couleur : une *mixture* anglaise présente toujours, entre le jaune du Virginie et le noir du Latakié, de savants contrastes destinés aux esthètes les plus raffinés. La seconde grande spécialité des Britanniques sont les *flakes cuts*, c'est-à-dire les tabacs pressés présentés en fines lamelles, habituellement issus de mélanges de tabacs américains à base de Virginie. Leur goût peut être tout aussi puissant que celui des *mixtures*, mais leur gamme présente aussi des mélanges plus légers. Les différents fabricants de tabacs anglais proposent à leurs clients plus de cent cinquante marques, dont un grand nombre sont exportées dans le monde entier. Parmi elles, la célèbre *mixture* de Dunhill – le plus réputé des fabricants anglais – dotée du joli nom de Early morning pipe, incitant à la fumer juste après l'*early morning tea*, et qui rappelle à tous les fumeurs de pipe du monde que les Britanniques sont, avant tout, des buveurs de thé... Ce qui n'empêche Dunhill d'innover sans cesse pour le plus grand plaisir des fumeurs. Deux nouveaux mélanges ont été proposés par la maison en 1992 : le Black Aromatic, un Virginie doux dont la longue maturation donne une couleur noire, auquel sont ajoutés un Virginie de couleur rouge et or et un peu de Burley ; et le Mild Blend, un mélange de différents Virginie adoucis par un Cavendish. Tous ces produits, comme la plupart des tabacs anglais, sont conditionnés dans une petite boîte en métal.

Les tabacs dits « hollandais » sont de deux sortes très opposées. La plus ancienne réunit des produits consommés traditionnellement aux Pays-Bas depuis toujours, à base de tabacs bruns en provenance d'Indonésie (Java et Sumatra), ancienne colonie néerlandaise. On leur ajoute quelques tabacs américains assez corsés, tels certains Virginie et parfois du Maryland. Ces

Une composition sur le thème du voyage, réalisée chez le marchand d'articles pour fumeurs Hajenius, à Amsterdam, à partir de quelques mélanges classiques proposés en boîte de métal (page ci-contre).

skandinavik
Aromatic
W.Ø. Larsen's
Premium
W.Ø. Larsen's
Premium
Pipe Tobacco
MAC BAREN
BLACK AMBROSIA
Aromatic Pipe Tobacco
NET 100g PIPE TOBACCO
skandinavik
IMPORTED DANISH PIPE TOBACCO
Regular
SAIL
TABAC A PIPE
FLYING DUTCHMAN
AROMATIC
AROMATIQUE
NATURAL MIXTURE
P.G.C. HAJENIUS
AMSTERDAM
SINDS 1826
50g e
BLACK MIXTURE
P.G.C. HAJENIUS
AMSTERDAM
SINDS 1826
50g e
skandinavik
IMPORTED DANISH PIPE TOBACCO
Mixture
MADE IN DENMARK BY ORLIK TOBACCO COMPANY
100 g NET WEIGHT WHEN PACKED
Dream
Radford
Handblended
W.Ø. Larsen
OZONA
SNUFF
IRISH MIXTURE
SINDS 1826
P.G.C. HAJENIUS
AMSTERDAM
OZONA
SNUFF

L'un des mélanges aromatiques de la maison W.Ø. Larsen, confectionné par le fabricant danois Orlik Tobacco : le N° 10 Sweet Brown. Il contient quelques doux Virginie pressés de différentes couleurs que vient contraster une touche de Black Cavendish. Mais sa composition précise, et surtout les ingrédients de sa sauce, demeurent secrets (ci-contre). Cette vieille enseigne d'un débit de tabac (France, fin du XVIIIe siècle) témoigne d'une pratique aujourd'hui presque disparue : la prise. Le priseur piétine une méduse, symbole de la tyrannie (ci-dessous).

mélanges ne sont pas aromatisés, développent en bouche un goût puissant... et tendent à disparaître au profit d'une plus récente spécialité hollandaise : les mélanges aromatisés, à base de Virginie et de Burley. Ceux-ci sont rapidement devenus très populaires dans le monde, appréciés dès leur apparition dans les années cinquante par une clientèle jeune pour leur légèreté, leur douceur et surtout leurs puissants arômes fruités. Ils sont souvent présentés sous la forme de Cavendish *ready rubbed* – ce qui leur assure, en plus de leur douceur, un excellent taux d'humidité et donc une combustion lente – ou de *crimp cut* pour ceux qui préfèrent une combustion plus rapide. Les plus célèbres sont l'Amsterdamer, les Amphora, dont la gamme propose plusieurs Cavendish et un aromatisé au whisky, et les Clan dont le fabricant propose depuis peu une version *light* « pour les fumeurs qui souhaitent suivre la tendance actuelle des produits légers ». Les tabacs hollandais sont abondamment exportés, et également fabriqués sous licence dans de nombreux pays.

Les tabacs dits « danois », enfin, sont également des mélanges aromatiques et ressemblent, par leur fumée d'une grande légèreté, aux produits hollandais. Les Danois, cependant, qui comptent un grand nombre de fumeurs de pipe (autant qu'en France pour une population dix fois moindre), et parmi eux de grands experts, ont développé quelques spécialités de tabacs pressés dont ils sont les maîtres incontestés : *flakes cut, curly cut* et Cavendish. Les mélanges danois sont à base de Virginie, de Burley, de Périque et de Latakié. La maison Harald Halberg propose une vingtaine de produits sous la marque Mac Baren, dont les célèbres Mixture, Golden Blend et Plum Cake. Le principal fabricant du pays, Orlik Tobacco, produit plusieurs marques et commercialise l'un des tabacs les plus populaires du pays, le Orlik Golden Sliced, un doux mélange *flake cut* à base de Virginie agrémenté d'une touche de Burley. Il fournit également deux *loose leaf cut* à base de Virginie.

À ces quatre grands types de mélanges, qui sont autant de « goûts » classiques plus ou moins reconnus par les fumeurs de pipe, il faut ajouter les tabacs bruns français, dont la virile robustesse est célèbre dans le monde entier et qui sont distribués dans un grand nombre de pays. La Seita propose aux fumeurs de pipe une demi-douzaine de tabacs bruns, qui constituent une parfaite déclinaison du goût Caporal traditionnel. Le plus populaire d'entre eux, le Caporal ordinaire, communément appelé « petit gris »,

« Du gris qu'on prend dans ses doigts et qu'on roule », dit la chanson à propos du Caporal, le plus économique des tabacs français. Apparu au milieu du XIXe siècle, il s'est très vite imposé au point de devenir un nom commun, synonyme de tabac populaire : « Mon triste cœur bave à la poupe / Mon cœur est plein de Caporal », écrit Rimbaud en 1871 (*Le Cœur du pitre*). Ce *scaferlati* brun non aromatique demeure encore parmi les tabacs les plus vendus en France, mais sa consommation régresse d'environ 10 % par an... Son caractère corsé ne peut être qu'exalté par une pipe Stanwell ! (page ci-contre)

40 g
EMB 57463
Nuit gravement
à la santé
CAPORAL

Depuis 1907, le décor feutré du magasin Dunhill à Londres est en fait celui d'un laboratoire fréquenté par des fumeurs de pipe experts : ils peuvent y faire confectionner le mélange de leur choix, et le déguster sur place. Vingt-quatre tabacs de base les attendent dans un grand comptoir, ainsi que « My mixture of the month », mélange déjà prêt et renouvelé tous les mois (ci-contre). Un mélange personnalisé de chez Dunhill, dans son conditionnement caractéristique des mixtures anglaises (ci-dessous).

est un mélange de tabacs français et de tabacs d'Orient. Très économique, il est présenté dans un petit emballage de papier cubique. Toutefois, ces tabacs bruns puissants connaissent un net déclin en France (une baisse de dix pour cent par an environ), au profit des tabacs blonds aromatiques. Un déclin reflétant celui de l'économie et de la démographie des zones rurales, où ils sont traditionnellement consommés.

Les mélanges personnels

Ces quelques normes universelles regroupent une gamme de produits si vaste – plusieurs centaines de tabacs différents – que l'écrasante majorité des fumeurs s'en contentent largement. Dans le monde, deux grands marchands de tabac, qui sont également fabricants de pipes, peuvent aider les fumeurs, qu'un goût forcené pour l'originalité et la perfection rendrait extrêmement pointilleux, à confectionner un mélange « sur mesure » : les maisons Dunhill à Londres et W. Ø. Larsen à Copenhague, dont les méthodes respectives sont un peu différentes.

Chez Dunhill, dans la partie du magasin de Duke Street réservée au tabac, vingt-quatre casiers emplis de grades naturels ou aromatisés, disposés dans un comptoir et fermés par un couvercle en bois, attendent les fumeurs à la recherche d'un goût nouveau ou du suprême équilibre qui saura contenter enfin leurs papilles et leurs narines. En fait, deux sortes de clients fréquentent ce temple mondial de la tabagie personnalisée. D'abord ceux qui savent précisément ce qu'ils veulent ou ont déjà fait consigner leur mélange idéal, identifié par un numéro, dans le grand registre prévu à cet effet, inauguré dès l'ouverture du magasin en 1907 et appelé par Alfred Dunhill *My Mixture Book*. La maison cultive à dessein le grand art de la discrétion et préfère ne pas donner les noms de quelques grands de ce monde ayant fait inscrire leur mélange préféré dans ce registre, surtout s'ils vivent encore. Parmi les disparus, figurent Édouard VII, le duc de Windsor et Rudyard Kipling. Les vendeurs se font un plaisir de conseiller les autres clients, ceux qui recherchent encore la perfection. Un long dialogue s'établit alors autour de quelques points cruciaux,

Après sa rencontre fortuite avec l'univers de la pipe, en 1906, Alfred Dunhill devint rapidement un fumeur et un pipier passionné. On le voit ici confectionner lui-même un mélange personnalisé (à gauche et page ci-contre, en bas).

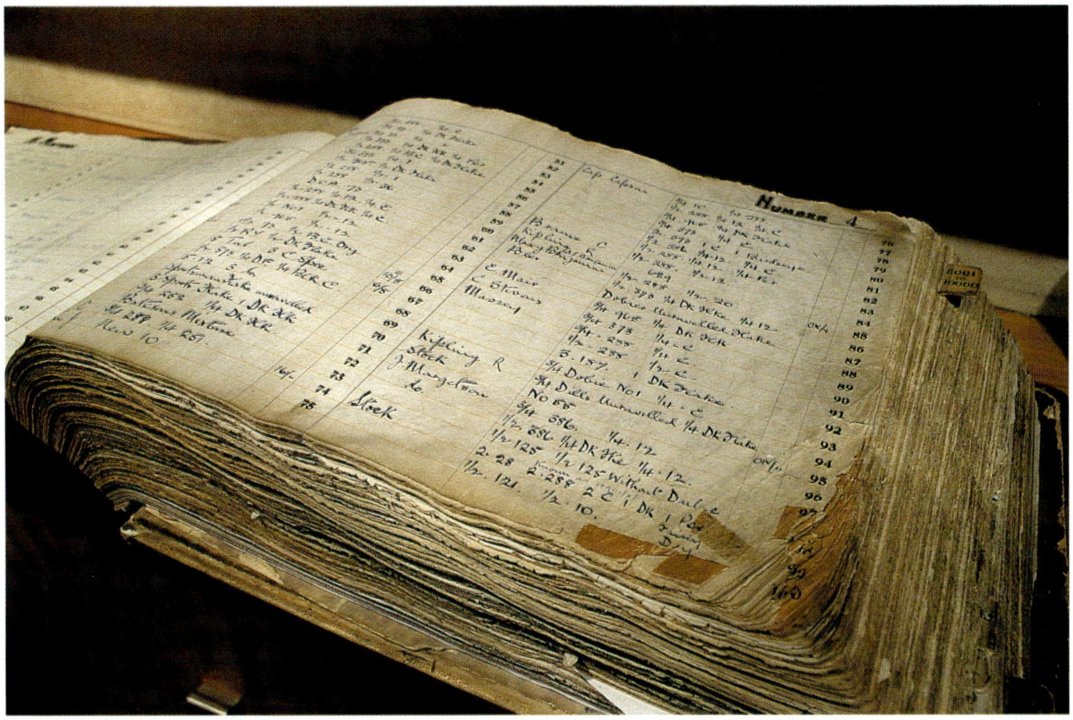

Trente-huit mille recettes composées par les clients de Dunhill sont consignées à ce jour dans ce vénérable registre, *My mixture book*, inauguré en 1907. Parmi les clients : Georges VI, Alphonse XIII... (ci-contre).

comme la proportion de tel ou tel grade, la nature de la coupe et l'aromatisation. Le produit est enfin préparé puis, s'il le désire, le client peut le goûter. Mais les fumeurs avertis savent bien que quelques bouffées ne suffisent pas à se faire une idée définitive d'un tabac : pour des raisons assez mystérieuses, sa saveur peut varier d'un endroit à un autre, ou d'un jour à l'autre. Une fois accepté par le client, le mélange reçoit un numéro s'il est inédit, puis est inscrit dans le registre, à ce jour au numéro 38 000 environ. Il est enfin conditionné dans une petite boîte en métal ronde de cinquante ou cent grammes, portant le numéro en question. Notons que Dunhill propose en outre à ses clients un « mélange du mois », toujours renouvelé, spécialement conçu pour les distraire de leur petite routine.

Au numéro 9 de la rue Amagertov, dans le centre piétonnier du vieux Copenhague, les clients de W. Ø. Larsen disposent vraisemblablement du plus grand choix de tabacs au monde : quatre cents produits différents, de toutes marques, leur sont proposés. Mais la maison diffuse également une quarantaine de tabacs sous son propre nom, et parmi eux un grand nombre de tabacs de base, naturels ou aromatisés et

de différentes coupes. Tous ces « produits maison » sont déjà conditionnés dans des petites boîtes de cinquante ou cent grammes. C'est en cela que W. Ø. Larsen diffère essentiellement de Dunhill : ses clients ne repartent pas avec un mélange prêt, mais, conseillés ou non par le vendeur, avec quelques-unes de ces boîtes dont ils mélangeront ensuite le contenu selon leurs goûts ou l'inspiration du moment. D'où le principal avantage de cette méthode : le fumeur peut ainsi graduer la saveur ou l'arôme de son tabac, passant par exemple du plus doux au plus fort tout au long de la journée.

Mais c'est paradoxalement aux États-Unis, où les fumeurs sont souvent considérés comme des individus peu recommandables, que les amateurs de tabac sont le plus facilement servis. La tradition de la vente en vrac y est toujours vivace, et chaque grande ville possède un ou plusieurs marchands où l'on peut se procurer les tabacs bruts ou aromatisés indispensables à son petit mélange personnel. C'est ainsi que Roger Almerge, le très sympathique président du Pipe-Club de France – pays dont la législation interdit la vente de tabac en vrac – ne manque jamais de demander à ses amis se rendant aux États-Unis de lui ramener un peu de Virginie et de Burley améri-

« Manuel remplit sa pipe d'un tabac infâme, se cala entre le pivot du guindeau et une couchette de l'avant, posa ses pieds sur la table et adressa à la fumée de tendres et nonchalants sourires. » Rudyard Kipling fumait un meilleur tabac que son Manuel, marin de la goélette *We're Here* dans *Capitaines courageux* : il était client de Dunhill et son mélange personnel figure dans *My mixture book* au numéro 453 (ci-dessus). Plonger les doigts dans son tabac, en caresser la texture, en respirer les arômes, rêver peut-être à des pays lointains : quelques-uns des plaisirs de la pipe avant même de l'allumer, que semble goûter *L'Artiste* de Manet (ci-dessous).

cains, dont il apprécie particulièrement l'aromatisation et le taux d'humidité...

Inutile de préciser qu'il convient de posséder une solide expérience pour établir son propre mélange sans risquer d'être déçu ! Et que l'expérience ne suffit pas toujours à composer *le* mélange idéal. L'un des fumeurs et collectionneurs de pipes les plus experts du XXᵉ siècle, le naturaliste milanais Eppe Ramazzotti, auteur de deux livres sur la question, l'avoua lui-même à la fin de sa vie : « Il y a cinquante ans que je mélange des tabacs pour trouver la mixture idéale et je ne l'ai pas encore trouvée. »

S'il n'est aucune règle définitive en la matière, les fumeurs qui composent leurs propres mélanges mettent néanmoins en œuvre quelques principes de base, de réalisation simple, selon l'effet qu'ils désirent obtenir. Renforcer la robustesse d'un mélange du commerce jugé trop doux, par exemple, ne nécessite que l'ajout d'une dose d'un tabac brun naturel. L'inverse est également possible, en ajoutant un peu de blond léger, comme un Orient, à un mélange corsé. L'affaire se complique légèrement lorsqu'on désire varier l'arôme ou la saveur d'un mélange : le Latakié et le Périque, fréquemment utilisés à cet effet, doivent être maniés avec la plus grande précaution, une quantité infime de chacun d'eux pouvant modifier très sensiblement la qualité du mélange. Enfin, l'essentiel et le plus délicat demeure la bonne homogénéisation du produit : ses différents composants doivent être d'une coupe et d'une humidité à peu près semblable, ce qui exige par exemple de triturer et de faire sécher un peu des tabacs pressés qu'on voudrait mélanger à un scaferlati.

Au-delà de ces quelques principes, la composition d'un mélange personnalisé satisfaisant requiert un gramme d'imagination, trois grammes de savoir-faire et d'expérience, six grammes de chance et enfin dix grammes au moins du produit de base, l'obstination. Bonne chance !

Mille et un plaisirs

« L'univers de la fumée est composé d'êtres si divers que l'on ne saurait les soumettre à une même loi. » Comment ne pas souscrire à cette parole d'Edgar Faure, l'un des plus fins politiciens français de l'après-guerre, sacré « premier fumeur de pipe de France » par la Confrérie des maîtres pipiers de Saint-Claude en 1966 ? Impossible en effet d'évoquer uniment tous les plaisirs que le tabac procure aux fumeurs. Chacun d'entre eux a non seulement sa personnalité singulière, ses préférences, mais aussi ses idées fixes et son propre vocabulaire. Entre les gourmands qui tiennent à goûter tous les tabacs possibles et papillonnent de l'un à l'autre, les gourmets qui s'abandonnent à tel ou tel produit selon les heures ou les saisons et comparent volontiers la subtilité du tabac à celle d'un grand cru de Bordeaux, les séducteurs qui ne pensent qu'à émerveiller leur entourage par des effluves capiteux, les vieux paysans qu'aucune innovation ne pourra distraire de leur austère « petit gris », entre tous ces fumeurs il n'est qu'un point commun : la pipe, et non le tabac.

Néanmoins, tous s'accordent sur une vérité première : le tabac est l'âme de la pipe. C'est lui qui transforme cet objet familier en être vivant, changeant, parfois capricieux, avare, souvent surprenant, généreux. La plupart des fumeurs évoquent aussi, au-delà de leurs différences, un même ordre des plaisirs. Et quels plaisirs...

Tout commence, dès qu'on ouvre un paquet neuf, par l'arôme qui s'en échappe. C'est un authentique produit

« Il n'y a rien d'égal au tabac, c'est la passion des honnêtes gens », fait dire Molière à Sganarelle dans *Dom Juan*. Une passion nourrie de sensualité, surtout lorsqu'elle a la pipe comme instrument : cet amateur de Prince Albert pourrait témoigner qu'au moment de la bourrer, la vue, l'odorat et le toucher sont déjà délicieusement convoqués et annoncent des plaisirs futurs (page ci-contre).

de la terre qu'aiment sentir alors les fumeurs de scaferlatis naturels, une toute simple « odeur de tabac » que certains, à tort, croient même être celle de la plante tout juste récoltée. Mais le tabac brun peut évoquer tout un monde à d'autres, tel Louis Pauwels : « Il sent l'herbe coupée, la glaise remuée, la laine, le cuir mouillé, le feu de forêt, le wagon d'hommes. » Si les amateurs de tabacs naturels ont le goût de l'authentique, d'autres fumeurs ont un penchant pour le rêve, le voyage imaginaire, car c'est une pinède en été, mais aussi un marché aux épices d'Orient qui s'élèvent ensemble d'une boîte s'ouvrant sur une mixture anglaise, que domine la touche poivrée d'un tabac fumé au feu de bois, le Latakié. Pourtant, la majorité des fumeurs aujourd'hui, et surtout en Scandinavie, aux Pays-Bas, en Allemagne et aux Etats-Unis, préfèrent tout simplement retrouver le parfum d'une friandise qu'ils affectionnent, celui du chocolat, de la noisette, de la pomme ou de la cerise, du rhum ou du whisky, même si le tabac ne leur donnera pas la saveur que suggère son arôme. Le plaisir olfactif des tabacs saucés est une sorte d'appât, mais le fumeur se laisse prendre au piège avec délice, avec le même bonheur que celui d'un enfant émerveillé par un déguisement.

Vient ensuite le plaisir de la matière. D'abord l'aspect du tabac, sa coupe, sa couleur qui varie de l'ivoire au noir en passant par l'or (seul un non-fumeur peut croire qu'il existe une uniforme couleur tabac) et surtout le jeu des contrastes de certains mélanges, particulièrement des mixtures anglaises. Ce plaisir-là est difficile à définir, mais on peut le comparer à celui de la contemplation d'une belle bruyère. Le fumeur y savoure confusément une secrète alchimie entre la beauté de la nature et le travail de l'homme, une certaine harmonie, un peu de civilisation. Puis, immanquablement, tous les fumeurs aiment plonger leurs doigts dans la masse ligneuse ou compacte du tabac, et triturer les brins pour en sentir la texture, l'humidité, le « chevelu ». C'est là non seulement un plaisir charnel, sensuel, mais aussi celui d'anticiper par la pensée le plaisir suivant, celui de la fumée, en s'assurant de la bonne coupe du tabac, de son homogénéité, de son taux d'humidité. Ces deux plaisirs de la matière, que l'on contemple et que l'on touche, sont intimement liés : le fumeur aime qu'ils se répondent et s'augmenent l'un par l'autre.

Vient enfin le plaisir de la fumée. Les plaisirs de la fumée, devrait-on dire, car il en est d'une pipe comme d'un repas : du début à la fin, les saveurs changent. Juste après l'allumage la fumée est légère, aérienne, et convoque surtout le nez. Peu à peu elle s'épaissit, son goût devient plus dense, profond, et elle n'occupe plus que la bouche. Le repas qu'elle évoque date d'avant l'apparition des desserts sucrés, et l'image la plus adéquate serait « entre la poire et le fromage ». Quoi qu'il en soit, à la fin d'une bonne pipe bourrée d'un bon tabac, le fumeur se sent rassasié. Il aura entre-temps dégusté quelques-unes des mille saveurs que les tabacs d'aujourd'hui proposent, plus ou moins naturelles, plus ou moins puissantes, plus ou moins sucrées ou fruitées.

Comme pour tous les plaisirs de la vie, en matière de tabac il n'est pas de règles. Tous les goûts sont respectables et nul ne songerait à en imposer une hiérarchie. On trouve néanmoins une certaine unanimité chez les fumeurs de pipe passionnés, inconditionnels et expérimentés, pour déconseiller formellement les tabacs aromatiques. Curieusement, alors que les mots leur manquent pour décrire leurs plaisirs, les termes abondent pour qualifier les défauts de ces tabacs saucés. Lorsqu'on les fume, leur âpreté pique la langue, leur âcreté pique la gorge ; après les avoir fumés, ils laissent une langue chargée, râpeuse. Il est vrai que les sauces des fabricants sont parfois fort épaisses... et peut-être un peu trop mystérieuses. Il est vrai que l'idéal demeure d'aimer le tabac pour ce qu'il est, un produit naturel. Aimé pour lui-même, il ne décevra jamais.

« Le tabac de Caporal fait maintenant partie intégrale de ce que les poètes appellent les *suaves parfums du matin*, et grâce aux bouffées que lui envoyent de toutes parts les fumeurs, l'aurore jadis au teint de rose doit être bien près d'être culottée » : légende de *La Pipe matinale*, dessin d'Honoré Daumier (ci-dessus).

Le tabac et la pipe, phénomènes de société suscitant parfois des engouements ou des hostilités démesurés, ont souvent excité la verve des caricaturistes. Dans une bande dessinée parue dans la *Revue illustrée* en 1890, Godefroy s'amuse de l'astuce du fumeur, un ouvrier, autant que du ridicule de quelques bourgeois compassés : « Une bonne pipe » (ci-dessous).

Les fumeuses ne sont pas les dernières à être gentiment brocardées, telle cette « femme à la mode », sur un dessin publié dans *Charivari*, journal à caricatures fondé en 1832 : « Vous ne craignez donc pas d'altérer votre haleine ? - Du tout, mon cher, je me rince la bouche avec deux ou trois verres d'eau-de-vie. » (ci-dessus).

Le tabac et la santé

Il serait dommage que tant de soins, de raffinement, d'expérience et de plaisir disparaissent à jamais, avant même de partir en fumée, sous les coups répétés des campagnes contre le tabagisme menées dans de nombreux pays. Les tabacs pour la pipe, surtout, ne méritent pas cette indignité. Car s'il est indéniable que l'herbe à Nicot représente un poison mortel pour l'homme lorsqu'il est consommé avec excès, son mode d'inhalation par la pipe prémunit en grande partie contre les dangers de la toxicomanie.

La nicotine est un alcaloïde puissant et extrêmement toxique, mortel à l'état pur – une dose de quarante milligrammes peut être fatale... Une cigarette ou une pipe n'en contient qu'une dose infime, de surcroît en partie éliminée dans la fumée qui s'échappe entre deux bouffées. À cette très faible dose, la nicotine n'induit chez la majorité des fumeurs que des effets légèrement sédatifs et tranquillisants, particulièrement bienfaisants chez les sujets anxieux. On comprend dès lors qu'elle est le principal agent de la toxicomanie, provoquant une accoutumance qui exige d'en consommer toujours davantage et dont il est bien difficile de se défaire. Le danger de la nicotine pour le fumeur ne vient donc pas de sa nocivité propre, quasiment nulle dans la fumée, mais de l'asservissement qu'elle peut provoquer.

Or il a été montré que la fumée de pipe, en général plus alcaline que la fumée de cigarette, favorise l'absorption de la nicotine par les muqueuses buccales. Autrement dit, que le fumeur de pipe, contrairement au fumeur de cigarette, trouve son compte de nicotine sans avoir besoin d'inhaler la fumée. La grande majorité des amateurs de bouffardes, en effet, se contentent d'aspirer la fumée dans la bouche, et de l'en expulser aussitôt. Ainsi les sages fumeurs de pipe se dispensent, au moins en grande partie, des effets nocifs, voire cancérigènes de différentes substances présentes dans le tabac, comme les goudrons. Non seulement parce qu'ils ne les inhalent pas, mais aussi parce que leur mode de fumage – des petites bouffées rapprochées – diminue les taux de goudrons et de phénols.

Tous ces éléments expliquent pourquoi le risque de cancer du poumon n'est pas plus élevé chez les fumeurs de pipe qui n'inhalent pas la fumée que chez les non-fumeurs. Une étude américaine a montré néanmoins que les fumeurs de pipe, pris dans leur ensemble, prenaient un risque légèrement supérieur pour leur santé que les non-fumeurs. Pour rendre la pipe tout à fait inoffensive, quelques recommandations s'imposent donc.

En premier lieu, il convient d'éviter de fumer la pipe lorsqu'on souffre d'une quelconque blessure à la bouche, afin d'éviter une infection. Tous les autres conseils concernent le « jus de pipe », riche en goudrons, qui se forme par condensation et se dépose à l'intérieur de la tige et du tuyau. D'abord, le fumeur doit impérativement nettoyer souvent ces deux parties de la pipe. Ensuite, certains facteurs diminuent la condensation, due à un trop grand échauffement dans le fourneau et à un mauvais tirage : une bonne densité de la bruyère garantit le maintien d'une température raisonnable ; le tabac de grosse coupe est préférable car il évite une combustion trop vive ; le système présent dans le tuyau, qui gêne le tirage et exige de fortes aspirations, doit être enlevé le plus tôt possible ; pour les mêmes raisons, la pipe doit être convenablement bourrée.

Muni de ce qu'il considère comme le meilleur des tabacs, prémuni contre ses dangers car il observe quelques recommandations simples, il ne reste plus au fumeur de pipe qu'à savourer, avec l'absolue sérénité qui s'impose, des moments de plaisir pur.

Heureux temps où, aux États-Unis, pipes et cigarettes n'étaient pas synonymes de vice coupable, répandu chez des individus peu recommandables, qu'il vaut mieux ne pas fréquenter. *Beg for it* ! dit cette affiche publicitaire des années vingt en jouant subtilement sur les mots et l'image (ci-dessus).

MADE IN
CZECHOSLOVAKIA

LA PIPE MODE D'EMPLOI

Si, comme l'affirme très justement Alfred Henry Dunhill dans son *Gentle Art of Smoking*, il n'est rien d'ésotérique ou de mystérieux dans l'art de fumer la pipe, goûter à ce plaisir relève néanmoins, en plus de quelques règles, d'un certain nombre de hasards providentiels. Tous les fumeurs avertis savent que le respect des nécessaires règles de l'art ne suffisent pas à garantir la suprême volupté d'une « bonne pipe ». Heureux amateur de cigare, certain, avant d'allumer son Cohiba, de ne pas être déçu ! Alors que tout fumeur de pipe se souvient de telle ou telle savoureuse bouffarde qui, soigneusement bourrée puis allumée dans les règles, s'est un jour soudainement révélée infumable… pour redevenir la meilleure des compagnes après quelques semaines de repos. Et rien ne peut expliquer ce mystère, propre au mariage de deux produits naturels : d'un côté la bruyère et plus rarement l'écume, de l'autre le tabac. Un mariage, incertain comme il le sont tous, parfois pour le pire, mais aussi pour le meilleur.

L'EMBARRAS DU CHOIX

Le vieil Irlandais ne se trompait pas, qui prêchait un jour que l'achat d'une pipe est une aventure aussi risquée que l'acquisition d'une nouvelle veste de tweed. Tout commence, en effet, le jour où vous décidez de pousser la porte d'un marchand. Dès lors, que vous soyez fumeur de pipe expérimenté ou débutant, un certain nombre de règles s'imposent, qui ne seront pas une garantie contre tous les risques mais au moins les limiteront.

La première de ces règles consiste à choisir la bonne porte. Pour acheter sa pipe, surtout la première, il convient impérativement de s'adresser à un spécialiste. Certes, rien n'empêche en théorie de trouver une bonne pipe chez un buraliste ordinaire. Mais il faudrait un miracle pour que ce dernier, généralement pressé, habitué surtout à vendre des cigarettes à la chaîne, sache être de bon conseil en cette matière délicate. Pour ma part, je me félicite encore d'être entré par hasard, à l'âge de quinze ans, chez le regretté Garnier, passage Choiseul à Paris, pour y acheter ma première pipe. C'est tout bien pesé en compagnie d'un aimable et compétent vendeur que j'ai choisi une bouffarde en forme de tête de taureau, talisman du « détective de choc » Nestor Burma dont je dévorais alors les aventures imaginées par Léo Malet. Trente ans plus tard, cette pièce, acquise pour une somme fort modique, reste délicieuse. Et je frémis en pensant que j'aurais pu tout aussi bien acheter une pipe médiocre chez le marchand de tabac du coin, à laquelle j'aurais renoncé après quelques malheureux essais pour me vouer à jamais à la cigarette. C'est un fait, seul un authentique marchand – ce qui suppose qu'il entretienne et répare les pipes qu'il vend – dispose à la fois du choix et de l'expérience suffisants pour guider le néophyte. Lui seul sait également que l'achat d'une pipe requiert, pour le fumeur confirmé et plus encore pour le novice, un environnement paisible, une ambiance amicale, une écoute attentive et surtout du temps.

Si vous débutez et n'avez aucune idée préconçue sur la pipe que vous souhaitez acquérir, la plus naturelle des sélections qui s'impose tout d'abord est celle de l'argent que vous consentez à débourser. Dans ce domaine, il est une règle qui connaît peu d'exception : plus une pipe est chère, plus elle a de chances d'être de bonne qualité. Trois facteurs essentiels déterminent le prix d'une pipe de bruyère : sa taille, car plus elle est grosse, plus elle est chère ; le dessin et la texture de son bois, c'est-à-dire la plus ou moins grande régularité de la disposition des flammes ou des œils-de-perdrix ; et la qualité de sa fabrication. Quant à la pipe en écume, son prix toujours élevé dépend avant tout de l'extrême rareté de sa matière… qui n'a d'égale que sa fragilité. Mais si vous disposez des moyens de vous offrir pour votre première expérience une bruyère de chez Dunhill, par exemple, n'hésitez pas. Et surtout n'écoutez pas les grincheux qui prétendraient qu'une telle pipe pour un novice équivaut à donner de la confiture aux cochons. Car meilleure sera votre première pipe, plus agréables seront vos débuts de fumeur et plus vous serez encouragé à explorer les mer-

Quant aux fumeurs eux-mêmes, leur valeur n'attend pas, certes, le nombre des années. Mais mieux vaut sans doute ne pas commencer trop tôt. Et en attendant l'âge, se contenter, comme ce petit Breton de carte postale, de suçoter les pipes de son papa… avec sa permission à condition qu'elles n'aient jamais été fumées ! (ci-contre). L'une des meilleures portes que l'on pouvait pousser, passage des Princes, à Paris : celle de la maison Sommer, « Aux carrières d'écume ». Elle a malheureusement fermé ses portes en 1989. Le magasin, tout en acajou massif, datait de 1855 (page ci-contre).

Les instruments du rituel font partie intégrante du savoir-fumer. Tous ne sont pas indispensables, mais leur valeur ne tient pas forcément à leur utilité… Ils font partie intégrante du plaisir (double page précédente).

1889
PARIS
1878
PARIS
PARIS

veilles du monde que vous venez de découvrir. Il serait néanmoins dommage de gâcher une pipe si parfaitement conçue en l'utilisant mal. Aussi vous faudra-t-il apporter autant de soin à la fumer que les artisans à la fabriquer. Mais rassurez-vous : si vos moyens sont plus limités, un véritable professionnel saura toujours vous proposer une gamme de pipes plus économiques, certes moins parfaites mais tout à fait suffisantes pour vous assurer d'excellents débuts. Pour le reste, tout est question de goût... et de chance. Quand le vendeur, dûment informé de vos moyens, aura disposé devant vous un lot de pipes de différentes formes, laissez-vous guider par votre plaisir.

Le plaisir de la vue, tout d'abord. Surtout n'achetez jamais une pipe dont l'allure ne vous satisfait pas, sous prétexte qu'elle possède d'autres qualités éminentes : un fumeur se lasse rapidement d'une pipe qui ne l'a pas séduit dès le premier coup d'œil. Dans le cas d'une pipe de bruyère, si son allure générale, sa forme et ses couleurs vous plaisent, examinez-la plus attentivement. Tâchez de déceler l'éventuelle présence, très courante, de trous ou de petites failles mastiqués dans le bois. S'ils ne sont pas trop profonds, ils ne nuiront en rien à la qualité de la pipe. Mais sachez que tôt ou tard ils deviendront plus visibles, la couleur du mastic n'évoluant pas de la même manière que celle de la bruyère au fil des bouffées. En revanche, s'ils sont profonds, la bruyère risque d'éclater un jour ou l'autre. Quant aux pipes dont l'intérieur du fourneau présente des trous mastiqués, il convient de les éviter : leur goût très désagréable durant le culottage ne vous encouragera pas à persévérer.

Après cet examen, si la pipe vous plaît toujours, n'hésitez pas à la mettre en bouche, sa lentille – la partie du tuyau qu'on tient entre les dents – protégée par un petit morceau de plastique, et à observer votre image dans le miroir que le vendeur tient à votre disposition. La pipe doit vous plaire, certes, mais elle doit aussi convenir à votre physionomie. Bien que dans ce domaine règne la plus grande subjectivité, une pipe minuscule fichée au milieu d'un énorme visage semble à l'évidence aussi incongrue qu'une imposante bouffarde dissimulant la moitié d'une petite tête.

Et si vous hésitez encore entre plusieurs modèles, préférez le plus classique, qui a fait ses preuves et ne vous décevra pas ; choisissez une pipe de taille moyenne mais « riche en bois », c'est-à-dire dont le fourneau est suffisamment épais pour ne pas chauffer trop rapidement ; évitez aussi bien les trop grosses pipes, longues à

« Elle lui va si bien ! » Choisir sa pipe, c'est aussi respecter, sinon améliorer, sa propre physionomie. Ce qu'a fort bien compris le coquet Norman Rockwell, qui dans cet autoportrait dans l'autoportrait retire ses lunettes mais garde sa pipe (*The triple self portrait*, page ci-contre).

Pour élire sa pipe, il faut prendre son temps, éventuellement s'asseoir, réfléchir dans le calme d'un décor apaisant. Tout ce que permet le magasin Astleys, dans Jermyn Street, à Londres. Pendant quarante-cinq ans, M. Walters fut l'hôte attentionné et très expert des clients de la maison (ci-contre).

Norman
Rockwell

La variété des modèles est si grande que chacun peut trouver la pipe convenant aussi bien à sa personnalité qu'aux circonstances. La plus libérale des Républicains au Congrès dans les années soixante-dix, l'élégante Millicent Fenwick, a très bien su allier la finesse de son profil à celle d'une pipe droite très effilée (ci-contre)...

fumer, qui découragent souvent les débutants, que les trop petites, qui vous laisseraient bien vite sur votre faim ; optez pour un tuyau assez long, qui aura le mérite de rafraîchir la fumée avant qu'elle n'arrive dans la bouche ; entre deux pipes de taille égale et de même aspect, choisissez la plus légère, qui sera plus agréable à tenir en bouche, aura probablement plus longtemps séché et sera donc mieux débarrassée de sa résine que la plus lourde ; les premiers temps surtout, fiez-vous aux bois naturels ou sablés – c'est-à-dire dépolis par projection de sable sous pression, ce qui les rend plus légers –, plutôt qu'aux vernis qui risquent de s'écailler si vous fumez trop vite et peuvent compromettre le goût de la fumée quand le vernis a coulé dans le fourneau, ou aux teints dont vous décèlerez mal les imperfections ; méfiez-vous comme de la peste des pipes gainées de cuir, voire de peau de phoque comme certains hurluberlus les aimaient dans les années cinquante, qui pourraient cacher d'horribles défauts ; si vous débutez, évitez aussi les pipes dites « guillochées », d'ailleurs de plus en plus rares, qui ressemblent aux sablées : sculptées à la fraise ou au couteau, souvent plus solides que les pipes naturelles, elles peuvent néanmoins dissimuler dans le relief artificiel du bois de graves imperfections ; abstenez-vous enfin de choisir entre des pipes à tête ovale, certes fort pratiques car moins encombrantes dans une poche, mais qui se révèlent à l'usage difficiles à fumer, le tabac ne s'y consumant pas régulièrement.

Pour vous décider, enfin, faites appel à votre sens du toucher. Votre main doit jouer un rôle décisif dans le choix d'une pipe. Seule sera promise à votre affection durable, en effet, la pipe que vous tenez « bien en main ». Notion difficile à définir par des mots, qui traduit le plaisir que l'on éprouve à sentir un objet dans le creux de sa paume, à le manipuler, à le caresser. Tout fumeur expérimenté sait qu'une pipe passe au moins autant de temps dans sa main et sous ses yeux que dans sa bouche, et que le plaisir de sentir sa tiédeur et la douceur de sa matière compte presque autant que sa saveur.

N'oubliez pas non plus, au moment de choisir votre pipe, d'examiner le tuyau. Aujourd'hui, la majeure partie des tuyaux des pipes de bruyère sont façonnés en ébonite, et ceux des pipes en écume de mer en plastique ou en résine synthétique imitant l'ambre. Leur aspect général est conditionné par le modèle de la pipe, mais les formes de la lentille et de l'orifice du conduit peuvent varier selon les goûts ou les nécessités du fumeur. Ces détails ont beaucoup plus d'importance qu'il n'y paraît à première vue, car ils déterminent la façon dont la fumée arrivera en bouche et celle dont la pipe sera tenue entre les dents. La seule règle en la matière consiste à choisir une lentille adaptée à sa dentition, c'est-à-dire qui permettra de tenir la pipe sans gêne et sans effort. On choisira donc, selon le cas, une lentille étroite qui se cale bien entre la canine et l'incisive mais demande une dentition et des mâchoires solides, ou une lentille large et plate, appelée « queue de poisson », qui répartit mieux le poids de la pipe entre davantage de dents mais risque d'être un peu bancale. Rien de tel, à cet égard, que d'essayer... quitte à remplacer le tuyau plus tard. Quant aux orifices, il convient d'éviter les trop étroits qui gênent le tirage et concentrent la fumée sur une petite partie de la langue. Certains tuyaux comme ceux des pipes Peterson, présentent des orifices qui dirigent la fumée vers le haut, donc plutôt vers le palais. Enfin, il va de soi que les fumeurs les plus nerveux, qui auraient tendance à mordiller, voire à mordre la lentille de leur tuyau, le choisiront de préférence épais et rond plutôt que plat.

Un dernier détail vous aidera peut-être dans votre décision : la présence ou

... tandis que ce non moins élégant bouledogue a compris tout l'avantage que son faciès légèrement enflé pouvait tirer d'une grosse bouffarde (ci-contre).

Son Altesse Royale le prince Bernhard des Pays-Bas, savourant une de ses Bent. Le 31 mars 1973, lors de son 29e Chapitre tenu exceptionnellement au Palais de Soestdyk, la Confrérie des Maîtres Pipiers de Saint-Claude l'élevait à la dignité de Confrère Pipier (ci-contre).

Grosse pipe ou petite pipe ? Cela dépend de la forme du visage, et surtout de la quantité de tabac qu'on veut fumer. Les débutants feraient mieux d'éviter les trop grosses... (ci-dessous, caricature de 1871).

l'absence, vissé à l'extrémité du tuyau, d'un système censé filtrer nicotine et goudrons. Ces filtres sont soit jetables, soit pérennes et lavables. Le seul conseil qu'on puisse donner à leur égard est de les éviter pour conserver au tabac toute sa saveur, et à la pipe tout son plaisir, car les filtres ont la fâcheuse tendance d'augmenter la condensation à l'intérieur du tuyau et d'altérer la fumée en lui donnant un arrière-goût de vieille nicotine. Si vous voulez diminuer les effets nocifs du tabac sans vous priver de ses qualités, mieux vaut ne pas avaler la fumée (comme la plupart des fumeurs de pipe), fumer lentement et nettoyer souvent votre pipe. Les filtres peuvent être néanmoins utiles lorsque la pipe est toute neuve, pour adoucir le « piquant » de la fumée. Mais n'hésitez pas à vous en débarrasser dès que la pipe est culottée.

Quelle pipe avez-vous choisie ? Presque à coup sûr une de ces pipes de bruyère qui constituent aujourd'hui la quasi-totalité du marché. Leurs aspects présentent une variété infinie, mais la plupart se rangent dans des catégories permettant de les identifier selon leur forme, leur taille et la façon dont elles sont fabriquées. Deux formes de base constituent la première classification qui s'impose à l'œil le moins averti : les pipes à tige et tuyau droits et les pipes à tige et tuyau courbes. *Straight* et *bent*, disent les Anglais, qui ont réussi dans ce domaine aussi à imposer leur langue au monde entier. Dans chacune de ces familles, les différences sont grandes selon leur taille, le degré de la courbe,

« Des gestes de tous les jours. Il rentrait dans son bureau. Une odeur de tabac qui persistait toujours, malgré la fenêtre large ouverte sur le quai des Orfèvres. Il déposait ses dossiers sur un coin du bureau, frappait le fourneau de sa pipe encore chaude sur le rebord de la fenêtre, revenait s'asseoir, et sa main, machinalement, cherchait une autre pipe là où elle aurait dû être, à sa droite. Elle ne s'y trouvait pas. Il y avait bien trois pipes, dont une en écume, près du cendrier, mais la bonne, celle qu'il cherchait, celle à laquelle il revenait le plus volontiers, qu'il emportait toujours avec lui, une grosse pipe en bruyère, légèrement courbe, que sa femme lui avait offerte dix ans plus tôt lors d'un anniversaire, celle qu'il appelait sa bonne vieille pipe, enfin, n'était pas là. » Ainsi commence *La Pipe de Maigret* (1947), de Georges Simenon (ci-contre).

les formes des tuyaux et des têtes (celles-ci étant composées du fourneau et de la tige). L'imagination des pipiers paraît sans limites. Mais une quinzaine de formes standard se sont néanmoins imposées au fil des décennies, pour devenir les grands classiques dont chaque fumeur possède au moins un exemplaire dans sa collection personnelle. Et comme pour décourager à l'avance toute tentative de classement tant soit peu rationnel, la plupart de ces pipes classiques se déclinent aussi bien en *straight* qu'en *bent*...

Parmi les *straight*, la plus simple et la plus répandue est la Billiard. Nul ne connaît au juste la raison de cette allusion au billard. Il s'agit donc d'une pipe droite aux lignes très pures, dont le fourneau vertical fait un angle droit avec le tuyau. L'angle entre le fourneau et la tige est un point important : plus il est aigu, en effet, moins la fumée est âcre. Plusieurs modèles classiques dérivent de la Billiard : la Poker, appelée aussi Stand-up poker car sa base rabotée présente l'avantage, très appréciable pour certains, de la faire tenir droite une fois posée ; l'Apple doit bien évidemment son nom à la pomme dont le fourneau possède la forme arrondie (elle existe également en

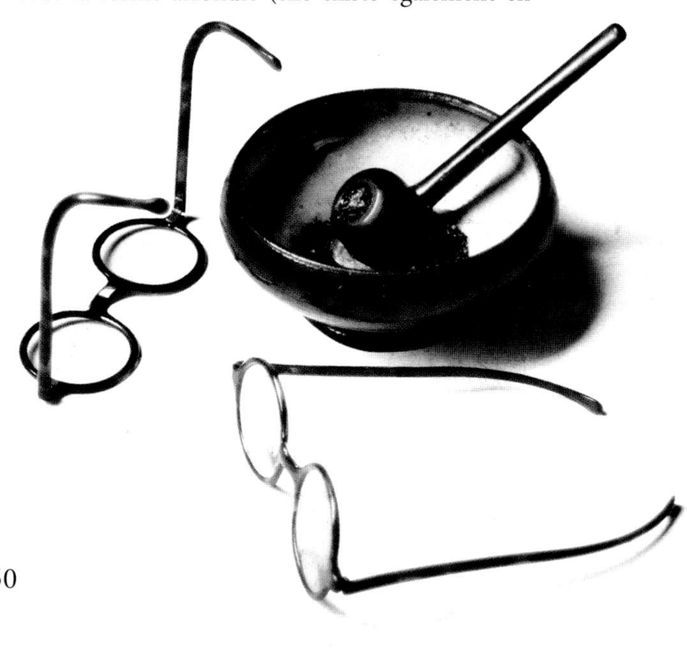

La pipe et les lunettes de Pietr Mondrian (en bas) : de lignes très pures, à l'image de l'œuvre du peintre néerlandais, grand maître de l'abstraction géométrique, ici photographié en 1926 (page ci-contre).

L'art de vivre avec sa pipe se transmet souvent de père en fils. Bernard Blier, l'un des grands acteurs du cinéma français durant plus d'un demi-siècle, quittait rarement sa bouffarde. Il fut sacré « Premier fumeur de pipe de France » par les pipiers de Saint-Claude en 1977. Le cinéaste Bertrand Blier, son fils, le fut à son tour en 1985 (page ci-contre).

bent) ; la Bulldog, robuste, massive et trapue comme son nom l'indique, présente un fourneau renflé en son milieu (elle existe également avec un tuyau légèrement courbé) ; la finesse et la légèreté de la Canadian, qui présente une longue tige ovale mais un tuyau assez court, en font la préférée des esthètes, même si ses caractéristiques la rendent un peu fragile et difficilement réparable en cas d'accident ; la Pot est ainsi désignée pour la robustesse de son fourneau « riche en bois », qui lui permet de gagner en arôme ce qu'elle perd en légèreté ; la Dublin est une version plus légère de la Billiard, et s'en distingue aussi par la forme évasée de son fourneau ; la Liverpool, elle, ne se distingue de la Billiard que par la plus grande longueur de sa tige ; la Lovat diffère de la précédente essentiellement par son tuyau très court et sa curieuse lentille ; la Prince, qui possède un fourneau rond mais très aplati, contenant peu de tabac, semble spécialement indiquée pour les fumeurs rapidement rassasiés. Notons enfin que les pipiers proposent de nombreux modèles de *straight* dont les têtes et les tuyaux présentent des facettes ; on les appelle alors Panel : Panel Billiard, Panel Apple, etc.

Parmi les *bent,* la Bent elle-même, grand classique aussi répandu que la Billiard, dont chacun connaît la belle courbe en forme de S qui unit tête et tuyau. Son centre de gravité, plus bas que chez les *straight,* lui permet de paraître plus légère en bouche. Lorsque son fourneau est plus arrondi et sa tige renforcée par une virole – le plus souvent en argent, parfois en or –, elle devient une solide Bent Army. Les pipes à virole, qui se déclinent en différents modèles, ne sont pas recherchées pour leur seule solidité. S'il est vrai que la virole est destinée à protéger une partie particulièrement fragile de la pipe, la jonction entre le tuyau et la tige, de nombreux fumeurs les aiment aussi pour des raisons de pure esthétique. La Bent Rhodesian, robuste et trapue, possède une tige et un tuyau moins courbés et plus épais que la Bent classique ; elle est à l'opposé de la Bent Albert, que certains considèrent, pour la finesse et à la gracieuse inclinaison de son fourneau, comme la plus élégante de la gamme des *bent.* Un fourneau semblable, mais doté d'une tige plus longue et d'un tuyau immense, se retrouve dans la célèbre Churchwarden (un nom anglais qui désignait à l'origine les membres des conseils gérant les fonds des églises, vraisemblablement amateurs de ce genre de pipes), particulièrement appréciée des fumeurs anglais et allemands.

En marge de ces modèles classiques de pipes en bruyère, il existe une catégorie de pièces exceptionnelles où les maîtres pipiers peuvent donner libre cours à leur créativité : les pipes dites *freehand,* pièces uniques entièrement réalisées à la main et souvent « sur mesure ». Jamais une *freehand* ne ressemble à une autre, et certaines sont des créations extrêmement originales. Bien que certains précurseurs, comme la maison anglaise Charatan, ait diffusé ces pipes *freehand* dès les années trente, elles se sont surtout répandues dans les magasins à partir de la fin des années soixante. Longtemps, les grands maîtres de la pipe *freehand* furent essentiellement danois, mais depuis quelques années des créateurs allemands et surtout italiens ont réussi à s'imposer.

Pour terminer ce tableau des pipes disponibles chez la plupart des marchands, quittons la bruyère. Les autres pipes constituent aujourd'hui moins de cinq pour cent de la totalité des pièces vendues dans le monde. Et parmi ces pipes marginales, la plus prestigieuse demeure à juste titre la pipe en écume de mer. Sa matière est en réalité un minéral, un silicate hydraté de magnésium dont la légèreté et la couleur blanche, ainsi que sa propriété de flotter sur l'eau, ont conduit ses premiers utilisateurs à la nommer « écume de mer ». Outre sa légèreté, l'écume possède toutes les qualités requises pour être transformée en pipe : sa très grande porosité qui garantit la plus douce des fumées, et sa tendreté propice au façonnage et à la sculpture. Elle présente par contre un défaut de taille, son prix, dû à sa rareté, qui souligne malencontreusement un autre défaut en soi moins important, sa fragilité.

Cette écume provient aujourd'hui le plus souvent de Turquie. Sa rareré aussi bien que des considérations économiques ont conduit le gou-

Des droites et des courbes, des polies et des sablées, du maïs et de la bruyère avec ou sans virole : quelques-unes des pipes de l'écrivain et journaliste anglais James Darwen, amateur aussi de whisky et féru d'humour anglo-saxon (ci-contre).

On ne saurait imaginer Albert Einstein sans ces yeux malicieux, ces mèches hirsutes et cette pipe. Il fut l'auteur de la théorie de la relativité et d'un mot célèbre : « Avant de répondre à une question, il faudrait toujours allumer sa pipe. » (ci-contre)

vernement turc à interdire son exportation à l'état brut et à s'assurer ainsi, depuis quelques années, le monopole de la fabrication des pipes. Les pipes en écume que l'on trouve aujourd'hui dans le commerce sont donc, à de rares exceptions près, importées de Turquie. Elles sont de toutes tailles, de toutes formes, et parfois sculptées. Malheureusement, les pipiers turcs ont négligé quelque peu les méthodes traditionnelles de fabrication, patiemment mises au point génération après génération par les artisans autrichiens, hongrois ou français, qui savaient exalter toutes les qualités de l'écume. Aussi leurs pipes peuvent réserver quelques surprises fâcheuses : une écume qui se sature de goudrons, un cul de pipe qui se délite, une tige qui se brise. Pour éviter ce dernier accident, si vous êtes néanmoins tenté par une pipe turque, vérifiez donc que le tuyau et la tige demeurent précisément dans le même axe après les avoir séparés un peu.

Tout fumeur de pipe devrait donc considérer l'écume pour ce qu'elle est : un produit de luxe, raffiné, qui ne supporte pas l'ersatz et dont les qualités incomparables méritent d'être respectées. Sinon mieux vaut s'abstenir... Fort heureusement, il est encore possible d'acquérir une pipe en écume fabriquée de façon traditionnelle. L'ancien pipier de la maison parisienne Sommer – maison qui a cessé récemment ses activités – s'est établi à son compte dans les environs de Paris. Philippe Bargiel est aujourd'hui le seul au monde à respecter intégralement la tradition. La plupart des bons marchands de pipes le connaissent, certains commercialisent ses produits ou vous adressent à lui. Son principal problème est de se procurer de l'écume brute, ce qu'il parvient à faire au prix de certaines jongleries... Le tuyau traditionnel en ambre, lui, n'est heureusement pas indispensable, puisque l'ambre véritable, quasiment introuvable, vaut aujourd'hui plusieurs dizaines de milliers de francs le kilo. L'ambrolith, une résine synthétique colorée « façon ambre », fera (presque) aussi bien l'affaire. Reste que les pièces que Philippe Bargiel façonne avec amour sont chères, pour ne pas dire hors de prix. Mais essayez au moins une fois dans votre vie...

De la même manière convient-il de se méfier des pipes « doublées écume », aujourd'hui relativement répandues. Il s'agit le plus souvent de pipes en bruyère, dont la tête forée très large permet de recevoir un fourneau en écume. En soi le principe est bon : l'écume protège la bruyère et allège l'ensemble de la pipe. Mais il n'existe que deux sortes de fourneaux pour ce genre de pipes : certains sont façonnés dans des chutes d'écume résultant de la découpe du bloc, et les autres, hélas plus nombreux, sont de la poudre d'écume mêlée à un liant et façonnée au moule. Les premiers sont les meilleurs, puisqu'il s'agit d'écume véritable, mais ne valent pas grand-chose si l'écume n'est pas traitée comme il convient – au blanc de baleine... nous en reparlerons. Quant aux seconds, mieux ne vaut pas trop en parler tant leur vie est brève.

Parmi les pipes en écume, comment ne pas citer enfin l'impressionnante et précieuse Calabash, confectionnée dans une écorce de calebasse (d'où son nom anglicisé) selon un usage répandu en Afrique, où l'on insère un fourneau en pure écume de mer. Pièce rare et délicieuse, que l'on retrouve immanquablement dans la bouche de tous les Sherlock Holmes de cinéma. Pourtant, tout lecteur passionné des aventures du détective de Baker Street serait bien en peine d'en trouver la moindre trace dans les écrits de Conan Doyle...

Enfin, signalons à tous les amateurs de curiosités que certaines vitrines présentent quelques modèles de pipes en terre ou en maïs. Les premières, pour la plupart fabriquées aux Pays-Bas, en Belgique et en France, ont pour principal avantage de respecter au mieux la saveur du tabac, et pour principal défaut leur fragilité. On trouve aussi quelques pipes en porcelaine, surtout en Allemagne. La plupart des fumeurs leur reprochent leur fragilité, leur poids et surtout l'âcreté de leur fumée. Les pipes en maïs, enfin, qu'on appelle parfois « pipes en écume de mer du Missouri », très courantes aux États-Unis où leur prix est dérisoire, ne durent qu'un ou deux trimestres. L'excellente porosité du maïs permet une fumée douce et légère, très appréciée outre-Atlantique. Ne cherchez plus de pipes en amiante –

Harry Dickson est à la littérature fantastique ce que Sherlock Holmes est au policier. Et c'est après avoir pris soin d'allumer sa pipe que le héros de Jean Ray raconte à ses amis ses histoires de fantômes. On le voit ici représenté par Nicollet, fumant une Calabash et illustrant le dernier chapitre de *Traîtrise en Agarttha* : *Le mythe évanoui* (page ci-contre, en haut).
Un grand classique des pipes en écume, fabriqué jusqu'aux années 1950 : fourneau en forme de Calabash et tuyau courbe en ambre. Ce modèle a aujourd'hui disparu... excepté dans les musées et chez les antiquaires. Le faire fabriquer dans les mêmes matières coûterait une fortune (page ci-contre, en bas).

celles que préférait Georges Brassens –, ni de pipes en bois de violette (une variété de palissandre) : les premières, en général des Dublin fabriquées en Angleterre, ont été interdites depuis la découverte de l'effet cancérigène de ce produit ; les secondes, fabriquées à Saint-Claude jusqu'aux années soixante-dix, d'un bois fort rare, atteignaient des prix trop exorbitants.

Un dernier mot : à celles ou ceux qui seraient tentés d'offrir une pipe à un fumeur, on ne saurait trop conseiller la plus grande circonspection. Comme on l'a vu, la chance que le fumeur aime une pipe neuve tient à des détails parfois infimes, souvent imperceptibles à autrui. Aussi, si vous ne connaissez pas intimement l'heureux destinataire, ses goûts et ses manies en la matière, offrez-lui plutôt une blague à tabac, un briquet ou mieux encore... un beau livre sur la pipe.

LE CULOTTAGE

Vous venez d'acquérir une nouvelle pipe, ou peut-être la première. Commence alors pour vous l'essentiel et le plus délicat : l'art de fumer. Que vous ayez choisi une pipe d'un modèle courant ou un petit chef-d'œuvre unique, la qualité de votre plaisir dépendra désormais de la façon dont vous saurez ou non dégager tout l'arôme de votre tabac. Et ce plaisir sera définitivement compromis si vous manquez un important préalable : le culottage.

Toute pipe de bruyère neuve doit être impérativement culottée avant son usage régulier. Hors de question, en effet, de soumettre le bois à l'agression de la chaleur, du goudron et de la nicotine sans l'y avoir préparé. La pipe deviendrait tout simplement infumable si son bois n'était pas d'abord apprivoisé. Pour ce faire, il s'agit d'obtenir progressivement, sur la totalité de la paroi du fourneau, une couche de carbone, le « culot ». Cette couche protégera de la combustion le fourneau de la pipe. Contrairement à ce qu'un novice pourrait croire, le culot n'est pas de la bruyère carbonisée – c'est justement ce qu'il s'agit d'éviter –, mais un dépôt des résidus du tabac brûlé. La couche doit s'étendre de façon régulière sur toute la paroi du fourneau. Il n'est malheureusement pas de règle intangible qui garantisse à cent pour cent le succès de cette opération. Une seule certitude s'impose : le culottage exige toujours de la part du fumeur une attention de tous les instants, une surveillance constante des réactions de la bruyère pour éviter qu'elle ne brûle. Si le bois brûle, en effet, la nouvelle pipe risque fort d'être irrécupérable.

Afin de ne pas compromettre ses chances d'obtenir un bon culottage, il convient d'abord d'éviter quelques pratiques... pourtant recommandées par certains. Seule une immense déception est garantie à ceux qui commenceraient par remplir le fourneau d'alcool, ou par l'enduire de miel, de confiture ou d'huile, dans l'espoir d'obtenir de sa pipe un meilleur goût. Un peu de bon sens suffit pour comprendre que la bruyère, matière idéale pour la pipe tant qu'elle n'est pas brûlée, n'a nul besoin d'être dénaturée avant de remplir son rôle. Inutile de s'étendre non plus sur l'hérésie suprême qui consiste, en confondant racine de bruyère et crêpe suzette, à faire flamber le fourneau à l'alcool... Aucune pipe digne de ce nom ne résiste à ce traitement. Quant au soi-disant « culotteur automatique » vanté par l'auteur d'un ouvrage modestement intitulé *The Ultimate Pipe Book*, il semble si éloigné de l'esprit du véritable fumeur, qui entretient dès le début une relation personnelle et intime avec sa pipe, qu'il vaut mieux l'ignorer sans autre forme de procès. Les riches bourgeois d'antan qui rémunéraient des culotteurs professionnels chargés de leur éviter cette épreuve, valaient peut-être mieux que les modernes adeptes de l'« automatique ».

Alors comment procéder pour avoir les meilleures chances de réussir ? Avec beaucoup de patience, de modération, de vigilance. Il s'agit avant tout de ne pas brûler la bruyère. Dans un premier temps, le fourneau ne sera bourré qu'au quart de sa hauteur (nous examinerons plus loin l'art du bourrage), puis ce quart de tabac sera fumé très lentement, sans craindre de le laisser s'éteindre, pour éviter une trop forte élévation de la température du fourneau. Un signe évident permet de s'apercevoir que la bruyère s'échauffe trop : lorsqu'elle « transpire », que la tête de la pipe est humide. Il convient alors d'éteindre la pipe, et de ne la rallumer qu'une fois refroidie. Ce n'est qu'après quatre ou cinq pipes ainsi fumées qu'on pourra progressivement augmenter la dose de tabac, en remplissant le fourneau d'abord au tiers, puis après cinq nouvelles pipes à

« La durée d'une pipe, a écrit Jean Giono, est fonction du rythme qu'on prend pour la fumer, de la propreté de la pipe, enfin du tabac

lui-même. Le rythme, on le trouve tout de suite quand le tuyau de la pipe est convenablement passé à l'écouvillon et quand le tabac est convenable [...] En tabac comme en tout, la lenteur et l'expérience sont d'intelligentes entremetteuses ». Ci-dessus, Jean Giono photographié par son ami et biographe, Pierre Citron.« Qui vit sans tabac n'est pas digne de vivre ! » s'exclama un jour Bertrand Russel. Philosophe et mathématicien, ce grand pacifiste fumait toujours sa pipe à 86 ans (page ci-contre).

Allumettes ou briquet ? Le roi Frédérik du Danemark, le jour où il fut photographié par Patrick Lichfield, avait opté pour le second (ci-dessous).

la moitié, etc. Après une vingtaine de pipes, on pourra remplir entièrement le fourneau. Durant toute cette opération, à chacune de ces étapes, il conviendra pour obtenir un culottage régulier de fumer le tabac jusqu'au fond du fourneau, quitte à le rallumer plusieurs fois si nécessaire. À cet égard, ne croyez pas à la soi-disant règle prétendant qu'une pipe doit se fumer en une seule fois, sans être rallumée. Tout fumeur, même très expérimenté, rallume plusieurs fois sa pipe. Mais il est un autre détail qui a son importance ici, particulièrement durant la période de culottage, et toujours pour éviter que la bruyère ne brûle : une pipe ne doit jamais être refumée avant d'avoir totalement refroidi.

Ce n'est qu'une fois obtenu une couche uniforme de carbone que la pipe sera définitivement culottée. L'uniformité de cette couche s'obtient d'autant mieux que le culottage s'est effectué en remplissant progressivement sa pipe : car le haut du fourneau, qui reçoit l'allumage, se culotte davantage et plus rapidement que le fond du foyer. Vous pourrez dès lors fumer votre pipe à volonté. Mais cette période préliminaire est en général une corvée pour le fumeur. Rares sont les pipes dont on peut prétendre tirer un quelconque plaisir dès les premières bouffées. Celles-ci donnent le plus souvent une sensation désagréable de « piquant » sur la langue. Et certaines pipes exigent même d'être fumées plusieurs dizaines de fois avant de donner leur pleine saveur. Aussi, le culottage de sa première pipe peut se révéler être une opération à haut risque pour le débutant, incité par le mauvais goût qu'il obtient à renoncer pour toujours. Pour éviter ce désastre, il est conseillé au novice – comme d'ailleurs au fumeur expérimenté – de ne fumer qu'une ou deux fois par jour sa nouvelle acquisition, et surtout de ne pas chercher à la culotter le plus rapidement possible. Cette modération présente le double avantage de faire se reposer le bois entre chaque séance, mais aussi la langue quelque peu agressée du débutant.

Toute la chaleur et toute la patine des vieilles bruyères dont les fumeurs sont amoureux... (ci-contre).

Les pipes en écume ne présentent pas ce danger, dans la mesure où elles sont généralement délicieuses dès la première bouffée. Néanmoins, elles n'atteindront la perfection qu'après un bon culottage. Celui-ci s'obtient très différemment. L'écume ne risquant pas de se dégrader ni de compromettre le goût du tabac durant le culottage, il peut s'opérer facilement en bourrant dès le début la totalité du fourneau. Contrairement à la bruyère, l'écume change de couleur à l'usage, passant du blanc laiteux au jaune puis au brun avant d'atteindre, pour les plus belles, un intense rouge foncé qui fait la fierté du fumeur. Comme la partie inférieure du fourneau se fonce plus rapidement, les spécialistes de l'écume recommandent de ne fumer qu'à moitié la pipe au début, afin d'obtenir une coloration relativement régulière de tout le fourneau. Les pipes traitées au blanc de baleine demandent quelques précautions supplémentaires. Il convient de fumer les trente premières, à raison d'une par jour, en évitant tout contact direct de la main sur le fourneau. Le moins ridicule consiste à les tenir dans un mouchoir ou un chiffon propre, ou plus simplement encore par le tuyau. Car au début, l'effet conjugué de la cire d'abeille et du blanc de baleine risquerait, par action thermique, de laisser imprimées sur l'écume les empreintes digitales du fumeur. Il est recommandé en outre de fumer très lentement, en prenant soin de ne pas surchauffer la pipe et en s'abstenant surtout de la rallumer si elle s'éteint. Dans le cas contraire, le blanc de baleine fondrait exagérément dans l'écume et se déposerait à jamais dans le bas du fourneau et dans la tige. Quoi qu'il en soit, pour éviter ce risque, le plus judicieux consiste à laisser reposer sa pipe verticalement, après l'avoir fumée, le fourneau non vidé placé vers le bas de telle sorte que le blanc de baleine redescende vers son extrémité supérieure.

Dans le cas des pipes en écume sculptées, cependant, certains amateurs très experts s'appliquent à contrôler cette transformation des couleurs en variant le degré de remplissage. Ils obtiennent ainsi de subtils contrastes de coloris entre les différentes parties de leur pipe.

Les pipes en terre, elles aussi, sont agréables à fumer dès le début. Une qualité indispensable dans la mesure où leur fragilité les rend éphémères. Il arrive que leur culottage se révèle difficile, la chaleur resserrant parfois les pores de l'argile. Celle-ci, dès lors, ne peut plus s'imprégner des goudrons. Une trop forte intensité de combustion peut aussi la calciner, rendant la pipe infumable : une tache noire apparaît alors sur le fourneau, que rien ne pourra empêcher de grandir, en même temps que s'altère le goût du tabac. Pour éviter ce problème, il convient donc de fumer lentement durant le culottage – au moins les vingt premières pipes – et d'éviter les tabacs trop secs. La même précaution s'impose, ou plutôt s'imposait, avec les pipes en porcelaine, qui se culottent par dépôt et risquent d'éclater lors d'une combustion trop intense.

L'écrivain et journaliste anglais Walter Harris a fumé sa première pipe quand il était collégien. Sa réputation d'expert en pipes et tabacs n'est plus à faire, surtout chez Astleys dont il est un fidèle client. C'est une Astleys qu'il allume et savoure dans les règles de l'art (ci-contre).

Le tassement des braises après le premier allumage (en haut). Le deuxième allumage, qui sera le bon (au centre). Reste à ne pas fumer trop vite, pour éviter de brûler la bruyère. « Serrez de temps en temps votre pipe avec une certaine énergie, conseillait le pipier Savinelli, et comptez lentement jusqu'à six. Si vous y arrivez sans vous brûler, continuez à fumer tranquillement. Dans le cas contraire, laissez votre pipe refroidir, et pourquoi pas s'éteindre. »

Le bourrage

Il va de soi que pour bien culotter sa pipe, le débutant devra au préalable savoir la bourrer. Le bourrage, dont dépendent la saveur et le confort d'une pipe, nécessite un certain doigté (au sens propre et figuré du terme) acquis par expérience et vite transformé en automatisme. L'opération consiste tout simplement à remplir sa pipe de tabac, de telle sorte qu'il se consume régulièrement – ce qui suppose qu'il soit suffisamment tassé –, sans pour autant condamner le fumeur à de trop violents efforts d'aspiration, ce qui implique que le tabac ne soit pas trop tassé. On l'a compris, tout se joue donc dans une subtile mesure entre le trop et le pas assez.

La meilleure technique consiste à remplir lentement son fourneau par petites pincées, pressées régulièrement avec le doigt qu'impose l'instinct du fumeur pour sa souplesse, son habileté, et pour ma part, c'est l'index. Encore doit-on au préalable souffler dans son tuyau pour vérifier qu'il est bien dégagé. La première pincée de tabac doit être déposée au fond du fourneau, sans tassement. Puis les couches suivantes seront de plus en plus tassées. Pour le débutant qui n'a pas encore acquis d'automatisme en cette matière, il existe un moyen de contrôler le bon bourrage de sa pipe : avant de l'allumer, la porter à sa bouche et aspirer ; l'air doit passer, mais en offrant une légère résistance. Si l'effort s'avère trop grand, mieux vaut vider la pipe et recommencer toute l'opération car le bourrage trop serré empêchera la combustion. Si l'aspiration ne demande aucun effort, mieux vaut ajouter une ou deux pincées : un tabac pas assez bourré se consumera trop vite et sa fumée brûlante agressera le palais. Certains fumeurs expérimentés vérifient la qualité du bourrage au fur et à mesure qu'ils remplissent le foyer. Enfin, avant l'allumage, il convient de vérifier que la surface du tabac est bien plane.

Ce tour de main est d'autant plus difficile à obtenir que chaque tabac exige une densité de bourrage différente selon sa texture et son degré d'humidité. Le débutant aura d'ailleurs intérêt à s'initier avec du tabac assez sec, et de coupe fine, plutôt qu'avec un gros tabac humide qui risque de devenir trop compact au bourrage. Mais que le novice se rassure : pour peu qu'il ne cherche pas à établir au cours de son apprentissage des records de vitesse, il sera un jour ou l'autre agréablement surpris de pouvoir bourrer correctement sa pipe sans même y penser. Encore faudra-t-il, pour ne pas perdre de temps, qu'il évite quelques pratiques peu recommandables, pourtant parfois préconisées. Ainsi la disposition au fond du fourneau d'une « bûche », petit morceau de tabac ligneux, qui assurerait un meilleur tirage. Si le fumeur n'est pas un grand expert de l'art du bourrage, le résultat est garanti : la bûche finit tôt ou tard par boucher la pipe... qu'il ne reste plus qu'à vider.

Enfin, si le bourrage, par la petite manipulation qu'il impose, risque de vous détourner d'une tâche qui ne souffrirait aucune distraction, n'hésitez pas à imiter Georges Simenon : avant de se mettre au travail, il affûtait une dizaine de crayons et bourrait autant de pipes, puis plaçait le tout en rang d'oignons à portée de main.

Tasser les cendres de son foyer avec une allumette ? Tâche quasi impossible, mais faute de mieux... Page ci-contre, le peintre Van Dongen photographié par Jacques-Henri Lartigue en 1923.

L'allumage

Il ne servirait à rien, cela va de soi, de bien bourrer sa pipe si elle était ensuite mal allumée. Comme dans toutes les autres circonstances de la vie, le feu doit être manié ici avec précaution. Car si une mauvaise combustion du tabac n'est pas bien grave, brûler le bois de son fourneau par manque d'attention est une faute qu'on ne se pardonnera jamais. Un risque encouru particulièrement par les fumeurs qui ont tendance à incliner leur pipe pour l'allumer. Le plus sûr, et en même temps le plus simple, consiste à tenir le fourneau de sa pipe à la verticale puis, tout en aspirant de petites bouffées, de promener la flamme sur toute la surface supérieure du tabac. L'opération exige de vérifier, *de visu*, que toute cette surface est incandescente. Comme la masse de tabac qui vient d'être allumée a tendance à gonfler, voire à déborder un peu du fourneau, certains fumeurs préfèrent alors la tasser légèrement, à l'aide d'un tasse-braise par exemple, provoquant une extinction partielle ou totale du tabac qui impose un deuxième allumage. Quoi qu'il en soit, il n'y a pas de honte à s'y reprendre plusieurs fois pour bien allumer sa pipe, l'essentiel demeurant d'obtenir une combustion homogène. Rien

Après le bourrage, l'allumage paraît un jeu d'enfant. La seule règle est de ne pas brûler les bords de son fourneau. Du temps des réverbères, si l'on en croit cette gravure de Lesage, il suffisait d'un peu d'agilité (ci-dessus). En 1933, à Londres, le Premier ministre Stanley Baldwin, adepte de l'allumette, se concentre avant un meeting (ci-dessous).

Si le peintre dadaïste Marcel Duchamp aimait provoquer ses contemporains par ses fantaisies capillaires, il s'en tenait sagement aux pipes les plus classiques, telle cette Apple de très bon goût (page ci-contre, photographié par Man Ray en 1921).

Le 27 juin 1965. À l'aéroport de Londres, un photographe surprend Bing Crosby allumant nonchalamment sa pipe au milieu des camions-citernes remplis de fuel. Le lendemain, un journaliste commente l'événement, éminent exemple de « ce qu'il ne faut pas faire ». Pourtant, avec une pipe bien bourrée et un allumage dans les règles, les risques d'accident sont nuls. Mieux valait déconseiller la veste à carreaux... (ci-dessus). Le physicien américain Robert Oppenheimer, père de la bombe atomique, savait embraser aussi de très inoffensifs foyers... (ci-dessous).

n'empêche non plus de souffler dans le tuyau une fois la pipe allumée, bien sûr légèrement, pour attiser le foyer et garantir une bonne répartition de la braise.

Tout est bon, allumettes, briquet, voire petit tison extrait d'un feu de bois qu'on peut laisser ensuite dans le foyer, pour allumer sa pipe. Les allumettes de taille normale présentent néanmoins l'inconvénient de se consumer un peu rapidement, obligeant, si l'on veut éviter de se brûler les doigts, à en utiliser au moins deux pour une pipe de forte contenance. Des allumettes spécialement conçues pour la pipe, plus longues, vous attendent chez votre marchand de tabac. Le briquet paraît aussi un instrument idéal, et particulièrement le briquet à gaz qui ne dégage aucune odeur contrairement au briquet à essence. Il existe des briquets à gaz spécialement conçus pour la pipe, dont la flamme se dirige perpendiculairement au briquet, c'est-à-dire vers le fourneau. Ce qui n'empêche pas de nombreux amateurs fort sérieux, dont je fais partie, d'utiliser sans la moindre vergogne leur bon vieux Zippo à essence, idéal pour le plein air. Car si l'âcre parfum du pétrole peut troubler un instant l'odorat pointilleux du fumeur, il n'altère en rien, contrairement à une opinion trop répandue, le goût du tabac.

LE SAVOIR-FUMER

Disons-le d'emblée, il n'est pas de règles pour bien fumer sa pipe. Si l'idéal consiste peut-être à la fumer paisiblement, à petites bouffées, l'essentiel demeure d'en tirer le maximum de plaisir, ce que certains obtiennent en l'avalant goulûment en quelques aspirations expéditives. La liberté est ici la règle, que seuls limitent d'une part l'échauffement excessif du foyer que provoquerait une trop grande précipitation, et d'autre part ses extinctions

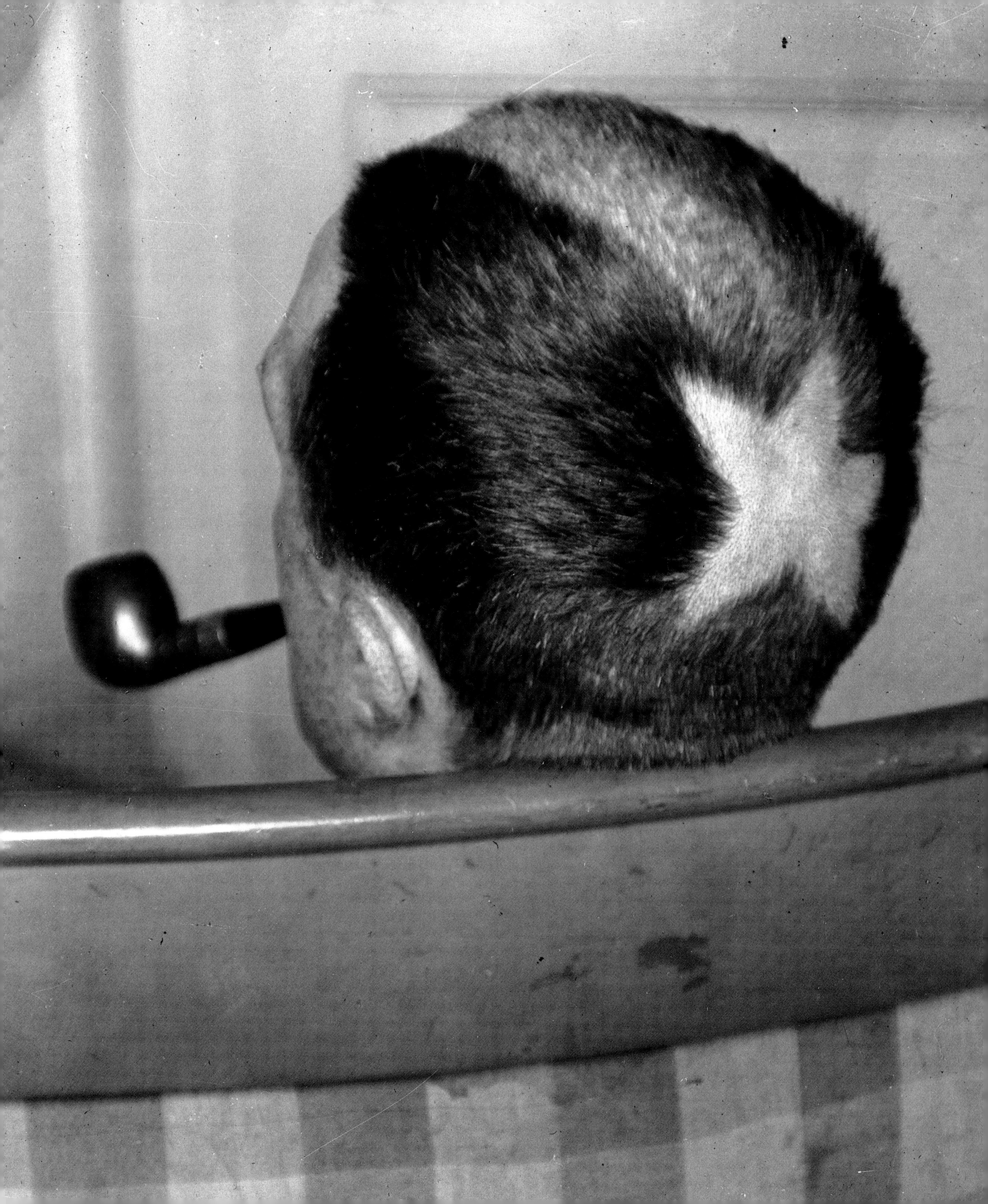

répétées en cas de lenteur abusive. Mais pour vous encourager à la perfection, sachez que le record du monde de durée, en matière de combustion d'une pipe de taille normale et sans la rallumer, dépasse de peu les trois heures. Nul ne s'étonnera que ce record de savoureuse lenteur soit détenu par un Suisse. Sans doute emploie-t-il quelques stratagèmes, bien connus des fumeurs avertis, pour fumer lentement tout en évitant l'extinction : un léger tassement de la cendre, à l'aide d'un bourre-pipe, au fur et à mesure de la combustion, et la pose d'un couvercle pas trop hermétique sur le foyer ; les pipes à couvercle sont conçues à cette intention, mais l'idéal demeure sans doute la paume de la main, incurvée à quelques centimètres du fourneau.

Le fourneau en bruyère, qui s'échauffe beaucoup moins que le fourneau en terre, a permis une très commode façon de caler sa pipe entre ses doigts, adoptée par Jean-Paul Sartre (page ci-contre, photographié par Henri Cartier-Bresson en 1946 ; on reconnaît au premier plan Jean Cau, à l'époque son secrétaire, grand amateur de tabac brun) et par le galeriste Pierre Loeb, ami des surréalistes (ci-contre, photographié en 1949 par Denise Colomb, sa sœur).

Le même éclectisme se retrouve chez les fumeurs lorsque la pipe s'éteint avant son terme : certains la rallument, d'autres non ; certains ne la rallument qu'à la condition que le tabac n'ait pas eu le temps de refroidir, d'autres, parfois les mêmes, l'abandonnent s'il ne reste que peu de tabac. Si vous fumez en plein air et qu'une averse ose s'attaquer à votre pipe, n'hésitez pas à la retourner pour éviter qu'elle ne s'éteigne : le tabac ne tombera pas d'un foyer correctement bourré. Dans tous les cas, un rallumage exige ensuite de tasser un peu la braise ravivée, à l'aide d'un instrument adéquat, pour la remettre suffisamment en contact avec le tabac non consumé. Il est par contre absolument déconseillé de rallumer une pipe en écume lors de son culottage.

Mais tous les bons fumeurs se retrouvent dès que la pipe est fumée, autour de trois règles impératives. La première consiste à laisser la cendre refroidir dans le fourneau avant de la vider, afin de lui permettre d'absorber toute l'humidité de la pipe, qui doit rester sèche. La deuxième concerne la façon dont on doit la vider. Il suffit de retourner une pipe parfaitement bourrée et complètement fumée pour que le tas de cendre s'en échappe, éventuellement à l'aide d'un léger tapotement contre le fourneau. En tout état de cause, il convient avant tout de prohiber ce geste, semblant à première vue si pratique, qui consiste à tapoter négligemment le fourneau de sa pipe dans le fond d'un cendrier, voire contre son talon quand l'environnement s'y prête. Il s'agit là du plus sûr moyen d'endommager le haut de son fourneau ou de casser son tuyau... sans avoir la moindre chance de vider sa pipe. Si la cendre ne tombe pas facilement, mieux vaut vider la pipe à l'aide d'un petit instrument conçu à cet usage, dont nous reparlerons. La troisième règle veut qu'on attende le complet refroidissement de sa pipe avant de la bourrer et de la fumer à nouveau.

Enfin, *last but not least*, évitez de laisser traîner vos cendres, surtout si vous fumez un tabac rare, sur le lieu d'un crime que vous auriez commis. Car, comme le note fort justement Conan Doyle dans *Le Signe des quatre*, la cendre d'un tabac « est souvent un indice de la plus haute importance. Affirmez d'une façon sûre et certaine qu'un crime a été commis par un homme qui fumait un Houkah indien, et vous aurez considérablement restreint le champ de vos recherches. Pour un œil exercé, il y a autant de différence entre les cendres noires d'un trichénopoly et celles blanches et floconneuses du tabac *bird's eye* qu'entre un chou et une pomme de terre. »

Une arme de séduction pour Clark Gable : sa pipe. Imaginez-le sans elle... (ci-dessus). « L'homme qui parlait aux oies » et affectionnait les Bent volumineuses : le zoologiste et psychologue autrichien Konrad Lorenz. On note que le gracieux volatile ne semble pas du tout incommodé par la fumée de la pipe... (ci-dessous).

L'ENTRETIEN

À la condition d'être bien entretenues, pipes de bruyère et d'écume sont éternelles, et se bonifient avec le temps. Les véritables amateurs ne répugnent pas, bien au contraire, à consacrer régulièrement un peu de leur temps, de leur patience et de leur savoir-faire au petit rituel du nettoyage de leurs calumets. Opération indispensable, car une pipe sale est une calamité aussi bien pour le fumeur que pour son entourage. Encombrée de goudrons et de différentes substances dégagées par la combustion du tabac, elle ne tarde pas à sécréter, sous l'effet de la condensation, un jus acide qui la rend infumable, tout en dégageant une odeur épouvantable. Seul un

Le rêve : une bonne pipe par grand froid. Elle réchauffe l'âme et les doigts. Page ci-contre : Peter Fleming, photographié par la grande voyageuse et écrivain Ella Maillart en Chine, en 1935. De ce voyage à pied à travers toute l'Asie centrale, Ella Maillart ramènera *Oasis interdites* et Peter Fleming *Courrier de Tartarie*. De l'écrivain voyageur Peter Fleming, on sait moins qu'il était le frère de Ian, l'auteur des James Bond.

Quelques instruments du fumeur averti : tige, chenillettes, lame, tasse-braises, étui à pipes, porte-pipes et râtelier sous vitrine (ci-contre).

Staline, qui ne décrassait jamais ses Dunhill, avait le pouvoir de noyer impunément son entourage d'effluves immondes...

Pour nettoyer ses pipes, il est une première règle intangible : on ne nettoie jamais à fond une pipe chaude. Le bois de la tige et l'ébonite du tuyau s'étant dilatés sous l'effet de la chaleur, il faudrait forcer pour les séparer, en faisant courir les plus grands risques à l'ensemble de la pipe. En revanche, sans démonter la pipe chaude, il est recommandé de passer à l'intérieur du tuyau tiède une chenillette – petit écouvillon d'acier entouré de morceaux de tissu haché – qui absorbera le surplus d'humidité et de nicotine. Certains fumeurs laissent la chenillette dans le tuyau jusqu'à la prochaine séance. Mais cette précaution de base, à renouveler au minimum lorsqu'on a fumé deux ou trois fois sa pipe, ne suffit pas, tant s'en faut, à en garantir la propreté. Le véritable nettoyage exige que la pipe soit démontée.

Une autre règle doit être énoncée d'emblée, bien qu'elle paraisse évidente : aucune partie de la pipe de bruyère ne doit jamais être nettoyée à l'eau. Pour nettoyer le fourneau, il n'est rien de plus simple ni de plus efficace qu'un bout de papier torsadé en une sorte de cône que l'on passe d'un mouvement tournant sans forcer. On peut aussi se servir de papier de verre, à condition que son grain soit très fin. Pour le tuyau et la tige, on doit utiliser une nouvelle fois les chenillettes. Mais elles ne suffisent pas à faire partir les diverses substances déposées, qui ont durci en séchant. Il existe aujourd'hui des chenillettes munies de petits poils d'acier permettant de gratter assez efficacement ces dépôts. Le meilleur moyen d'en venir à bout demeure le solvant liquide, généralement à base d'alcool, que l'on trouve chez son buraliste. On en humecte la chenillette avant de la passer dans le tuyau. Alcool pour alcool, certains fumeurs gourmets – dont l'auteur de ces lignes – préfèrent tremper la chenillette dans une boisson potable, telle que le cognac ou le whisky. Les Allemands, eux, ont une prédilection pour l'eau de Cologne parfumée à la lavande.

Quant au rythme de ces toilettages, il dépend à la fois de la forme ou de certaines particulatités des pipes (les Peterson, par exemple, dotées d'une petite chambre de condensation creusée derrière le foyer, nécessitent un nettoyage très fréquent) et de la nature du fumeur. Ceux dont on dit qu'ils fument « humide », qui salivent beaucoup, sont bien sûr contraints de nettoyer leur pipe plus souvent que les fumeurs « secs ». Sachez également qu'une pipe fumée est d'autant plus humide qu'elle est mal bourrée. Mais qu'il soit « humide » ou « sec », le fumeur doit éviter absolument de nettoyer sa pipe en présence de nez délicats, l'odeur aigre des résidus de la combustion du tabac risquant de vous faire détester...

Une fois l'intérieur de la pipe nettoyé, il reste à prendre soin de l'extérieur, tant il est vrai qu'un fumeur de pipe est toujours jugé par ses pairs, forcément amateurs de beaux objets, sur l'aspect de la bouffarde qu'il tient entre ses dents. Pour faire briller comme il sied sa pipe de bruyère, rien de plus efficace que la cire. Certains experts américains recommandent à cet effet la cire de Canuba, produit exotique et certainement miraculeux mais sur lequel nous ne nous étendrons pas, faute de l'avoir testé. Le fumeur peut s'en tenir modestement à la cire à bois naturelle, qu'il se procurera facilement chez tous les marchands de couleurs. Elle redonne aussitôt un aspect fort sympathique à la pipe la plus décatie. Certains buralistes bien approvisionnés proposent néanmoins des produits spécialement destinés au polissage des pipes, tel le très recommandable Dunhill Pipe Bowl Polish.

L'entretien du tuyau en ébonite se révèle un peu plus délicat. Tout fumeur constate un jour ou l'autre que sa couleur vire immanquablement, en vieillissant, au jaune verdâtre du plus désagréable effet. Évolution d'autant plus rapide que le tuyau est mal entretenu. Il existe là encore deux produits spécialement conçus pour redonner une nouvelle jeunesse aux tuyaux décolorés. Quant à moi, je préfère mettre en œuvre une recette plus artisanale : j'applique sur le tuyau jauni un linge imbibé d'huile d'olive et je laisse l'ébonite s'en imprégner pendant vingt-quatre heures. Passé ce délai, le tuyau n'aura peut-être

Le cendrier peut être l'ami de la pipe, le temps qu'elle refroidisse par exemple. Mais en aucun cas on ne doit y tapoter les bords de son fourneau pour vider les cendres ! (page ci-contre).

25
Aujourd'hui
Bourbon pour le
réunions de

le placer dans sa blague après l'avoir humidifié. Cette méthode, très efficace, permet d'éviter les mauvaises surprises, telle la pomme de terre qui se met à pourrir...

Néanmoins, pour conserver son tabac à domicile ou au bureau, rien de tel qu'un pot. Il est en outre indispensable aux nombreux fumeurs qui ont l'habitude d'élaborer leur mélange personnel à partir des différents produits vendus dans le commerce. Là encore, la gamme des modèles proposés aux fumeurs est très étendue. Les pots à tabac modernes sont en général munis d'humidificateurs intégrés. Les pots anciens – le plus souvent en grès, mais il en existe en porcelaine, en argile, en métal... – se révèlent tout aussi efficaces, pour peu que le fumeur veille au bon degré hygrométrique du tabac. Outre les humidifiants habituels employés pour la blague à tabac, dont le meilleur reste l'écume, il est possible d'utiliser un papier buvard imprégné d'eau, que l'on insère dans le couvercle du pot, voire une éponge placée dans une petite boîte de métal percée de trous. D'un prix relativement abordable, souvent moins onéreux que les pots modernes, les pots à tabac anciens séduisent de nombreux fumeurs pour la qualité de leur décoration et représentent, selon tous les antiquaires spécialisés, un bon placement.

Ranger ses pipes n'a jamais été la moindre tâche du fumeur : chocs, poussière, chaleur peuvent leur être fatals. Ce coffret-nécessaire de fumeur anglais, datant de 1820, était plutôt recommandé pour les voyages : il contient trois pipes en écume, qui ne doivent pas rester longtemps confinées. En bois d'amarante orné de cuivre, il contient également une pipe en opaline et différents accessoires (ci-dessous).

LE RANGEMENT

Le rangement des pipes est un sujet hautement sensible, dans la mesure où il oppose deux camps irréductibles : les partisans de la tête en haut et ceux de la tête en bas. Les arguments invoqués de part et d'autre concernent le meilleur moyen de se débarrasser de l'humidité de la pipe tout juste fumée. D'un côté, essentiellement les Anglo-Saxons, Alfred Dunhill en tête, préconisant la tête en bas : l'humidité de la pipe se concentre dans le fourneau, est absorbée par le carbone, et lui-même est séché naturellement par l'air ambiant. De l'autre côté, les partisans de la tête en haut se demandent s'il est vraiment souhaitable d'inonder le fourneau d'un désagréable « jus de pipe », alors que le tuyau peut être facilement nettoyé. Les deux thèses se valent, et leurs partisans peuvent d'ailleurs se réconcilier autour d'un astucieux compromis : introduire dans le tuyau une chenillette qui absorbera l'humidité résiduelle quelle que soit la position de la pipe. En tout état de cause, la pipe qui vient d'être fumée gagnera à ne pas être confinée dans un petit espace clos, comme une boîte ou un étui, avant quelques heures. Cela est particulièrement vrai des pipes en écume qui, rangées chaudes dans les étuis destinés à les protéger durant un transport, prennent très rapidement un petit goût aigre extrêmement désagréable. Même froide, d'ailleurs, une pipe en écume ne doit pas être confinée dans son étui. Il convient par contre d'éviter absolument d'exposer à la chaleur les pipes traitées au blanc de baleine, par exemple en plein soleil ou sous un spot. La graisse de cachalot fonderait à l'endroit exposé et se déposerait ailleurs, compromettant une coloration régulière du fourneau.

Compte tenu des manies de chacun, tout est bon pour ranger ses pipes. Certes, il existe des objets spécialement conçus à cet usage, sorte de petits râteliers. Mais ils ne sont pas toujours très pratiques, le calibre des pipes ne correspondant pas forcément aux encoches prévues. Puisqu'il s'agit en outre de les garder à l'abri des chocs, de la poussière et autres agressions domestiques, autant les placer, une fois bien refroidies et à l'exception des pipes en écume, dans une boîte, un tiroir ou une vitrine fermée. Certaines maisons comme Savinelli proposent des petites vitrines ou de petites armoires spécialement conçues pour les pipes, où l'on peut les ranger sur un râtelier.

Choisir sa pipe, l'aimer, savoir la fumer et l'entretenir pour en faire la compagne d'une vie : on mesure là le degré d'intimité, la véritable passion qui caractérise la relation entre le fumeur et ce petit objet de plaisir. Une relation où liberté, sensibilité, fantaisie entrent en jeu, puisque l'amateur possède toujours plusieurs pipes parmi lesquelles il élit celle de son cœur selon les circonstances. Bref, le contraire de l'automatisme, de l'esclavage même, qui fait de la cigarette une simple manie. Et si le cigare se rapproche de la pipe parce qu'il entretient chez le fumeur, lui aussi, une passion de gourmet, seule cette dernière peut prétendre à cette sorte de magie, où si l'on préfère à cette âme que donnent aux objets deux des lois humaines les plus essentielles : l'amour et le temps.

Le nécessaire à fumer de Sir Walter Raleigh, datant de 1617 soit d'un an avant sa mort : l'étui protégeait deux pipes en terre, deux tuyaux amovibles et un petit bourre-pipe en forme de doigt (ci-dessus). Rien de tel qu'une pipe en terre pour déguster toutes les saveurs du tabac. Fragiles, elles attendent leur tour rangées dans un râtelier (page ci-contre).

OPINEL

PASSION ET CRÉATION

À côté des simples fumeurs, dont les plus passionnés se réunissent dans des clubs, voire des confréries, il existe deux sortes de personnes dont la vie se place sous le signe de la pipe : les collectionneurs et les pipiers. Pour eux, la passion de la pipe n'est pas toujours une affaire de fumée. Certains même ne fument pas la pipe. Ils considèrent celle-ci plutôt comme un objet d'amour platonique que comme un objet de plaisir. Si leur activité parfois fébrile les conduit à sacrifier tout leur temps libre ou toute leur vie de travail sur l'autel de leur passion, à courir les antiquaires et les brocanteurs, à ne pas compter les heures passées à fignoler une pièce unique, son but ultime demeure la contemplation. Celle de la beauté, de la rareté, de la perfection d'un objet pour lequel ils sont prêts à tout. Ainsi, au-delà de leurs différences, collectionneurs et créateurs se rejoignent dans un même idéal, une même exigence d'absolu, une même quête naturellement sans fin.

LA PASSION DES COLLECTIONNEURS

Il convient de ne pas confondre ceux qui accumulent par plaisir et ceux qui collectionnent par goût, autrement dit ceux qui achètent et possèdent un nombre important de pièces neuves, contemporaines, pour les fumer, et ceux qui nourrissent une passion pour certaines pipes anciennes ou exotiques. Les premiers sont toujours de grands fumeurs, les seconds pas forcément, pour qui seules comptent la beauté, la rareté ou la valeur historique de l'objet. Et parmi ces derniers, rares sont ceux qui fument les pipes de leur collection. Non seulement par crainte de les endommager, mais aussi pour respecter intégralement leur histoire, où s'inscrivent parfois les traces émouvantes de ceux qui les ont possédées.

Il nous a fallu rencontrer un grand collectionneur de pipes en terre pour trouver une exception à ce principe. Lorsque Alain Demoly nous a reçus dans son appartement parisien, véritable musée à la gloire des Gambier, des Fiolet et autres Duméril-Leurs, c'est avec une délectation manifeste qu'il fumait une Jacob de Gambier, la pipe la plus vendue en France au XIXe siècle. « Les pipes en terre sont les meilleures, nous a-t-il expliqué, toutes les saveurs du tabac s'y développent dans leur intégralité. » Mais Alain Demoly ne fume que la Jacob, qu'on trouve encore en abondance, à l'état neuf et à prix modique, chez de nombreux antiquaires et brocanteurs. Il ne lui viendra jamais à l'idée de fumer une de ses pipes les plus belles ou les plus rares, celles que tous les collectionneurs recherchent et que lui, par bonheur, a trouvées. Parmi les plus belles, certaines, polychromes, relèvent d'un travail d'une remarquable finesse : le faune tenant sur ses genoux une flûte de pan, superbe modèle de la maison Fiolet, est la pièce maîtresse de la collection d'Alain Demoly. On y trouve aussi de nombreuses pièces de la plus belle série de la maison Gambier, numérotée de 400 à 500, probablement créée par le même artisan demeuré anonyme : un marquis de La Rochejaquelein, chef de file de l'insurrection vendéenne, une Charlotte Corday, un polichinelle, un mandarin... Parmi les plus rares figure le fameux modèle 800 de Gambier, une tête de Christ qui fut dès son apparition retirée de la vente, après une énergique protestation de l'Église. Pourtant, et ce trait est commun à la plupart des collectionneurs, ce ne sont pas forcément les pipes les plus belles ou les plus rares qu'Alain Demoly affectionne le plus. Il suffit de voir son œil attendri lorsqu'il contemple cette Gambier représentant un petit garçon faisant pipi dans un pot de chambre, ou cette autre où l'on voit une femme vider son vase de nuit par sa fenêtre, ou encore celle glorifiant l'arrivée du premier train en gare de Rennes, pour comprendre ce qui le passionne par-dessus tout : l'imagerie populaire, dont ces pipes en terre françaises du XIXe siècle offrent un aperçu saisissant. En ce temps-là fort économiques et largement répandues dans les villes et les campagnes, elles permettent aujourd'hui de mieux connaître ce que les livres d'histoire négligent parfois, l'imaginaire et la vie quotidienne des hommes et des femmes du peuple. Elles permettent de remonter le temps.

C'est bien involontairement qu'Alain Demoly a commencé sa collection, il y a une trentaine

Une belle pièce du XIXe siècle, très rare et convoitée : le faune polychrome de la maison Fiolet. Elle appartient au collectionneur Alain Demoly (ci-contre).

Terres, écumes et bruyères chez l'antiquaire parisienne Denise Corbier, où se retrouvent les collectionneurs du monde entier (double page précédente).Une exquise Diane de Poitiers en terre blanche, qui n'a rien à envier aux plus belles écumes. Cette tête d'une pipe d'étalage, destinée à la décoration d'un magasin, est l'œuvre d'un sculpteur de la plus célèbre des manufactures de pipes en terre du XIXe siècle : Gambier (page ci-contre).

d'années. S'il ne se souvient pas aujourd'hui quelle fut sa première pipe, il n'a pas oublié les circonstances de l'événement : cette première pièce, il l'a acquise pour l'offrir à son oncle, François Demoly, qui fut l'un des plus grands et des plus experts collectionneurs français de pipes. Mais il l'a trouvée si belle... qu'il l'a finalement gardée pour lui. Peu de temps après, il en achetait une autre. Son oncle l'a encouragé et, comme le jeune Alain débutait dans la vie, lui a conseillé de s'en tenir aux pipes en terre, les moins chères. De ce sage conseil est née la passion d'une vie.

L'oncle François, un industriel dont les moyens et le savoir permettaient de n'acquérir que des pièces exceptionnelles, avait commencé sa collection au lendemain de la Seconde Guerre mondiale et l'enrichit jusqu'à sa mort, en 1991. Une collection extraordinaire, réunissant des pipes de toutes époques et de toutes matières. Une collection qui malencontreusement s'est en grande partie égaillée dans la nature après un cambriolage, il y a une quinzaine d'années. Parmi les pièces perdues figurait l'une des plus belles pipes de l'Histoire, ciselée dans l'ivoire par un artisan dieppois au XVIIe ou au XVIIIe siècle. Il s'agit d'une tête de pipe représentant un buste de femme, dont les possesseurs d'un livre malheureusement épuisé – *La Pipe*, d'André Paul Bastien – peuvent encore contempler le profil gauche. La richesse et la finesse d'exécution de cette petite sculpture ont rarement été égalées dans toute l'histoire de la pipe. Le gracieux visage de la jeune femme est surmonté d'une coiffe représentant une vigne, avec ses feuilles et ses grappes, d'où s'échappent quelques boucles de cheveux. Une fraise orne son cou, et son buste est recouvert d'un jabot en fine dentelle. Sous le buste, la tête et le cou emplumé d'un rapace forment le socle. Le fourneau porte un couvercle à charnière en forme de couronne, toujours en ivoire, laissant penser que c'est une reine qu'on a voulu représenter. Derrière la tête, une longue grappe de feuilles et de fruits est suspendue à l'embout – qui devait probablement recevoir un tuyau en bois.

Ces pipes en ivoire fabriquées à Dieppe étaient si belles qu'on peut se demander si leurs propriétaires, pétuneurs esthètes et fortunés, osaient les fumer... Lorsqu'on demande au marchand de tabac genevois Jean-Charles Rhein, grand collectionneur de pipes anciennes, quelle est sa pipe préférée, il répond : « Une pipe en ivoire de Dieppe, qui est le plus grand regret de ma vie de collectionneur car je l'ai vendue... » Et Jean-Charles Rhein vous raconte le triste épisode de cette pièce magnifique, représentant le buste d'une jeune femme orné d'un collier de perles et d'un col de dentelle, dont la base, étrangement, figurait une tête de poisson. Il l'avait acquise pour environ mille francs chez un brocanteur. Quelques semaines plus tard, un collectionneur espagnol de ses amis, Xavier Flores, lui rend visite, tombe en arrêt devant la dame d'ivoire et lui propose huit mille francs pour elle. À cette époque, Jean-Charles Rhein se lamentait de ne pouvoir s'offrir cinq belles pipes en écume, en vente chez un antiquaire. Avec ces huit mille francs, leur achat devenait possible... L'affaire fut conclue. Jean-Charles Rhein apprit plus tard la grande rareté des pipes en ivoire. Si vous en avez une à vendre, n'hésitez pas à le contacter ! Elle ira rejoindre l'une des plus belles collections du monde, comprenant trois cents pièces environ, dont quelques-unes sont exposées dans les vitrines du « Tabac Rhein », rue du Mont-Blanc à Genève.

Pourquoi devient-on collectionneur de pipes ? Pas forcément parce qu'on est fumeur de pipe. C'est la profession de Jean-Charles Rhein qui l'a conduit à collectionner des objets liés au tabac dont de nombreuses tabatières, des râpes, des étuis... Quant à Carlos Armero, avocat international madrilène possédant environ deux mille pipes de tous les continents, la raison, comme il le dit lui-même, est plutôt d'ordre... « hormonal ». Génétique serait plus précis : son père collectionnait les pots à bière, sa mère les ciseaux anciens, l'un de ses frères collectionne les heurtoirs de porte, un autre les cartes postales. Alors pourquoi Carlos s'est-il intéressé aux pipes ? « J'ai fumé un peu la pipe en Angleterre, répond-il, où je faisais mes études, pour me donner l'air anglais. Mais en fait tout a commencé à Macucu ! » Macucu ? Un petit village près de Libreville, au

Trente années de recherches passionnées ont permis à Alain Demoly de réunir l'une des plus belles collections de pipes en terre du monde. Page ci-contre, de gauche à droite et de haut en bas, quelques-unes de ses pièces préférées : « Dautan jeune », autoportrait d'un des meilleurs sculpteurs de Gambier ; le « Zouave au combat » (Dutel-Gisclon) ; « Tom Pouce » (Gambier) ; le « Petit Pisseur » (Gisclon) ; « Joko » (Gambier) ; « Polichinelle » (Gambier).En haut, à gauche : « L'écrivain public » (Gambier).

Entre autres merveilles, le collectionneur français Eugène Jance possède ces pipes en bois de coroso, chemisées en fer, probablement sculptées par des bagnards et des marins au début du XIXe siècle (ci-contre).

De fabrication française et imitant les shibouques turcs, deux très belles pièces de la collection d'Eugène Jance. En terre, elles sont décorées de vermeil ciselé, et leurs longs tuyaux de 60 cm sont recouverts de velours. Datant de 1830, elles illustrent bien l'orientalisme en vogue au XIXe siècle (ci-dessous).

Gabon, où le futur avocat alors âgé de vingt-trois ans était en voyage. Au marché de Macucu, donc, un très vieil homme proposait, parmi tout un bric-à-brac d'objets hétéroclites, une belle pipe africaine ancienne. Carlos Armero n'avait pas beaucoup d'argent en poche, et ni lui ni le digne vieillard n'avaient la moindre idée de ce que l'objet pouvait valoir. L'affaire s'est conclue par un troc : la pipe contre un stylo à bille. L'avocat madrilène, qui l'a perdue depuis, ne se souvient pas si elle était en bois ou en métal. Mais depuis ce jour, pas un de ses voyages, touristiques ou professionnels, ne s'achève sans l'acquisition de quelques pipes. Il confesse qu'il est avant tout collectionneur de voyages, et que chacune de ses pipes, avec tous les détours qu'il a fallu faire et tous les gens qu'il a fallu rencontrer pour l'acquérir, évoque à merveille le pays visité et déclenche une ribambelle de souvenirs.

Le public ne peut voir la collection de Carlos Armero, amoureusement conservée dans des vitrines envahissant son appartement madrilène. Mais il l'a présentée dans un beau livre, *Pipas antiguas*. Lorsqu'il a dédicacé ce livre à Dominique Delalande, antiquaire et collectionneur parisien, il a écrit sur la page de garde « A mi dueño » : à mon maître. Dominique Delalande est en effet l'un des meilleurs experts mondiaux en pipes anciennes. D'origine bretonne, amoureux de la mer et des bateaux, il se passionne aussi pour tous les objets du tabac depuis son coup de foudre, il y a une trentaine d'années, pour une jolie femme nue en forme de figure de proue ornant un fume-cigarette en écume. Aujourd'hui, Dominique Delalande détient sans aucun doute quelques-unes des plus belles pipes anciennes du monde. Certaines de ses écumes n'ont rien à envier à celles du musée autrichien du Tabac, à Vienne, pourtant grand temple mondial des pipes de cette matière. Telle cette tête de pipe représentant une scène de la bataille d'Arbèles – qui vit Darius défait par Alexandre le

Pièces originales pour un collectionneur, ces fourneaux de « pipes de Tophané », que la cuisson colore d'un rouge rosâtre, ont été fabriquées dans le quartier portant le même nom, à Constantinople, au XIXe siècle. « Les fourneaux, d'une pâte très fine et très douce, sur lesquels le potier imprime divers ornements à l'aide d'une roulette, et qu'il stigmatise d'un petit cachet, ne se culottent pas comme les pipes françaises et se vendent à très bas prix. On en consomme des quantités incroyables. » Théophile Gautier, *Constantinople (1852)* (page ci-contre).

Cette somptueuse tête de pipe en écume a été acquise par Alfred Dunhill vers 1920. Elle représente un fait d'armes de la bataille de Sadowa (1866), qui vit la victoire des Prussiens sur les Autrichiens : la prise de l'étendard de la cavalerie autrichienne par un officier prussien, accompagné de trois Dragons. Cette pièce de la fin du XIXe siècle, destinée à la décoration, n'a évidemment jamais été fumée (ci-contre).

Grand –, probable présent diplomatique de l'Autriche au tzar Alexandre 1er, vainqueur de Napoléon. Dominique Delalande a pour légitime ambition de réunir dans un musée toutes ses merveilles. Parmi elles, celle qu'il préfère est une écume toute simple, une « pipe de vitrine » qui orna longtemps le magasin de la maison Astleys à Londres : simple, car son fourneau n'est qu'un portrait, celui idéalisé de Roustan, le mamelouk garde du corps de Napoléon ; mais sublime, car l'artiste viennois qui la sculpta vers 1875 sut donner à ce visage farouche une telle expression qu'on peut le croire en vie...

À Lausanne, il est un autre collectionneur passionné au point de réunir des pièces dignes d'un musée : Jacques Schmied, antiquaire spécialisé dans les armes anciennes et la sculpture mais amoureux des pipes qu'il ne vend pas, a ouvert le sien dans des caves voûtées et moyenâgeuses, au sous-sol de son magasin. L'événement s'est produit le 21 mars 1979, jour de son soixante-cinquième anniversaire. Mais l'idée avait longuement mûri. Elle était née quelques années plus tôt, le jour où Jacques Schmied avait surpris dans son bureau, où il les avait laissés seuls un moment, deux clients américains agenouillés sur le sol : ils contemplaient une belle écume, placée tout au bas d'une vitrine surchargée de pipes innombrables. Décidément, cette unique vitrine ne pouvait plus suffire, et les cartons où s'entassaient des centaines d'autres pipes semblaient bien indignes d'elles. Aujourd'hui, Jacques Schmied en possède environ deux mille. Il ne les choisit pas pour leur beauté, mais plutôt pour leur rareté, leur valeur historique. Exceptionnellement rare, en effet, cette très grande pipe lorraine du siècle dernier, sculptée dans une racine de rosier dont l'artisan a su conserver les nœuds, les bulbes, les creux et les excroissances, tout en ménageant avec une habileté inouïe les espaces du fourneau et du tuyau. Tout aussi spectaculaires et rares, ces quelques pipes en verre qu'on fabriqua aux XVIIIe et XIXe siècles à Murano, près de Venise, où les plus grands maîtres verriers se firent de temps à autre souffleurs de pipes. Lorsqu'on demande à Jacques Schmied quelles sont les pipes qu'il préfère, il ne cite pas celles-ci, ni ses magnifiques pipes en argent, ni même ses stupéfiantes pipes du XIXe siècle dont les têtes sont façonnées à partir de coquillages. Il répond simplement, et sans la moindre hésitation : « Celles que m'a offertes ma

La pipe préférée du collectionneur et antiquaire parisien Dominique Delalande : un « Roustan », mamelouk garde-du-corps de Napoléon, magnifiquement sculpté dans l'écume à Vienne vers 1873 (page ci-contre). On imagine avec quelle tendresse le baron Erwin Zielder von Görz s'employa à culotter cette charmante livreuse de fleurs. Il fut l'heureux propriétaire de cette pipe en écume et ambre, fabriquée à Vienne en 1860 et aujourd'hui exposée au musée de la Pipe à Gavirate en Italie (ci-dessous).

femme. » Même très experts, les collectionneurs sont souvent de grands sentimentaux...

Était-ce le cas de la baronne Alice de Rothschild ? Apparemment pas. Mais à l'égard de cette richissime représentante de la branche autrichienne de la famille, née à Francfort en 1847, élevée à Vienne puis installée en Angleterre, mieux vaut ne pas se fier aux apparences. Car nous ne savons rien d'elle, sinon ce qu'elle voulait bien exhiber aux yeux d'autrui : un caractère intraitable, les fastes de son opulence et une passion sans bornes pour les arbres et les fleurs de son jardin. Tout le reste est mystère. Et avant tout, pour ce qui nous concerne, sa fabuleuse collection de pipes. Pourquoi donc Alice de Rothschild collectionna les pipes, et comment s'y prit-elle pour réunir tant de trésors ? Francine Guibert, conservateur à la bibliothèque municipale de Grasse où cette collection est exposée, le regrette, mais n'en a pas la moindre idée.

C'est dans sa Villa Victoria, sur les hauteurs de Grasse, que la baronne a réuni ses quatre cent cinquante chefs-d'œuvre. Par contre, on a abondamment parlé de ce domaine de cent trente-cinq hectares couvert de centaines de milliers de fleurs. La baronne y passait les hivers, et en avait fait le théâtre démesuré de sa lubie horticole. Dans son livre, *Les Jardins de la fortune*, Marcel Gaucher – le fils du chef jardinier de la baronne – a décrit le terrible caractère de celle qu'il appelle « la jardinière dictatoriale ». La reine Victoria venait parfois lui rendre visite. Un jour, la reine de Grande-Bretagne et impératrice des Indes posa le pied par mégarde sur une plate-bande fleurie. La baronne devint écarlate et lui lança un impératif « *get out !* » auquel la souveraine ne devait pas être habituée ! Une seule mauvaise herbe, une malheureuse feuille morte tombée dans une allée déclenchaient sa colère. Un visiteur médusé confia : « On rencontre tous les vingt mètres un jardinier qui attend qu'une feuille tombe pour la ramasser. »

On aurait aimé en savoir autant sur la passion de la baronne pour les pipes. Mais il nous reste au moins le plaisir de pouvoir contempler cette magnifique collection à la bibliothèque municipale de Grasse, à laquelle Edmond de Rothschild, neveu d'Alice, la confia en 1927. La baronne, qui malgré les conventions de son milieu et de son temps ne s'était jamais mariée, n'était plus de ce monde depuis cinq ans. On peut voir à Grasse des pipes de toutes époques et de tous pays : d'exceptionnelles pièces en terre du Staffordshire, quelques somptueuses « Ulm », des porcelaines de Saxe et naturellement de nombreuses écumes. Ces dernières offrent peut-être la clef de l'énigme : Alice de Rothschild n'a-t-elle pas grandi à Vienne, le berceau des pipes en écume de mer ?

Nous aurions pu évoquer encore la passion de nombreux autres collectionneurs, tels l'Américain Benjamin Rapaport ou l'Anglais Tony Irving, la famille Dunhill ou Eppe Ramazzotti. Sans ces amoureux passionnés des pipes, les traces historiques d'un usage répandu dans le monde depuis le XVIe siècle se seraient effacées. Qu'en sera-t-il demain ? Quelles seront, parmi toutes les pipes fabriquées aujourd'hui, les pièces maîtresses des collectionneurs des siècles prochains ? À coup sûr celles qui naissent du génie des meilleurs pipiers contemporains.

Comment jouer avec le tuyau. En le transformant en bec d'oiseau... Cette bécasse en écume et ambre a été fabriquée en France au XIXe siècle. Elle appartient aujourd'hui à Jacques Schmied (ci-dessus). Deux luxueux coffrets pour fumeur complet. Chacun contient des pièces d'écume pour fumer pipe, cigare et cigarette. Les thèmes de la tête de mort et de l'œuf tenu dans des serres d'aigle sont des grands classiques de la pipe en écume (ci-dessous, collection Jacques Schmied).

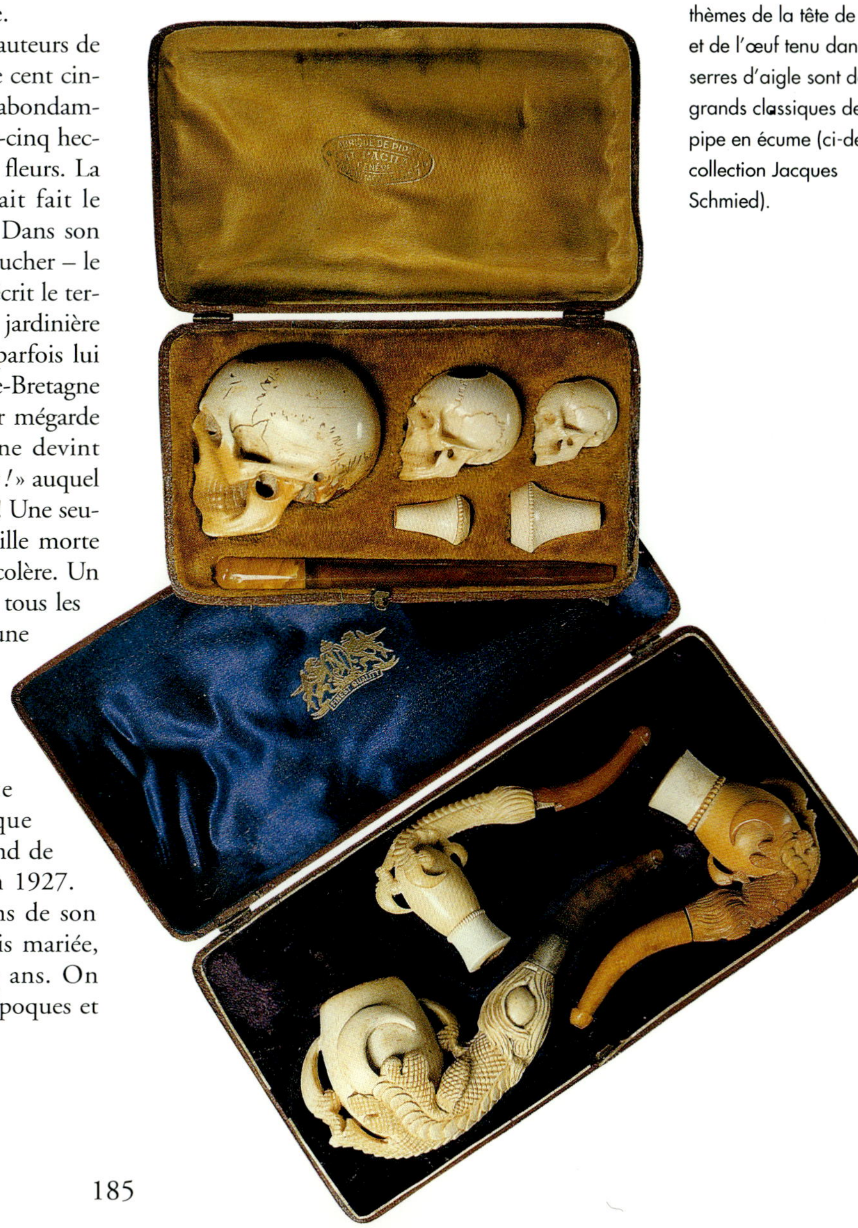

L'une des plus belles collections privées qu'on puisse voir, celle de Jacques Schmied, réunie dans son musée de Lausanne. Page ci-contre, quatre pipes que Jacques Schmied suppose être allemandes des XVIIe et XVIIIe siècles. De haut en bas : petite pipe en argent avec fourneau en forme de tête de Turc ; pipe en argent à tête grotesque avec tuyau en bois ; deux pipes en terre serties en argent.

L'absolue pureté : une flammée (*straight grain*) faite main de la maison danoise W.Ø. Larsen. C'est la magnifique flamme d'une vieille bruyère corse qui a imposé le dessin de l'ensemble de la tête. Le tuyau, minutieusement façonné à la main, contribue autant que la tête à l'harmonie de la pipe (page ci-contre, en haut). Le marchand de tabac W.Ø. Larsen, fondateur de la dynastie en 1864 (page ci-contre, en bas).

La passion des créateurs

Aujourd'hui, la quasi-totalité des pipiers travaillent la bruyère, matière qui règne désormais en maître dans le monde contemporain des pipes. Pour les artistes pipiers, la principale qualité de la bruyère est sa beauté intrinsèque. Elle possède une magnifique texture, un veinage dont la flamme et les œils-de-perdrix offrent aux fumeurs, outre la chaleur d'une matière naturelle riche de sa vie passée, l'harmonie de leurs dessins réguliers. Tout l'art du grand pipier consiste donc à exalter cette apparence naturelle, sans compromettre pour autant les qualités requises par une « bonne pipe » : légèreté, combustion régulière, tirage facile. Telle est la vocation, depuis la fin du XIXe siècle, de quelques prestigieuses maisons européennes où, entre tradition et modernité, le grand art de la pipe se transmet de génération en génération à l'intention des fumeurs les plus exigeants. Ces grandes maisons, connues dans le monde entier, sont avant tout britanniques, italiennes, danoises, allemandes et françaises. Il faut bien sûr y ajouter quelques pipiers individuels, travaillant seuls, dont la production forcément très limitée atteint rarement cette notoriété universelle.

Au Danemark. Commençons par le royaume du Danemark, pour rendre un hommage particulier à ce pays qui a révolutionné l'art de la pipe en bruyère et compte presque autant de fumeurs de pipe qu'en France, mais seulement un peu plus de cinq millions d'habitants. Ici, les W. Ø. Larsen sont une autre famille régnante. Leur palais est un beau magasin, et en même temps un musée de pipes anciennes, situé au cœur du vieux Copenhague, et ce depuis la création de la maison, en 1864. Elle n'est alors qu'un petit commerce de tabac au détail. Peu à peu la maison s'agrandit, importe des quantités de plus en plus importantes de cigares, de cigarettes et de tabacs pour la pipe, et devient aussi un commerce de gros. Après la Première Guerre mondiale, W. Ø. Larsen commence à fabriquer industriellement ses propres cigares et ses propres tabacs. Si la maison a cessé cette dernière activité il y a une vingtaine d'années, elle propose aujourd'hui à ses clients environ quatre cents tabacs différents, dont une quarantaine sous sa propre marque, certains d'entre eux étant destinés à être mélangés par le client lui-même. Parallèlement, elle vend des pipes en bruyère, qu'elle importe jusqu'aux années cinquante. C'est alors que Ole W. Ø. Larsen, représentant la quatrième génération de la dynastie, décide de renouveler le design selon lui « monotone et triste » des pipes courantes de l'époque, et pour ce faire de créer ses propres modèles, entièrement fabriqués à la main. Inaugurée à petite échelle, cette fabrication extrêmement soignée et imaginative connaît rapidement un beau succès dans toute l'Europe. Détail unique au monde : les pipes de la maison, jugées suffisamment originales pour être reconnues du premier coup d'œil, ne reçoivent aucune marque distinctive sur la tête ou le tuyau. On trouve dans les premiers catalogues de la maison, ceux des années cinquante, tout ce qui fait encore aujourd'hui sa réputation internationale : des pipes de la plus belle bruyère – W. Ø. Larsen préfère habituellement la vieille bruyère corse, désormais très rare – et une parfaite compatibilité entre la libre créativité du pipier et la forme que la texture du bois impose. Ainsi naissent, dès le début, des pipes aux dessins aussi variés qu'originaux, voire un peu bizarres, des fourneaux ovoïdes, inclinés, très évasés, des culs de pipes très pointus, et un grand nombre de pipes « fleurs », c'est-à-dire dont le bord supérieur du fourneau est constitué de la croûte extérieure, non polie, du broussin. Mais à chaque fois ce design audacieux répond, en l'exaltant, à la texture du bois, au dessin de sa flamme, à son grain. Quarante ans plus tard, l'esprit de W. Ø. Larsen se perpétue avec l'arrivée dans la maison de la cinquième génération, représentée par le fils d'Ole, Niels, dont le passe-temps favori consiste à confectionner de très beaux petits bourre-pipes en corne. Si les fleurs et les culs de pipes pointus ont pratiquement disparu, l'originalité et la diversité des formes demeurent, au sein d'une gamme désormais très étendue. Elle comprend aussi

Les premières pipes W.Ø. Larsen ont été fabriquées après une décision d'Ole W.Ø. Larsen, représentant la quatrième génération. On le voit ici contrôler une « fleur » (ci-contre).

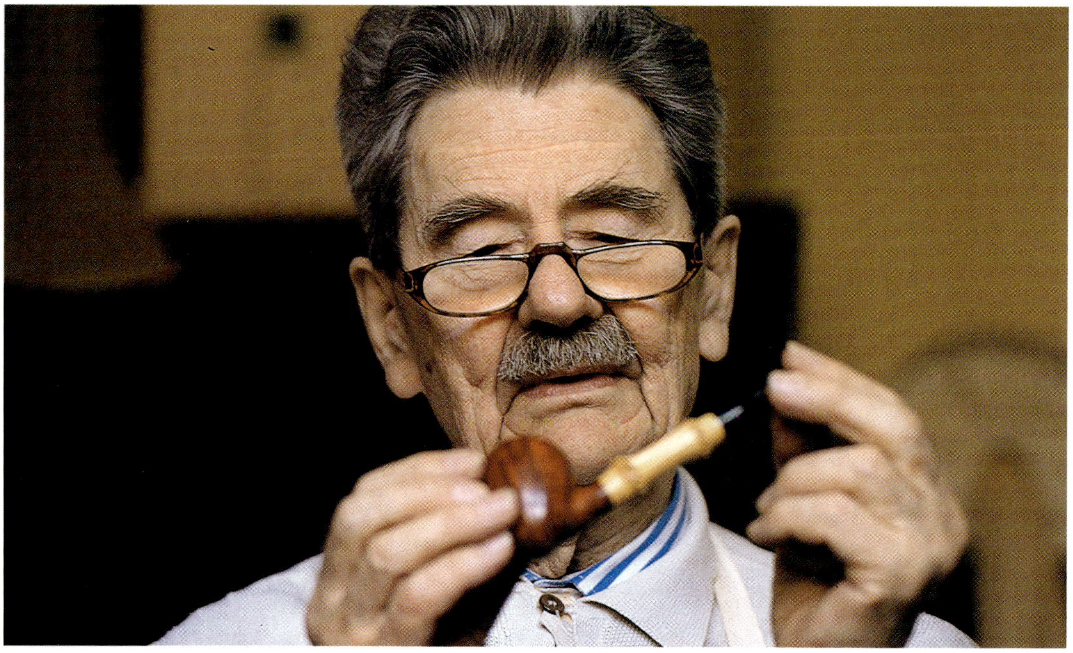

Déjà légendaire, inventeur du design danois, Sixten Ivarsson est considéré par de nombreux fumeurs comme le plus grand pipier du XXe siècle (ci-contre).

bien des pipes « faites main » mais d'usage courant que des modèles d'un veinage exceptionnel (*straight grain* et œil-de-perdrix), regroupés sous le label Perles et pouvant dépasser les dix mille francs. Ces modèles sont parfois munis d'un tuyau en ambre reconstitué selon une recette secrète, qui mêle poudre d'ambre véritable et résine synthétique. La recette est pieusement conservée par Mme Olrik (dont le nom ne doit pas être confondu avec celui de la maison Orlik, premier fabricant danois de tabac), veuve d'un célèbre pipier danois, auteur de plusieurs ouvrages sur la pipe. Parmi tous les chefs-d'œuvre actuels de la maison, mentionnons la très belle série Rustica : ces pipes présentent une tête dont une moitié – la partie supérieure ou inférieure – est guillochée et teinte, contrastant avec l'autre, de finition naturelle et polie. Enfin, les pipes W. Ø. Larsen se caractérisent par de magnifiques bagues en corne, en ébène ou en bois de palmier.

L'art contemporain de la pipe en bruyère, si bien illustré par la maison W. Ø. Larsen, doit tout à un précurseur de génie : Sixten Ivarsson. L'« inventeur du design danois » est en fait un Suédois, installé à Copenhague depuis 1930. La première manifestation de la vocation de ce pipier mondialement célèbre date de 1946, lorsqu'il décide de se fabriquer une pipe pour son usage personnel. Cinq ans plus tard, après avoir réparé des pipes pour le compte d'un marchand de Copenhague, il ouvre un petit atelier de fabrication et entame la plus belle révolution que la pipe en bruyère ait connue. Jusqu'alors, celle-ci n'échappait pas à des formes classiques traditionnelles. Quelques modèles de base dictaient la production des pipiers, et seuls la sculpture de motifs ou des ajouts ornementaux permettaient d'innover en matière d'esthétique. Ivarsson brise ce carcan et invente, pour chacune de ses pipes entièrement conçues à la main, une forme nouvelle. Le plus souvent, c'est le veinage du broussin qui inspire sa création. Mais le respect de la matière ne suffit pas à expliquer son génie. Celui-ci tient avant tout en une maîtrise parfaite, mais inventive, de l'harmonie, de l'équilibre des lignes, qui fait de chaque pièce un chef-d'œuvre de pureté et donc d'élégance. En alliant ainsi, par la secrète alchimie d'un nombre d'or, originalité et sobriété, Ivarsson crée des pièces indémodables.

La cinquième génération des W.Ø. Larsen : Niels. Son passe-temps favori : fabriquer des petits bourre-pipe en corne (ci-contre).

En 1992, pour son jubilé, la maison danoise Stanwell a conçu un coffret de six pipes, chacune représentative d'une décennie. La « pipe des années 90 » (ci-contre) a été créée par Tom Etlang, grand pipier collaborant avec Stanwell, et inventeur d'un procédé de coloration faisant apparaître d'admirables contrastes.

En quelques années sa réputation est faite, et des fumeurs du monde entier font pour lui le voyage de Copenhague. Peu de temps après avoir créé la maison Stanwell, marque dont il finira par prendre le nom, Poul Nielsen parvient à convaincre Ivarsson de travailler pour lui. D'extraordinaires *freehand* naîtront de cette collaboration. Reproduites plus tard en série par Stanwell – ornées donc du célèbre S couronné –, elles feront le tour du monde. Le prestige actuel de Stanwell, premier fabricant et exportateur danois de pipes qui vient de fêter son cinquantenaire, doit évidemment beaucoup à ces pièces d'Ivarsson. Dans le coffret anniversaire proposé par Stanwell aux fumeurs, contenant six pipes, deux sont signées Ivarsson. Et en Allemagne, premier client étranger de la marque, c'est le modèle n° 11, copie d'une *freehand* créée par Ivarsson, qui se vend le mieux. Elle se caractérise par un fourneau court mais très large, dont le bord supérieur est légèrement incurvé.

Âgé aujourd'hui de plus de quatre-vingts ans, le très solitaire Sixten Ivarsson travaille toujours dans son petit atelier de Copenhague. Il a cessé sa collaboration avec Stanwell et n'exerce plus que pour son propre compte. L'essentiel de sa production – pas plus de deux cents pipes annuelles marquées du label An Ivarsson product – est exportée au Japon et aux États-Unis. Il ne reste aux fumeurs européens qu'à rêver, ou à méditer cette parole du plus génial des pipiers contemporains, à qui l'on demandait un jour s'il connaissait un truc pour bien fumer : « Disons que l'on doit respirer en même temps que la pipe. Voilà. C'est tout », répondit-il simplement, avec son ton bourru devenu légendaire.

Nous ne pourrions quitter le Danemark sans au moins citer quelques-uns des très nombreux émules d'Ivarsson, dont son fils Lars Ivarsson et trois autres pipiers ayant aussi travaillé pour Stanwell : Anne Julie Rasmussen, l'une des rares femmes au monde ayant conçu des pipes – avec une autre Danoise exerçant son art chez W. Ø. Larsen, Else Larsen –, Tom Etlang et Jess Chonowitsch ; le maître pipier Tao, établi à son compte après avoir quitté l'admirable maison Svendborg dont il est le cofondateur, Paul Ilstedt, Ingo Garbe (un Allemand installé dans la petite île danoise de Laesø)... Tous font du Danemark, pour les amateurs, le plus beau des royaumes.

Depuis qu'Anne Julie Rasmussen et Ruth Eckert ont quitté le métier, Else Larsen (de la maison W.Ø. Larsen mais pas de la famille) doit être la seule femme au monde à concevoir et à fabriquer des pipes aujourd'hui (ci-contre).

En Grande-Bretagne et en Irlande. En matière de pipes, Londres paraît bien loin de Copenhague : les pipiers britanniques s'en sont toujours tenu à un classicisme éprouvé des formes traditionnelles, qui conviennent parfaitement aux gentlemen distingués de la City. Pour eux, et pour de nombreux fumeurs partout au monde, les pipes Dunhill sont le *must*. Il est vrai que le fameux *white spot*, le petit point blanc gravé sur la paroi supérieure du tuyau, trouvaille d'Alfred Dunhill pour ne pas le fixer à l'envers et signe distinctif de toutes les Dunhill, représente une garantie absolue de qualité. Et que contrairement à beaucoup de marques de qualité égale, Dunhill bénéficie d'une excellente image et d'un solide réseau de distribution dans le monde entier. Cette combinaison idéale d'une exigence de qualité parfaite et d'un sens commercial aigu, la maison l'a héritée bien sûr de son fondateur, un « touche-à-tout » de génie. Il y a tout juste cent ans, en 1893, Alfred Dunhill fonde son affaire : une bourrellerie destinée à équiper les voitures à cheval. Avec l'essor de l'automobile, cette activité se transforme rapidement. L'essentiel du génie d'Alfred Dunhill tient peut-être en cette faculté de s'adapter et de se diversifier sans délai pour répondre aux nouveaux besoins des consommateurs. D'abord des automobilistes : dès les premières années, il crée toute une gamme de produits à leur intention, des manteaux, des gants, des lunettes, des montres. En 1906, il crée sa première pipe. Un automobiliste s'étant plaint de ne pouvoir fumer sa pipe dans sa voiture décapotable, il en fabrique une munie d'un petit écran anti-vent fixé sur le fourneau. La première pipe Dunhill est née... en même temps que la passion de son créateur pour l'univers du tabac. Un an plus tard, Alfred Dunhill ouvre à Londres son premier magasin destiné aux fumeurs, dans la très élégante St-James Street. Et c'est en vendant des cigares, des pipes et des mélanges de tabacs personnalisés – chaque recette étant consignée dans un grand et vénérable registre, qui se remplit encore aujourd'hui dans le magasin de Duke Street –, que la maison acquiert sa notoriété. Peu satisfait des pipes qu'il vend, Alfred Dunhill décide aussi de recruter deux pipiers et deux ouvriers. Il les installe dans un atelier au 6 Mason's Yard, et leur donne un objectif simple : produire des pipes parfaites, quel qu'en soit leur prix. C'est chose faite en 1910, date à partir de laquelle membres du très sélect Gentleman's Clubs of St James' et officiers de l'armée britannique peuvent s'offrir les plus belles pipes du monde, signées Dunhill, au double du prix moyen des autres pipes. Parallèlement, Alfred Dunhill commence à collectionner toutes sortes d'objets liés à l'activité du fumeur. À l'entresol du magasin est aujourd'hui exposée l'une des plus belles collections de pipes au monde. L'actuel président de l'entreprise, Richard Dunhill, petit-fils d'Alfred et fumeur de pipe aussi passionné, continue d'enrichir cette collection dont il conserve une partie dans son beau cottage des environs de Londres. Responsable d'une entreprise désormais multinationale, il consacre pourtant une part de son temps à superviser personnellement la fabrication des pipes.

Si les pièces de la gamme courante, vingt-quatre modèles en huit finitions différentes, sont d'une qualité irréprochable, justifiant leur prix relativement élevé, les amateurs d'originalité reprocheront sans doute à leurs concepteurs – plusieurs dizaines de pipiers britanniques travaillent pour la marque à Walthamstow, dans l'est de Londres – de s'en tenir à des modèles extrêmement classiques. Même la série Dunhill special pipes, où figurent une écume, une Calabash et une Churchwarden parmi quelques formes marginales mais anciennes de

Le fondateur de l'empire Dunhill, Alfred Dunhill, était un commerçant génial, un inventeur éclectique, un passionné d'architecture et de cinéma... et un grand fumeur de pipe. Il imprima pour toujours son style à tous les produits Dunhill, et en particulier la pipe, le classicisme anglais, résumé par une formule : « pas à la mode, mais élégant » (ci-dessus).

Richard Dunhill fête en 1993 le centenaire de sa maison. L'actuel président de la société garde de son grand-père Alfred un souvenir émerveillé. Il a hérité de lui sa passion pour la pipe. Même si le tabac et les objets pour fumeurs ne représentent plus aujourd'hui que 3 % du chiffre d'affaires de la maison (ci-contre).

En 1941, Alfred Henry Dunhill tenait à satisfaire ses clients même après le bombardement de son magasin (ci-contre). Grand expert en tabacs et en pipes, sur lesquels il consacra plusieurs livres et articles, le fils aîné d'Alfred mena cette branche de la maison à son apogée.

bruyère, n'échappe pas à ce classicisme. La créativité se rencontre chez Dunhill dans de rares *freehand* appelées *Collectors*, et dans quelques pièces luxueuses, au prix exorbitant, que la maison conçoit de temps en temps. Dans ces *special editions*, l'orfèvre s'allie au pipier pour imaginer des pièces munies d'un extravagant couvercle en or massif, ou d'un petit parapluie du même métal

pour protéger le fourneau du crachin. Un modèle de ce genre, une *Billiard* munie d'une virole en platine sertie de diamants, baptisée fort à propos *Diamond pipe*, est toujours à vendre – 96 000 francs ! – dans la succursale parisienne de Dunhill. Il reste que la devise d'Alfred Dunhill, « cela doit être utile, cela doit être fiable, cela doit être le meilleur dans son genre », demeure rigoureusement appliquée dans la fabrication des pipes standard.

Maison familiale fondée en 1862 dans Jermyn Street, à Londres, et d'abord spécialisée dans la fabrication de pipes en écume, Astleys paraîtrait bien petite à côté du géant Dunhill si ses pipes n'étaient pas aussi belles. La première chose qui saute aux yeux, dans les vitrines du magasin Arts déco de Jermyn Street où règne Paul Bentley, est tout simplement la bruyère. Une bruyère somptueuse que les deux pipiers de la maison vont sélectionner eux-mêmes, trois fois par an, en Calabre. Paul Bentley explique ce qu'il recherche : « La plus claire, la plus légère et la plus vieille bruyère possible. Les broussins doivent être âgés d'au moins cent ans. Nous les stockons ensuite pendant un an, pour parfaire leur séchage. » Aujourd'hui Astleys fabrique trois mille pipes par an. Sa spécialité demeure les pipes *handmade* et *freehand* dont la fabrication et la finition justifient amplement leur prix. Tout l'art d'Astleys réside en une parfaite exposition de la texture du bois, de sa flamme et de ses œils-de-perdrix, qu'une légère teinture fait ressortir par contraste et qui répondent idéalement à la forme de la tête. Chaque pipe est ainsi une véritable ode au bois. Mais si l'on en croit Paul Bentley, lui-même grand fumeur de pipe, cette beauté de la bruyère n'est pas son souci majeur : « Pour moi, dit-il, une pipe doit posséder au minimum deux qualités essentielles. Elle doit d'abord procurer une fumée légère, ce qui dépend de la qualité et de l'âge du broussin. Elle doit être ensuite un magnifique objet, ce qui dépend d'une parfaite harmonie entre la tête et le tuyau. En aucun cas ce dernier doit être considéré comme une pièce de série qu'on ajuste sur une belle tête. Tête et tuyau concourent ensemble, dans les mêmes proportions, à la qualité et à la beauté du produit. » Astleys propose ainsi quelques formes admirables, telles cette *Pointed Cutty* rappelant les

La pipe anti-crachin de Dunhill, munie d'un parapluie en or massif... ou la très digne excentricité britannique ! (ci-dessous)

anciennes pipes en terre avec son fourneau oblique, son petit ergot et son tuyau fuselé, cette *Barrel Crossgrain* dont le fourneau, comme son nom l'indique, évoque la forme d'un tonneau, et surtout la sublime *Pointed Dublin*, avec son fourneau effilé comme une lame mais dont la flamme suggère l'invisible rotondité du foyer. Quels qu'en soient leur modèle et leur prix, toutes les pipes sont marquées d'un simple A blanc sur le tuyau.

Quittons Londres pour Dublin. Une invention géniale est à l'origine de l'universelle notoriété de la maison irlandaise Kapp & Peterson, fondée à Dublin en 1875 lorsque le maître pipier Charles Peterson rejoignit les frères Kapp, fabricants et marchands de pipes de la ville. Elle date de 1890, et on la doit à Charles Peterson lui-même, qui ne supportait pas l'exécrable « jus de pipe » inhérent à la combustion du tabac. Aujourd'hui, son système est d'autant plus précieux que les tabacs sont fréquemment très humides et coupés gros. Il consiste en la présence d'un réservoir creusé dans la tête derrière le foyer, où aboutit un tuyau à large orifice. Grâce à ce réservoir, véritable piège à condensation, et à ce perçage particulier du tuyau facilitant le tirage, le problème du « jus de pipe » ne se pose plus. Toujours préoccupé par le confort du fumeur, Charles Peterson a également conçu en 1898 une ingénieuse lentille, qui dirige la fumée vers le palais et non plus sur la langue. La très classique *bent* Army à virole d'argent est une pièce absolument incontournable pour un fumeur averti. L'extrême soin de la finition en fait aussi un bel objet, dont la gamme comprend trois tailles différentes, quelques sablées et quelques écumes. Depuis un siècle, le système Peterson a conquis de nombreux fumeurs, et parmi eux quelques gloires universelles. Un beau jour de 1980, la maison de Dublin découvre une vieille photographie de Mark Twain fumant une pipe qui semble être une Peterson à système, mais d'une forme peu habituelle pour la maison : assez volumineuse, la tête possède une base très longue et presque plate. Observée à la loupe, la virole de cette pipe confirme néanmoins qu'il s'agit bien d'une Peterson. On appelle aussitôt le conservateur du musée Mark Twain, à Hanibal dans le Missouri, qui déclare détenir, en effet, une pipe semblable. Son examen montrera qu'elle date de 1896. Afin d'honorer l'un des plus grands écrivains américains, et pour accroître encore son propre prestige, Peterson décide alors de reproduire fidèlement ce modèle, dont la fabrication avait été abandonnée en 1900, et de le proposer à sa clientèle. Une série de photos est prise dans le musée, qui servira à sa reproduction en usine. La Mark Twain Deluxe est ainsi disponible depuis 1985. Pour fêter le centenaire du fameux système, et surtout proposer de nouvelles formes, Peterson a également créé en 1990 une très belle série Sherlock Holmes. À côté des pipes The Watson, The Baskerville ou The Baker Street, on remarque la gracilité du modèle The Original, au fourneau légèrement évasé, qui tranche avec l'aspect toujours un peu massif des Peterson.

De nombreuses autres maisons prestigieuses honorent l'archipel britannique. Parmi elles Charatan, fondée en 1863 et appartenant aujourd'hui au groupe Dunhill, qui produit d'admirables et très classiques *freehand* ; Loewe, qui propose des pièces extrêmement soignées et luxueuses, parfois rehaussées de viroles et de bagues en argent ; James Upshall, dont les amateurs de belle bruyère apprécient les admirables veinages. *And so on...*

En Allemagne. Après le Danemark, l'Allemagne est le pays comptant le plus grand nombre de fumeurs de pipe par habitants. La maison Vauen, fondée en 1900 à Nuremberg par la fusion de deux fabriques plus anciennes, est aujourd'hui la plus importante du pays : ses cinquante cinq ouvriers et pipiers produisent une centaine de milliers de pièces par an. Trois quarts d'entre elles sont d'un usage courant, et ne méritent pas le prestigieux... point blanc, apposé sur les tuyaux des pipes « haut de gamme » de la maison et que Dunhill considéra, mais en vain, comme une concurrence déloyale. La maison se défendit en prouvant que le point blanc avait été apposé sur ses meilleures pipes dès 1911, et qu'Adolf Eckert, le fils de l'un des fondateurs, en

L'amour que Paul Bentley porte aux vieilles bruyères grecques et calabraises, choisies avec soin et longuement séchées, est la meilleure des garanties pour celui qui pousse la porte du magasin Astleys, à Londres (ci-contre). Pour célébrer le centenaire de son fameux « système », Peterson a conçu une série « Sherlock Holmes ». Elle comprend les modèles « The Original », évoquant la mythique Calabash du détective, et «The Baskerville» (page ci-contre).

Un inventeur de génie : Charles Peterson. Son petit réservoir, piège à condensation, imaginé en 1890, équipe aujourd'hui encore toutes les Peterson (ci-dessus).

DOUBLE NUMBER
THE STRAND
AN ILLUSTRATED MONTHLY
DECEMBER, 1897
DEC. 1897
ORIENTAL SALT
OFFICES

uniques au monde, appelées Corallo car leur très étrange texture évoque le corail : taillées à la main selon une technique gardée secrète, elles sont très légères et offrent une porosité comparable à celle de l'écume. Tout comme l'écume, elles prennent en vieillissant une belle patine brune.

Le grand seigneur de la pipe italienne, Carlo Scotti, a montré l'exemple à tous les jeunes créateurs de *freehands* italiens contemporains. Celui qui cherchait la quatrième dimension de la pipe, celle « du cœur », fut un artisan hors pair, qui contrôla personnellement jusqu'à sa mort, en 1988, chaque pipe fabriquée dans son atelier (ci-contre).

À côté de véritables industriels – en premier lieu Savinelli, mais aussi Enea Buzzi et ses pipes Brebbia, Lorenzo Tagliabue et ses pipes Lorenzo –, il existe en Italie une pléiade d'artistes pipiers qui n'ont jamais produit autre chose que des pièces uniques. À tous égards, Carlo Scotti, fondateur de la maison Castello, était le premier d'entre eux. Disparu en 1988, celui qu'on pourrait appeler « l'Ivarsson italien » tant sa production était belle, rare et chèrement disputée par quelques privilégiés, n'était jusqu'à la Seconde Guerre mondiale qu'un buraliste rêvant de fabriquer ses propres pipes. Il franchit le pas en 1947 et s'installe près de Côme, dans une petite ville célèbre pour son artisanat du bois : Cantù. Au début, les pipes qu'il fabrique sont imitées des formes anglaises classiques. Mais bien vite sa personnalité s'affirme et sa « patte » devient reconnaissable entre toutes. Il se spécialise dans des finitions « rustiques », qu'une ligne très fine et un soin particulier porté à un tuyau en Plexiglas de son invention rendent suprêmement élégantes. Légères, sablées ou guillochées, leur dessin est parfois très original. Ainsi l'extraordinaire modèle des années cinquante baptisé « pipe de l'amitié », dont la forme rappelle celle des calumets indiens avec son long tuyau très légèrement incurvé et son fourneau oblique, que Scotti fabriqua en quarante exemplaires pour les offrir à quelques clients devenus ses amis. D'autres signes distinctifs ont fait la renommée, pour ne pas dire la légende, de Scotti : le petit brillant ou la barrette d'ivoire incrustés dans le tuyau, le somptueux veinage de ses bruyères qu'il sélectionnait dans un gisement de Ligurie tenu secret, la discrète audace de ses dessins qui fait de chaque modèle une évocation moderne d'un classique traditionnel. La légende de Scotti, particulièrement adulé aux États-Unis, tient enfin aux qualités humaines d'un homme qui refusait de fabriquer des pipes qu'il ne pouvait superviser personnellement. Les commandes venues du monde entier s'amoncelaient, mais Scotti ne voulut jamais employer plus de cinq artisans. « Dans la vie, disait-il souvent, il est rare de pouvoir obtenir facilement et rapidement le meilleur. C'est pourquoi il faut savoir attendre. » On lui doit aussi cette phrase digne d'un grand artisan : « La pipe a trois dimensions, plus une quatrième : celle du cœur. » Une phrase que ne semble pas renier Franco Coppo, qui devint en 1969 l'assistant de Scotti et qui a repris le flambeau à la tête de la maison Castello.

Comme le Danemark, l'Italie connaît en matière de pipes, depuis quelques années, un extraordinaire renouveau. Il est dû à de jeunes artisans passionnés par le rare et le beau, tels Terenzio Cecchini (et sa maison Mastro de Paja, fondée en 1972), Giorgio Imperatori (et sa maison Il Ceppo, fondée en 1978) ou Salvatore Amorelli (et sa maison Amorelli, fondée en 1979). Par l'originalité de leur conception et la perfection de leur finition dans les moindres détails, chacune de leurs pipes est un chef-d'œuvre de l'artisanat – pour ne pas dire de l'art – contemporain.

En France. Ce panorama, forcément incomplet, des plus belles pipes d'aujourd'hui s'achève en France, d'abord à Saint-Claude où est née la pipe en bruyère. Si l'inventivité du design n'est vraiment pas la première caractéristique des pipiers français, fiers d'une longue tradition, c'est que pour eux une pipe doit avant tout être « bonne ». Leurs principaux soucis demeurent donc la qualité de la bruyère et l'excellence de la fabrication, somme destinée au plaisir et au confort du fumeur. De belles pipes figurent néanmoins dans certains catalogues, comme celui de la célèbre maison Butz-Choquin, fondée en 1858, qui fabrique plus de quarante mille pipes par an. Ses pièces de la meilleure qualité

Par on ne sait quelle magie, les *freehands* de la maison Castello, celles de Carlo Scotti, sont à la fois ultra-modernes et classiques. On remarque quelques guillochées et sablées, la spécialité de Scotti (page ci-contre, en haut). Le haut-de-gamme de la maison Savinelli, le principal fabricant italien, n'a rien à envier aux meilleures créations des petits artisans. Ce coffret renferme quelques merveilles, dont la célèbre Octavia, une Panel à huit faces (ici dans sa version à facettes contrastées). Raccorder les huit faces aux six côtés de la tige représente une véritable prouesse technique (page ci-contre, en bas).

Le surréalisme de la pipe sous le pinceau de Magritte : *La Trahison des images*, 1929 (ci-contre).

ayant décidé sur un coup de tête de reprendre l'atelier d'un vieux fabricant de pipes en bruyère. Je suis allé apprendre les rudiments du métier à Saint-Claude, et j'ai bien vite compris que j'avais enfin trouvé ma vocation. » Une vocation qui ne l'empêche pas de fabriquer aussi de très beaux stylos, en bois précieux et en morta.

Où que l'on soit au monde, lorsqu'on évoque aujourd'hui l'avenir de la pipe avec ses grands créateurs, un mot revient sans cesse, synonyme d'espoir : la qualité. Celle de l'esthétique des pipes et celle de leur fabrication. Car le déclin actuel de la pipe est avant tout quantitatif : en même temps que la consommation de tabac stagne ou diminue, de moins en moins de fumeurs optent pour la pipe. Dans ce contexte, les pipiers disposent de deux atouts majeurs : la moindre nocivité de la pipe par rapport à la cigarette, et l'attrait que représenteront toujours les beaux objets bien fabriqués pour ceux qui cultivent un certain art de vivre. À cet égard, la situation actuelle des pipiers est très instructive : alors que toutes les entreprises de dimension industrielle, produisant essentiellement des pipes « bas de gamme », sont contraintes de revoir leur production à la baisse et de se diversifier, les artisans les plus exigeants et les plus inventifs, les Ivarsson, les Scotti et tous leurs émules, croulent sous une demande toujours croissante. Comme si la pipe en tant qu'ustensile courant était en train de disparaître peu à peu pour laisser place à un objet rare et précieux, que l'on déguste et contemple tel un bon vin. Comme si, en somme, les fumeurs se tournaient de plus en plus nombreux vers ce qui depuis des siècles demeurait marginal et réservé à quelques privilégiés : le grand art. Les collectionneurs de demain ne manqueront pas de chefs-d'œuvre. En attendant, si ce n'est déjà fait, bourrez votre pipe, allumez-la puis, dans les volutes bleutées qui s'élèvent, méditez sereinement cette petite et fort prometteuse révolution.

MARQUES DE PIPES ET MAÎTRES-PIPIERS

Fabriquées en série, signées d'un designer, ou pièces uniques d'un maître-pipier, une pipe suppose un signe distinctif et une diffusion étudiée. Parfois le maître-pipier est créateur, diffuseur et même réparateur. Le répertoire des marques qui suit n'est pas exhaustif mais il propose une sélection de marques de pipes disponibles sur le marché français ou communique les coordonnées des pipiers étrangers ou français n'étant pas diffusés en boutiques.

MARQUES DE PIPES

Astleys. A l'origine, en 1862, spécialiste de la fabrication des pipes en écume. Aujourd'hui, fabricant de pipes de bruyère, la maison est devenue le symbole de la perfection. Les pipes sont « faites main » et respectent la beauté intrinsèque de la bruyère. Du grand art.

Big Ben. Marque de série hollandaise

Bontemps. Marque du groupe Berrod-Regad, installé à Saint-Claude ; pipes traditionnelles de moyenne gamme.

Butz-Choquin. Fondée en 1818 à Metz par Gustave Butz et Etienne Choquin, marque leader du groupe Berrod-Regad depuis 1951. Elle associe notoriété (avec l'oscar de l'exportation dans les années 70), quantité en produisant 350 000 pipes par an, et diversité : pipes de séries (les meilleures portant la griffe BC en or) et pipes de collection ou freehand signées de deux grands pipiers : Paul Lanier (le sculpteur des têtes de pipes du Premier Fumeur de l'année) et Alain Albuisson, jeune tourneur-designer.

Castello. Marque fondée par Carlo Scotti qui a fait renaître la production italienne au lendemain de la dernière guerre. Aujourd'hui dirigée par Franco Coppo, la maison Castello n'a rien perdu de sa qualité et de sa créativité. Des collections limitées.

Chacom. Marque de Saint-Claude qui appartient au groupe Cuty-Fort qui diffuse 200 000 pipes par an. La maison Chacom fut créée en 1825. Régulièrement, Yves Grenard dessine la Pipe de l'année, numérotée de 1 à 1 245 et proposée en six finitions. De nombreux modèles, classiques ou modernes, pipes-golf, combinées (unies et sablées)... La renommée des pipes Chacom vient de leur douceur, issue du séchage à l'air libre des bruyères pendant une à deux années, procédé exclusif. Chacom diffuse également les créations de Pierre Morel.

Chap. Fondée en 1904 à Saint-Claude, cette marque leader du marché de gros français fabriquant des pipes en série fait partie depuis 1988 du groupe Berrod-Regad

Claude Romain. Marque du groupe saint-claudien Berrod-Regad. Fabrication en séries limitées, qualité et présentation sont les mots d'ordre de cette marque.

Comoy's of London. Créée en 1870 par Henry Comoy, cette marque pendant longtemps numéro un de la pipe anglaise pour la qualité de ses bruyères et de ses finitions appartient désormais au groupe Cadogan Investment Ltd. Elle est diffusée par Cutty Fort sur le marché français.

Coquet. Pipes en terre fabriquées à Puy-Moisson dans les Alpes de Haute-Provence et à Veinegues (Bouches-du-Rhône).

Courrieu. Célèbre maison de Cogolin qui utilise des broussins du massif des Maures. On raconte que l'ancêtre de Charles Courrieu, Ulysse Courrieu, agriculteur, initié par un berger des environs, aurait été le premier à fabriquer en 1802 des pipes en bruyère. Une production de 150 000 à 200 000 pipes par an dont 50% sont fabriquées à la main (10% seulement de freehand). Modèle réputé : la pipe Fleur et le traditionnel brûle-gueule marseillais.

Dunhill. Pour beaucoup, le must anglais : quarante-cinq modèles (cinq finitions chacun) d'un grand classicisme distribués dans 45 pays par le biais entre autres des 28 boutiques de la maison mère. Elégance du point blanc inventé pour remonter l'embout dans le bon sens et qui a fait le tour du monde. Les modèles sont classiques et allient sobriété et perfection.

LE GUIDE
DE L'AMATEUR

par Karine Ciupa

Ewa. Marque de Saint-Claude dont les pipes sont produites par les établissements Waille, longue dynastie de pipiers depuis 1860. Michel Waille a repris la tradition du tuyau en corne réputé dans les années 30.

Genod. La marque d'un maître-pipier de Saint-Claude : pipes en bruyère, classiques et faites-main. Les ateliers Genod réalisent des pipes sur commande et sont ouverts au public. Pour tout renseignement, téléphonez au 84 45 00 47.

Jean Lacroix. Pipes traditionnelles d'une maison créée en 1956 appartenant au groupe Cutty Fort. Qualité et finesse d'exécution. Jean Lacroix choisit lui-même les essences de bois et les bruyères les plus pures. A noter les tuyaux (faits main en cumberland) de forme moderne à la lentille légèrement concave et les teintures de qualité laissant la bruyère apparente. Jean Lacroix conçoit également des accessoires.

Jeantet. Maison créée en 1765 à Saint-Claude et gérée par la 8e génération, elle appartient au groupe Cadogan Investment et est diffusée par Cutty Fort.

Jima. Un produit particulier puisque les pipes Jima possèdent un foyer en céramique : pour goûter le tabac à l'état pur. Jiwa appartient depuis 1988 au groupe Berrod-Regad.

Kapp & Peterson. Classicisme, savoir-faire et finition parfaite. L'une des plus grandes marques de pipes qui doit son succès au maître-pipier Charles Peterson qui eut l'idée en 1890 de creuser dans la tête de la pipe, derrière le foyer, un tuyau à large orifice pour éviter le désagrément du jus de pipe. Technique et goût ne vont cesser de définir la production de la maison Kapp & Peterson qui réédite un modèle en hommage à Mark Twain reproduisant le modèle de la pipe préférée de l'écrivain ainsi que sept modèles griffés Peterson Sherlock Holmes tels que la Baskerville, Baker Street... noms rendus célèbres par l'écrivain.

Parker. Sous-marque de Dunhill, appartenant à la maison Dunhill et diffusant les pipes non retenues pour porter le point blanc.

Poyat. Marque créée pour les jeunes fumeurs par le designer Jean-Pierre Vitrac. Deux modèles proposés : la mini Poyat (plastique et bruyère, 12 coloris) et l'As de Poyat en bubinga et bruyère.

Ropp. Après avoir subi le contrecoup de la crise des pipiers en 1986, une marque de série, installée dans le Doubs à Baume-les-Dames, qui redémarre et relance la fabrication de pipe en merisier à la douce fumée.

Savinelli. Une marque plus que centenaire qui a prouvé qu'une maison italienne pouvait entrer en compétition avec Dunhill. Savinelli dispose de quatre-vingt modèles de base et quelques séries avec choix de finitions. Six modèles exclusifs ont été fabriqués en 1976 pour le centenaire de la marque.

Stanwell. Maison danoise créée en 1942 par Poul Nielsen qui, grâce à la collaboration de Sixten Ivarsson et plus récemment Tom Etlang ainsi que d'autres maîtres-pipiers de talent, a donné une superbe production en bruyère aux fumeurs de pipes. Cinquante-huit modèles sont proposés ainsi que des séries spéciales limitées. Pour le cinquantenaire de la maison, six des plus célèbres modèles ont été réédités : le n° 32 de Poul Nielsen, les n° 06 et 70 de Sixten Ivarsson ; le n° 35 d'Anne Julie ; le n° 169 de Jess Chonowitsch et le n° 190 de Tom Etlang.

Vauen. Marque allemande née en 1848 dont la production est aujourd'hui de cent mille pipes par an. Deux cents modèles sont disponibles ainsi que des séries limitées ou freehand telles que la Solitaire.

W.Ø. Larsen. La marque est devenue une référence dans la pipe freehand soignée et imaginative. Gamme étendue pour de belles bruyères corses, fourneaux ovoïdes, inclinés, très évasés, culs de pipes pointus. Un design audacieux qui répond à la texture du bois, sa flamme et son grain. Les pipes d'exception se paient cher, comme celles au tuyau fait d'ambre reconstitué, à la bague en corne, ou les pipes en bois précieux.

MAITRES-PIPIERS

Rainer BARBI
im Dorfe 8a, 2077 Brunsbek, Kronshorst
Tél. (49) 41 07 96 47
L'un des plus talentueux maîtres-pipiers allemands installé à Hambourg. Le fabricant-sculpteur par excellence de *freehand* : la forme de ses pipes est conçue à partir du bloc brut qu'il exploite au mieux de ce que le veinage du bois offre. Barbi est un artiste d'une grande originalité qui veut allier la perfection technique à l'esthétique. Comptez de 1 100 à 11 000 F.
Philippe BARGIEL, Robert BLATTER, Gilbert GUYOT, Jean-Pierre FORTON, Patrice SEBILO (voir rubrique « Boutiques »)
Karl Heinz JOURA
Schnoor 8, D- 28 Bremen
Tél. (49) 421 32 86 60
Cet ancien professeur d'éducation physique venu d'Allemagne de l'Est est devenu l'un des meilleurs maîtres-pipiers allemands. Aujourd'hui installé à Brême, il fabrique près de 200 pipes par an : toutes des *freehand*. Compter 700 à 1 000 F pour une pipe classique, de 4 200 à 6 000 F pour une pièce d'exception.
Paul LANIER
Maître-pipier chez Butz-Choquin, Meilleur Ouvrier de France 1991, Paul Lanier signe pour la Confrérie de Saint-Claude la pipe-portrait offerte chaque année au Premier Fumeur de France. Il en fait aussi sur commande (50 heures de travail). Pour tout renseignement contacter l'atelier au : 84 45 11 11.
Pascal LEONARD
Adresse : rue Cuvelier 5-7, 5300 Andenne.
Tél. (32) 85 84 47 64
Petit-fils du fondateur de la piperie Léonard installée à Andenne près de Namur. Spécialisée dans la fabrication de pipes destinées aux tirs aux pipes des fêtes foraines, la maison Léonard a repris la production de vraies pipes dans les années 60. Des moules originaux de modèles de pipes en terre du siècle passé.
Jean MASSON
24, route Faucille, 39200 Villard-St-Sauveur.
Tél. 84 45 24 09
Sculpteur autodidacte de Saint-Claude, travaillant en solitaire des pipes-portraits, Jean Masson sculpte toutes ses pipes aussi agréables à regarder qu'à fumer. Uniquement en série. Les classiques sont proposées entre 150 F et 2 000 F (pour les pipes superflammées). Compter 330 F pour une tête d'animal, 470 F pour un portrait de Jacques Brel et 550 F pour un Gainsbourg.
Pierre MOREL
Lieu-dit village Larrivoire, 39200 Saint-Claude
Tél. 84 42 47 84
Un maître-pipier à l'esprit indépendant qui travaille pour Cutty Fort. Son père a créé les *freehand* en France.
Gérard PRUNGNAUD
rue Cantonar, 30700 St-Quentin-La-Poterie
Tél. 66 22 00 64
Retour aux sources de la terre cuite et de la faïence pour Gérard Prungnaud. Il façonne lui-même ses moules en plâtre : une quarantaine de ses modèles sont produits en petite série et une soixantaine de pièces sont sculptées à la main. Pas plus de 400 pipes par an. Une finition parfaite et près de 90 modèles de pipes différents. Ses créations se vendent entre 150 et 1 000 F. Ses sculptures favorites ? Des figures de proue et des sirènes.
Eyüp SABRI
Talentueux sculpteur turc de pipes en écume de mer installé à Eskişehir. Certaines de ses pipes, volumineuses, sont destinées à la décoration et toutes sont en vente à Istanbul (voir rubrique « Boutiques », *Yerliexport*)
Roger VINCENT
2, chemin du Marais, 39200 Saint-Claude.
Tél. 84 45 27 72
Artisan-sculpteur de Saint-Claude, héritier d'une famille de sculpteurs de pure tradition.

B O U T I Q U E S

Où acheter ses pipes ? Où les donner à réparer que les pipes soient de facture actuelle ou ancienne ? Où se procurer son tabac favori que l'on soit à Paris, à Londres, à Lyon ou à Copenhague ? Les boutiques proposées dans ce carnet ont été sélectionnées pour leur choix, la qualité de leurs services et de leur accueil.

PARIS

A la Civette
157, rue Saint-Honoré, Tél. 42 96 04 99.
Le plus ancien magasin de tabac français, installé au Palais-Royal depuis 1716. Le lieu doit son nom à ce petit rongeur aux allures d'écureuil dont le musc parfumait le tabac à priser. D'où le nom de civette attribué aux buralistes haut de gamme. La Civette diffuse tous les produits de la Seita et quelques autres ainsi qu'un beau choix de pipes des plus grandes maisons françaises et étrangères, une sélection d'accessoires pour fumeur.

Civette du Palais des Congrès
2, place de la Porte-Maillot, Tél. 40 68 21 41.
Des horaires pratiques pour ce tabac installé au niveau du drugstore du Palais des Congrès. Les fumeurs de pipes y trouveront la production de cinq ou six marques parmi lesquelles Dunhill et Chacom ainsi qu'un large choix d'accessoires et une vingtaine de tabacs classiques.

Boutique du musée-galerie de la SEITA
12, rue de Surcouf, Tél. 45 56 60 17.
Au rez-de-chaussée de l'immeuble de bureaux de la Seita et attenante au musée du Tabac, une boutique qui offre un choix de cendriers, briquets zippo et pots à cigarettes. Son intérêt majeur : une mini-librairie qui rassemble des ouvrages sur le tabac.

Boutique 22
22, avenue Victor-Hugo, Tél. 45 01 81 41.
Ce paradis pour amateurs de cigares est aussi une adresse de référence pour les fumeurs de pipes : grand choix d'accessoires élégants, belle et large sélection de pipes (les plus grandes marques y sont représentées : Dunhill, Butz Choquin, Savinelli, Peterson...) ainsi qu'une trentaine de tabacs. Un lieu dirigé avec passion par Francis Mathieu.

Dunhill
15, rue de la Paix, Tél. 42 61 57 58.
Tout le chic britannique installé rue de la Paix. Des trois premières boutiques Dunhill ouvertes avant la Seconde Guerre mondiale (Paris, New York et Londres), seule la boutique parisienne est restée intacte. Construite sur le modèle du magasin de Duke Street sur le lieu d'un ancien relais de poste du XVIIIe siècle et inaugurée en 1924, elle est désormais classée monument historique. Acajou de bas en haut, chic et charme. La boutique ne distribue pas seulement des pipes et pots à tabac. Tout ici est signé Dunhill. Des modèles les plus classiques (à partir de 890 F) aux créations extravagantes avec couvercle en argent...

Flor de Cuba
1, avenue Raymond-Poincaré, Tél. 47 04 90 50.
Au Trocadéro, Marie-Thérèse Vidal a ouvert en 1989 ce petit débit de tabac au joli plafond peint, décoré de fleurs de tabac. Pour les fumeurs de pipes, une centaine de tabacs bientôt à l'abri dans une cave humidifiée et divers articles pour fumeurs.

La Tabagie
10, rue du Départ, centre commercial Maine-Montparnasse, Tél. 45 38 65 18.
Dans une grande pièce claire et humidifiée, un personnel qualifié répond aux exigences de tous les fumeurs. Beau choix de pipes françaises et étrangères. Ici règne Pierre-André Boussac qui conserve cigares et tabacs qu'il teste lui-même.

La Tabatière Odéon
128, boulevard Saint-Germain, Tél. 46 34 21 89.
Une boutique d'articles pour fumeurs où l'on trouve des pipes (Butz Choquin, Chacom, Dunhill et Peterson) et une quarantaine de tabacs.

La Virole
126, boulevard Murat, Tél. 45 27 40 34.
Une adresse pour joueurs de loto mais aussi fumeurs de pipes. Accessoires divers, briquets de grandes marques, choix de 150 pipes signées Butz Choquin, Dunhill ou Parker.

Lemaire
59, avenue Victor-Hugo, Tél. 45 00 75 63.
Une belle boutique entre l'Etoile et la place Victor-Hugo qui propose d'élégants accessoires pour fumeurs. Les grandes marques de pipes y sont représentées ainsi que la plus grande partie des tabacs disponibles en France.

Le Pot à tabac
28, rue de la Pépinière, Tél. 45 22 29 14.
Un accueil qui conjugue la gentillesse et la compétence de la famille Lafont dont la vocation, outre la vente de montres et stylos, reste la pipe. Sélection classique des marques les plus célèbres et une centaine de tabacs.

Le Tabac du Dôme
108, boulevard du Montparnasse, Tél. 43 35 23 41.
Entre la Coupole et le Dôme, un lieu connu pour sa cave à cigares, mais aussi son choix de tabacs (une cinquantaine de marques) et ses pipes. Les plus grandes marques sont disponibles y compris les W.Ø.Larsen.

A la Pipe du Nord
21, boulevard de Magenta, Tél. 42 08 23 47.
Une maison plus que centenaire qui devrait être classée monument historique. Robert Voisin et désormais son fils Pierre ont repris l'atelier de fabrication familiale Ziegler créé par la branche maternelle en 1867. Dans la plus digne fidélité à la cause du tabac, une adresse aux activités multiples : fabrication de pipes (modèles classiques : de 120 à 500 F), réparation et entretien.

Au Caïd
24, boulevard Saint-Michel, Tél. 43 26 04 01.
Les deux activités principales de la maison tenue par Suzanne Schmitt sont la vente de pipes fabriquées à Saint-Claude (la plupart des marques jurassiennes et une sélection de pipes signées Au Caïd) et la restauration de pipes anciennes : désinfection, remise en état, réajustement des tuyaux. On y trouve aussi des pipes en terre, en merisier et en maïs (de 25 à 39 F), des accessoires pour fumeurs.

Gilbert Guyot
7, avenue de Clichy, Tél. 43 87 70 88.
Pipier, vendeur, fabricant, réparateur, restaurateur, collectionneur, fumeur, Meilleur Ouvrier de France en 1991, Gilbert Guyot fabrique entièrement à la main de belles pipes de bruyère. Compter 700 à 1 500 F. Gilbert Guyot est l'auteur de deux ouvrages : *Les Pipiers français* et *Le Pipier de Paris.*

Aux Mines d'Ecume
35, boulevard Saint-Martin, Tél. 42 72 69 19.
Maurice Cardon est l'un des derniers maîtres-pipiers et artisans réparateurs de Paris. Bien que l'enseigne date de 1865, l'entreprise est familiale depuis 1892. La plupart des pipes vendues boulevard Saint-Martin sont des pipes maison exécutées par un artisan de Saint-Claude sur la demande et les conseils de Maurice Cardon. Comptez de 110 à 800 F. Réparations sur demande de toute pipe quelle qu'en soit la matière.

Charles Courrieu – Les pipes de Cogolin
129, rue Saint-Honoré, Tél. 40 28 03 19.
La boutique parisienne du plus éminent représentant de la cité de la pipe du Var qui expose ici la collection de ses plus belles pipes. Ne sont distribuées que les pipes Charles Courrieu (des centaines de modèles, à partir de 150 F), des freehand (de 1 850 à 7 000 F) et des articles pour fumeurs. Entretien et réparation des pipes sur demande, quelle que soit leur marque.

A l'Oriental
Arcades du Palais-Royal, 19-22 Galerie de Chartres, Tél. 42 96 43 16.
Depuis 1862, une institution et une référence au Palais-Royal. Raymond Crohin, quatrième génération de pipiers (pas toujours en ligne directe) a repris la boutique de Roger Goltsche. Les grandes marques de pipes y sont représentées, mais celles qui se vendent le plus sont les françaises de fabrication maison, marquées A l'Oriental. Réparation à la demande quels que soient la marque et le matériau de la pipe.

Naudin Tabac
CNIT La Défense, 2 place de la Défense, Tél. 46 98 08 80.
Accueil convivial dans cette boutique récente que dirige Thierry Naudin. Pipes parmi lesquelles des Dunhill, Butz-Choquin, Stanwell, Peterson, Chacom et Porsche Design. Grand choix de tabacs.

Philippe Bargiel
30, rue Saint-Lazare, 60800 Crépy-en-Valois
Tél. 44 59 00 03 (sur rendez-vous)
Maître-pipier qui a fait ses classes dans la maison Sommer, réparateur (quels que soient le style de la pipe, sa marque, son matériau, son origine), sculpteur de formation, Philippe Bargiel est l'un des derniers maîtres-pipiers au monde à fabriquer des pipes en écume de mer en respectant la tradition des maîtres-pipiers viennois. Philippe Bargiel crée des pipes, copie des modèles anciens sur commande, et est le maître de la restauration de pipes anciennes. Certaines opérations ne se font qu'après une étude de devis, comme le remplacement d'un tuyau en ambre ou la restauration de pipes cassées. Les créations en écume de Philippe Bargiel n'ont pas de prix...

LYON
Jean Nicolas
5, rue Gasparin, Tél. 78 38 09 27.
Maître-pipier (ses pipes valent de 185 à 2 200 F) surtout connu pour ses réparations de toutes sortes de pipes, modernes et anciennes, et la distribution de nombreuses marques. Vente de pipes d'écume et pipes de collection telles que les Savinelli, Stanwell ou les pipes en terre de Gérard Prungnaud. Atelier contigu au magasin.

Pierre Vantal
10, rue Emile-Zola, Tél. 78 37 77 77.
Après avoir tenu un bureau de tabac pendant 15 ans, Pierre Vantal a fait sienne une boutique dont l'existence remonte à plus d'un siècle. Réparations et ventes de toutes marques.

Au Khédive
71, rue de la République, Tél. 78 37 86 95.
Un classique qui offre un vaste choix d'environ 300 pipes et plus de 80 références de tabacs. L'endroit a pour originalité un coffret de présentation des tabacs qui permet au client de humer les nouveautés et de choisir selon l'arôme qui lui plaît.

LILLE
Civette La Tabagie
72, rue Faidherbe, Tél. 20 06 37 56.
Un lieu original que dirige depuis huit ans Daniel Marchant, fumeur de pipes devant l'éternel et confrère-pipier. Non seulement il goûte tous les tabacs qui entrent en France et propose à ses clients des mélanges qu'il a lui-même composés et testés, mais il répare les pipes neuves et anciennes. Un métier qu'il a appris il y a dix-huit ans. Un grand choix de pipes : 500 pièces en exposition, Butz-Choquin, Peterson, Dunhill, Chacom, Larsen, Savinelli, Mastro de Paja.

La Boutique du Fumeur
4, place Béthune, Tél. 20 54 71 36.
Les classiques en matière de pipes parmi lesquelles Butz-Choquin, Peterson et Chacom ; une prédilection pour Peterson à la bruyère plus douce. Une cinquantaine de marques de tabacs.

MARSEILLE
Le Maryland
1, rue de Rome, Tél. 91 54 06 76.
Une adresse classique qui distribue une trentaine de marques de tabacs et un choix de pipes de fabrication française. La maison Butz-Choquin étant l'importateur-diffuseur exclusif de Peterson, les célèbres pipes sont aussi disponibles au Maryland.

SAINT-TROPEZ
Charles Courrieu – Les pipes de Cogolin
25, quai Gabriel-Péri, Tél. 94 97 00 91.
L'un des trois points de vente de la maison familiale Courrieu, fabriquant des pipes de père en fils depuis 1802, installée à Cogolin. Diffusion de la seule production Courrieu, des pipes de série aux freehand. Aucune réparation sur place.

NICE
Maison du stylo
18, rue Masséna, Tél. 93 87 77 15
On y vend des stylos de grandes marques mais aussi des pipes de maisons non moins célèbres parmi lesquelles Dunhill, Butz-Choquin, Chacom, Savinelli.

STRASBOURG
Gérard Style et plume
21, rue des Grandes-Arcades, Tél. 88 32 12 85.
Un débit-boutique ouvert même le dimanche. Choix de tabacs (plus d'une vingtaine de marques) et de pipes (la plupart viennent de Saint-Claude mais d'autres sont signées Larsen et Peterson). Quelques pièces en écume.

Pip'Cig Maison du Fumeur
14, rue du Vieux-Marché-au-Poisson,
Tél. 88 32 60 68.
Accueil enthousiaste dans cette boutique qui distribue les grands classiques français et étrangers comme les Stanwell et Maestro de Paja : un choix de 2 000 pipes (de 140 à 5 500 F) ; vitrine humidifiée pour les tabacs.

HERBIGNAC
Patrice Sébilo
16, avenue de la Monneraye, tél. 40 88 98 08.

A 25 km de La Baule, Patrice Sébilo est le seul maître-pipier du monde à travailler le morta, bois de chêne de Brière immergé dans les marais et saturé de minéraux. De couleur ébène et extrêmement dur, le morta garantit la qualité d'une pipe à la fumée fraîche et légère. Patrice Sébilo fabrique 350 pipes par an (des modèles uniques façonnés à la main) sans oublier les pipes sur commande.

BORDEAUX
Yves Camus
124, rue des Pilliers-de-Tutelle, Tél. 56 44 47 03.
Yves Camus est le seul réparateur de pipes à Bordeaux. Ses deux activités : vente de pipes (Butz-Choquin, Chacom et Peterson) et briquets, réparation de pipes (toutes les marques en bruyère) depuis 34 ans.

COGOLIN
Charles Courrieu – Les pipes de Cogolin
42 et 58, avenue Clémenceau, Tél. 94 54 63 82.
Point de vente et lieu de fabrication des pipes de Charles Courrieu. Comme dans la boutique de Paris, on répare ici les pipes de Cogolin et les pipes d'autres marques.

A L'ETRANGER

Angleterre
Astley's
108-11 Jermyn Street, **Londres**
Tél. 19 (44) 71 930 18 87.
Depuis 1862 la maison Astley's est une affaire familiale. Dans son magasin Arts déco, Paul Bentley est le spécialiste des pipes en bruyère de Calabre (vieille, claire et légère). Pas plus de 300 par an. Bruyère ou écume : tous les prix et toutes les formes. On peut aussi y trouver des pipes d'occasion du début du XIXe siècle provenant de tous les pays de tradition pipière.

Dunhill
30 Duke Street, **Londres**
Tél. (44) 71 499 95 66.
Réaménagée au lendemain de la dernière guerre, la boutique de Duke Street reste l'institution britannique par excellence. Le célèbre comptoir à tabacs contient vingt-quatre casiers emplis de grades naturels et fermés d'un couvercle en bois. Ici, les mélanges de tabacs pour pipes sont préparés selon le goût de chaque client. Un numéro est attribué au mélange personnalisé. En même temps que les pipes Dunhill, ne pas manquer la collection de pipes anciennes d'Alfred Dunhill (voir rubrique « Musées »).

Desmond Sautter
106 Mount Street, **Londres**
Tél. (44) 71 499 48 66.
Vente de tabacs et pipes anciennes dans le quartier de Mayfair. Le propriétaire Desmond Sautter propose une large collection de pipes anciennes et modernes, briquets et autres accessoires.

Mullins and Westley
Covent Garden, **Londres**
Tél. (44) 71 836 83 45.
Une adresse qui offre un choix de pipes et d'articles pour fumeurs, mais surtout fréquentée et réputées pour ses mélanges de tabacs.

Canada
Robert Blatter
365, rue du Président-Kennedy, **Montreal**
Tél. (1) 514 84 58 028
La maison fut fondée en 1907 et aujourd'hui la quatrième génération de maîtres-pipiers fabrique à la main trois cents pièces par an, une petite production de pièces uniques et assure l'entretien et la réparation des pipes Blatter & Blatter.

Suisse
Rhein Tabac
1, rue du Mont-Blanc, **Genève**
Tél. (41) 22 732 97 64.
Un magasin spécialisé dans le tabac, diffusant toutes sortes d'articles pour fumeurs de pipes. Jean-Charles Rhein qui a donné son nom au lieu est le fondateur. Collectionneur de pipes anciennes (il en possède plus de 300 qui forment un ensemble de premier ordre), il n'en expose qu'une trentaine dans les vitrines de sa boutique. Le magasin propose environ 80 sortes de tabacs et une douzaine de tabacs maison, mélanges vendus par 20, 50 ou 100 g.

Belgique
Jean-Pierre Forton
7, rue des Carmes, **Bruxelles**
Tél. (32) 2 502 80 94.
Cet autodidacte qui a fait tous les métiers (cuisinier, dresseur, marin) ainsi que des stages à Saint-Claude et Cogolin, a ouvert son atelier-boutique-musée en 1988 après dix ans de recherche d'un outillage qu'il savait indispensable. Jean-Pierre Forton restaure les pipes en écume et ambre mais ne crée que des pipes en bruyère. Pas plus de deux cents pipes par an auxquelles il donne un style insolite.

Italie
Carmignani
via Colonna Antonina 43, **Rome**
Tél. (39) 6 679 54 19.
Ouvert en 1892 sur le Corso Vittorio Emanuele, le magasin Carmignani, qui fut l'un des premiers symboles de la pipe dans le monde, est désormais installé via Colonna Antonina. Il passe encore pour être le meilleur magasin de pipes en Italie fréquenté par les familles royales, les chefs d'état et d'autres personnalités. Modèles de pipes anglaises, danoises, françaises et italiennes parmi lesquelles la série 92 Carmignani pour le centenaire de la marque. Sans compter les accessoires, le savoir-faire et le bon goût italiens.

Savinelli
Via Orifici 2, 20121, **Milan**
Tél. (39) 2 345 22 96.
Deux boutiques à Milan et une à Gênes pour la célèbre marque de pipes italiennes. La première est installée Via Orifici depuis 1876, date de la fondation d'un petit magasin d'articles pour fumeurs par Achille Savinelli. La boutique diffuse les pipes de série de la marque, les créations haut-de-gamme et un vaste choix d'accessoires.

Al Pascia
61 via Torino, **Milano**
Tél. 39 2 86 45 05 97.
Plus de dix mille pipes des marques les plus réputées et la fabrication propre des pipes Al Pascia's (24 modèles) sont diffusées par cette boutique qui date de 1906. Après un déclin, l'institution de Turin est reprise en main par un groupe qui entend lui conserver histoire, bon goût et tradition. Ne pas manquer la collection privée de pipes en écume de mer des XVIIIe et XIXe siècle, les pipes de Saint-Claude du XIXe siècle ainsi que les pipes chinoises. Large choix d'articles pour fumeurs venant du monde entier.

Pays-Bas
Hajenius – La Maison du Fumeur
92-96 Rokin, **Amsterdam**
Tél. (31) 20 623 74 94.
Décor à l'identique depuis 1914 : les non fumeurs y sont aussi invités pour le plaisir d'un lieu Arts déco où tous les accessoires sont des années 20, du parapluie au tabouret. Longues pipes de Gouda, Havanes et cigarettes : l'institution d'Amsterdam fondée par Panthaleon Hajenius met l'accent sur un grand choix de tabacs, de pipes et de boîtes à tabacs.

Danemark
My Own Blend
GL. Mont 4, **Copenhague**
Tél.(45) 33 32 66 21.
Morten Kruse a transformé en février 1993 un ancien magasin de tabacs anglais en un lieu dédié aux mélanges de tabacs. A partir de quarante blends, le fumeur de pipe peut se faire préparer un tabac personnalisé. Choix de pipes et d'articles pour fumeurs. A noter une série de pipes baptisées My Own Blend.

W.Ø. Larsen
9 Amagertov, **Copenhague**
Tél. (45) 33 12 20 50.
La marque incontournable de pipes et de tabacs du Danemark. Le simple commerce de détail ouvert en 1864 par la famille Larsen a créé ses propres cigares et tabacs au lendemain de la Première Guerre mondiale, puis ses propres pipes dans les années 50 grâce au savoir-faire et à l'inventivité de Ole Larsen, secondé par son fils Niels. Sont proposés la collection de pipes Larsen, les plus belles pipes du monde entier et quatre cents tabacs différents parmi lesquels quarante Larsen.

Turquie
Hakan Cantekin
Turistik Esva, Içbedesten n° 64-65,
Kapaliçarsi 1st, **Istanbul**
Tél. (90 1) 51 20 614
Au pays de l'écume de mer, un spécialiste de pipes turques.

Yerliexport
Grand Bazar d'Istanbul
Bedesten Şerifaga Sok. 59, Tél. (90) 1 526 26 19
Les pipes en écume de mer d'Eyüp Sabri (voir p. 91) sont vendues dans cette boutique au cœur du bazar d'Istanbul.

LES ANTIQUAIRES

La beauté, la rareté, la perfection d'une pipe, d'un pot à tabac, d'une tabatière, ou d'un râtelier font la valeur commerciale de ces pièces anciennes autant que la demande du public qui ne cesse d'évoluer. Les antiquaires apparaissent comme des marchands heureux qui font de leur passion le bonheur des collectionneurs.

Denise CORBIER
3, rue de l'Odéon, 75006 Paris
Tél. 43 26 03 20.
Seule femme experte en pipes anciennes, Denise Corbier a fait ses débuts dans la profession il y a trente ans. Pots à tabac, tabatières, fume-cigare et fume-cigarette, moules sculptés, pipes en terre, en bois, en écume de mer ou porcelaine : son magasin en raconte l'histoire, des origines à cet âge d'or de la pipe que fut le XIXe siècle. La période préférée de Denise Corbier : 1850-1930. Ses qualités principales : longue expérience et convivialité.

Dominique DELALANDE
2, place du Palais-Royal, Louvre des Antiquaires, 75001 Paris
Tél. 42 60 19 35.
Un nom d'expert mondialement connu dans l'univers des pipes anciennes. Exerçant dans d'autres domaines que la pipe, Dominique Delalande est attiré par le plus rare et le plus beau, attentif à la demande du public sans être dupe des excès de mode. Cet amoureux des pipes a constitué l'une des collections les plus riches du monde en variété de matériaux, origines et qualité de travail. Son ambition : les exposer et leur offrir un musée.

ANTIQUARIUS – THE PIPE SHOP
135 King's Road, SW3 4 PW Londres
Tél. (44) 71 352 33 15.
Bien que son magasin installé à Chelsea offre aux amateurs un vaste choix de pipes anciennes (toutes origines confondues), Brian Tipping – collectionneur et antiquaire – reste l'un des meilleurs spécialistes de pipes en écume de mer. Un fumeur de pipes ne doit pas manquer cette adresse londonienne et conviviale. Large éventail de prix et nombreux accessoires pour fumeurs.

LE PRIX DES PIPES DE COLLECTION

Le prix d'une pipe ancienne dépend de trois critères : la loi de l'offre et la demande, l'état de la pipe et sa rareté. Toutefois, le prix des jolies choses est souvent tabou, et les antiquaires restent prudents. En effet, les pipes anciennes n'échappent pas aux règles d'un marché fluctuant qui oscille au gré de la bourse du client, de l'engouement éphémère, du rapport sacro-saint entre l'offre et la demande. Si une pipe nord-indienne, un calumet dit d'époque, ne coûte pas moins de 50 000 F aujourd'hui, il ne coûtait que 10 000 à 12 000 F à la fin des années 80.

Il est tout de même possible d'établir une échelle de prix. Parmi les pipes Gambier, les innombrables Jacob – la production atteignait 100 000 pièces par an dans la seconde moitié du XIXe siècle – coûtent à l'unité 250 francs environ. On peut de même compter 200 francs pour une pipe en terre ; environ 700 francs pour une pipe en écume de mer non sculptée de la fin du siècle dernier mais il faut compter à partir de 2 000 F pour une pipe sculptée. Pour les pièces en bois, tout dépend du travail de sculpture. De ravissantes pipes en porcelaine peintes à la main, datant du début du siècle, coûtent de 2 000 à 4 000 francs.

Les plus beaux chefs-d'œuvre de l'art de la pipe restent des productions du XIXe siècle en écume de mer : avec couvercles en argent et tuyaux d'ambre, diverses sculptures (buste, tête de personnage, tête d'animaux, scènes de chasse mythologiques). L'une de ces pipes, avec couvercle et monture d'argent, peut valoir plus de 12 000 francs.

Enfin, en ce qui concerne les pipes « modernes » en racine de bruyère, il est possible de commander auprès d'un maître-pipier de Saint-Claude une pipe à l'effigie d'un parent, d'un ami ou de soi-même. L'envoi de trois photos (de face et des deux profils), éventuellement une visite sur place (recommandée), suffisent à mener à bien cette création personnalisée. Un à deux mois de délai sont demandés. Le coût varie de 20 000 à 49 000 F.

LES MARQUES DE TABACS

Les tabacs mentionnées et brièvement commentés ci-dessous sont tous distribués en France par Belrive, Tobacco & Trading Co, la Seita, Butz-Choquin. La grande majorité d'entre eux est d'origine étrangère, constituée exclusivement de tabacs blonds. Il y a vingt ans, les Français consommaient pour moitié tabacs bruns (robustes et un peu frustes) et tabacs blonds (doux et légers). Aujourd'hui, le tabac brun compte pour moins de 10% dans la consommation des fumeurs de pipe français. Peu à peu le tabac blond, souvent arômatisé, parfois élégant et complexe, a gagné des adeptes. La distribution en France des tabacs W.O. Larsen – les plus célèbres tabacs danois parmi lesquels devraient figurer le Larsen's Choice (un classique à base de Virginie, Black Cavendish et Latakia), le Danish Choice (aromatique, à base de Virginie mur) ou le Blend 29 au goût fumé – est annoncée pour l'automne 1993.

TABACS ETRANGERS BLONDS
ALSBO (marque danoise)
Resolution. A base de Virginie d'Amérique et de Malawi d'Afrique, le fleuron de la maison danoise Stokkebye. Un tabac doux et frais, révélant des arômes de rhum, bourbon et vanille.
Black. Arômes de vanille, noisette et sous-bois pour ce tabac à base de Cavendish noir, de Burley léger et de Virginie.
Gold. Un tabac léger à base de Cavendish et Virginie, aux arômes de vanille et pistache.
Premium. Légèrement fruité, aux arômes de vanille et caramel, un tabac léger à base de Virginie, Burley et Cavendish.
Danish de Luxe White. A base de Virginie d'Amérique et d'Afrique, un tabac doux et sucré, à l'arôme de miel.
Danish de Luxe Yellow. Doux, sucré, légèrement vanillé, un tabac à base de Virginie et de Burley.

AMPHORA (marque hollandaise)
Cesare Borgia. Un « Amphora » différent contenant une forte touche de Latakia. Tabac au parfum prononcé et fortement fumé.
Regular. Un classique élégant aromatique.
Ultra Mild. Un mélange aromatique sur le modèle du Regular mais plus complexe.
Ultra Light. Sur le modèle du Ultra Mild mais révélant un « sauçage » moins prononcé.
Vintage Malt Whisky. Un tabac aromatique au parfum de whisky et cerise
Rich Aroma. Une des récentes spécialités hollandaises : parfums travaillés sur la base classique de Virginie et de Burley, présentée sous forme de Cavendish ready rubbed.
Full Aroma. Dans le même série de tabacs aux arômes forts, l'un des plus parfumés.
Golden. Pour les amateurs de blends anciens. Un classique à l'arôme léger, plus doux que le black qui suit.
Black. Un autre grand classique devenu une référence ; légèrement aromatisé et recherché.

CLAN (marque hollandaise)
Aromatic. Un tabac blond, léger et doux à base de Virginie et de Burley, peu aromatique.
Light Aromatic. Plus léger encore que le précédent.
Mild Cavendish. Léger et naturel, un tabac dont la grosseur de coupe est de belle envergure.

DAVIDOFF (marque suisse)

Scottish Mixture. Un tabac extrêmement doux, léger et aromatique à base de Virginie, Burley et Kentucky.

Danish Mixture. A base de Virginie, Burley et Cavendish Noir, un tabac doux, léger et aromatique

Royalty. Un tabac moyennement puissant à base de Virginie, Burley et Latakia

English Mixture. Un tabac doux à base de Virginia que complètent tabacs d'Orient, Latakia au goût fumé prononcé, Périque lourd et sucré

Oriental Mixture. Un tabac de force moyenne à base de Virginie, Burley et Latakia

DUNHILL (marque anglaise)

Standard Mixture Medium. Un tabac assez fort. Son arôme prononcé est dû au Latakia présent en belle proportion

Early Morning Pipe. Un des plus célèbres mélanges anglais, dans la lignée du Standard Mixture Medium en plus léger.

Mild Blend. Mélange de différents Virginie. Un grand classique anglais à coupe large

Black Aromatic. Parfum de miel et « sauçage » légèrement prononcé pour ce mélange Dunhill 92, équilibré, à base de Virginie.

JOHN BRUMFIT'S (marque anglaise)

Cherry Cream. Goût de cerise prononcé pour ce mélange de Virginie et Burley. Doux et légèrement épicé.

Orange Virginian. Quelque chose de l'Old Radford's et du mélange écossais de Davidoff. Une douceur au parfum d'orange.

HALF & HALF (marque américaine)

Light American. Douceur vanillée. Comparé à la collection Amphora, un arôme plus puissant et un goût plus soutenu.

Burley & Bright. Un classique réputé à base de Burley et Virginie comme tous les Half & Half. Belle richesse de goût malgré douceur et légèreté du mélange.

TROOST (marque hollandaise)

Aromatic. Même type de tabac que la collection Amphora. Dans la lignée des tabacs hollandais récents et aromatiques. Belle coupe large.

Black Cavendish. Sur le même modèle que l'Aromatic. Douceur et richesse d'arômes sucrés.

FOUR SQUARE (marque danoise)

London Mixture. Un mélange subtil à base de Virginie, tabacs d'Orient et Latakia. goût puissant mais non aromatique.

Curlies. Un blend plus classique à base de Virginie. Tabac non aromatique mais d'une grande richesse de goût, servi en boucles.

Mild Navy Cut. Tabac pressé et coupé en lamelles à rouler. Une base de Virginie pour un goût discret et un arôme de figue.

AUTRES TABACS

Flying Dutchman. Tabac blond, coupé fin, aromatique, équilibré et élégant.

Indian Summer. Assez parfumé, ce tabac est fabriqué par les Mormons.

Carolina Rose. Un choix du meilleur tabac de Virginie aux couleurs brunes et dorées associé aux Burley et Black Cavendish avec un soupçon de tabac d'Orient. Aromatique et subtil, plus sucré que le Kentucky Bird.

Old Radford's. Goût de noisette et miel pour ce mélange très aromatique

Neptune. Mild mixture très aromatique

Cavas. Fabriqué en Hollande chez Oldencott, un mélange dit irlandais à l'arôme prononcé

Scottish Blend. Un mélange écossais assez parfumé que propose la très célèbre maison Harald Halberg sous la marque Mac Baren.

Private Stock. Un tabac à base des meilleurs Virginie et Black Cavendish. Le prix en est élevé mais l'arôme riche.

Cruise Line. Mélange harmonieux de différents Virginie au goût prononcé et à l'arôme puissant.

Daniel Boole's. Des tabacs mûrs de Virginie et de Black Cavendish pour un mélange doux et léger. A fumer à toute heure. Recommandé aux fumeurs néophytes.

Adventure. Tabac américain moins connu, dans la lignée de la gamme.

Saint-Bruno. Fabriqué à Liverpool et présenté Ready Rubbed, un classique britannique. Son goût s'apparente à celui de l'Erinmore.

Shippers Tabak. Fabriqué près de Rotterdam, ce tabac a le goût d'herbe coupée.

Kentucky Bird. A base de Burley et Virginie, ce tabac peu parfumé, d'une grande douceur et finesse compte quelques pétales de roses

Caledonian Red. Moins fort que le Caledonian Green, à base de Virginie, Burley et Black Cavendish, ce tabac doux rappelle pour certains le sirop d'érable

Caledonian Green. Plus fort que le précédent, sans arôme, ce tabac est à base de Virginie, Latakié et autres tabacs d'Orient fumés.

Royal Danish. Cher, sans arôme prononcé, un Stanwell à base de Virgine présenté en flakes.

Erinmore mixture. Un mélange anglais au goût fumé (Latakia) prononcé

Capstan Navy Cut Medium. Un mélange anglais présenté en flakes

Tobak 1er Cru. Léger, équilibré et élégant, un tabac à base de Virginie, de Périque et de tabacs d'Orient

Irish Mead. Idéal pour de nouveaux fumeurs, léger et légèrement aromatique, doux et moelleux, un tabac à base de Virginia, Burley et tabacs d'Orient au goût de miel

TABACS FRANÇAIS BLONDS

Amsterdamer. Le normal et le Mild, très aromatiques tous les deux, marque suisse dont les tabacs sont fabriqués en France sous licence. Aromatiques.

Narval. Petite vente aujourd'hui avec un Virginie aromatique et un mélange aromatique moins riche et moins élégant que les autres.

Saint-Claude. Deux tabacs blonds de la marque Saint-Claude : le Confrérie Nordique, aromatique, et le Confrérie à l'ancienne, plus classique et discret.

TABACS FRANÇAIS BRUNS

Saint-Claude. Le Qualité Tradition est un tabac fort, équivalent de celui des Gitanes et autres Gauloises. Goût du terroir qui donne une sensation rêche sans grande finesse.

Caporal. Mélange de tabacs français et tabacs d'Orient pour le Caporal Export (proche du Saint-Claude en plus fort) ; le Caporal simple est ce qu'on appelle le tabac gris (plus simple encore que l'Export), le Scaferlati Supérieur Caporal est plus puissant en goût ; le Scaferlati Doux Caporal est plus léger parce que « lavé » d'un surplus de goudron et de nicotine. Le Scaferlati pour la pipe, coupé gros, est le tabac meilleur marché. En marge de ces tabacs bruns puissants, le Bergerac (scaferlati mélange Caporal) est le plus léger des Caporal.

L E S M U S E E S

FRANCE

Grasse – Collection Alice de Rothschild
Bibliothèque municipale,
boulevard Antoine-Maure
Tél. 93 36 26 85.
A découvrir seulement sur rendez-vous, la collection d'Alice de Rothschild née à Francfort en 1847, forte et mystérieuse personnalité, propriétaire d'une villa sur la Côte d'Azur que la reine Victoria avait coutume de visiter. Ce sont 450 pièces maîtresses (très peu en bois) que possède depuis 1927 la bibliothèque municipale de Grasse. Il n'empêche que la valeur de l'ensemble tient à un large et précieux échantillonnage : pipes du XVIIIe siècle en écume de mer, pipes en verre de Venise, imposants fourneaux polychromes en porcelaine de Saxe, pipes en terre du Straffordshire. Somptueux.

Dieppe – Musée municipal du Vieux Château
rue de Chastes , Tél. 35 84 19 76.
Une collection de fragments de pipes en terre des XVIIIe et XIXe siècles (265 fourneaux et 186 tuyaux) que l'on peut voir sur rendez-vous.

Paris – Musée de la Seita
12, rue de Surcouf, Tél. 45 56 60 17.
Une exposition permanente sur le tabac se tient dans une salle située au rez-de-chaussée de l'immeuble de la Seita. Balances de tabac, divers types de pipes parmi lesquelles des pipes à opium, panneaux expliquant la fabrication et la production du tabac. Librairie attenante au musée (voir rubrique « Boutiques »).

Saint-Claude – Musée de la pipe
1 bis, rue Gambetta, Tél. 84 45 17 00.
Dans le fief de la bouffarde, l'épopée de la pipe

de Saint-Claude : travail du bois (une institution depuis le VIIe siècle), procédés de fabrication, évolution de la pipe dans le monde, collections particulières du musée. Hêtre, merisier, buis et, depuis 1854, racines de bruyère : du tournage à la sculpture, toute l'histoire du savoir-faire des maîtres-pipiers jurassiens. Ou comment une cité de pèlerinage, étape sur les chemins de Saint-Jacques-de-Compostelle a troqué les objets de piété pour les tuyaux et fourneaux, le travail de la corne, de l'ambre et de l'ivoire.

Saint-Omer – Musée Sandelin
14, rue Carnot, Tél. 21 38 00 94.
Installé dans un hôtel particulier du XVIIIe siècle, propriété de Mme de Sandelin, l'actuel musée entièrement meublé d'époque, expose collections d'objets d'art, peintures entre autres flamandes et hollandaises, ainsi qu'une collection de pipes en terre. Deux mille pièces provenant de la manufacture Duméril, l'une des deux plus célèbres de Saint-Omer avec Fiolet du temps où Saint-Omer était connu pour sa production de tabacs et de pipes. Sans doute la plus belle collection française de pipes en terre à l'effigie du Christ et de personnages célèbres, de l'Antiquité au XIXe siècle.

Bergerac – Musée du tabac
Maison Peyrarède, place du Feu
Tél. 53 63 04 13.
Ce musée créé par Georges-Henri Rivière en 1950 et repris en 1982 par Bernard Clergeot est avec l'Institut du Tabac et le Centre de formation, l'une des trois antennes de la capitale française du tabac. Installé dans un hôtel particulier du début du XVIIe siècle, le musée du Tabac de Bergerac se veut anthropologique. Autrement dit, parlant des civilisations à travers le tabac dans son environnement naturel. Une collection d'un millier d'objets dont 300 pipes : les types les plus significatifs y sont représentés.
Dans cette région riche de quelque 200 à 300 planteurs de tabac brun, ne pas manquer la visite (itinéraire fléché en libre-service) du laboratoire de recherche de l'Institut du tabac : modes de culture, utilisation et variétés de Nicotiana.
Institut du tabac, Domaine de la Tour, 24100 Bergerac, Tél. 53 63 66 00.

ANGLETERRE

Londres – Musée Dunhill
Burlington Arcade, Tél. (44) 71 499 95 66.
Non loin du magasin Dunhill de Duke Street (voir rubrique Boutiques) et perpendiculaire à Picadilly, un musée-boutique pas plus grand qu'une maison de poupée ouvert à l'automne 1990. Le conservateur, Ian Mac Omirsh, est chargé des rachats de pièces anciennes pour la célèbre marque britannique. Parmi celles-ci : la première pipe Dunhill, la Shield (avec écran contre le vent, à utiliser en décapotable...) et le briquet d'amoureux 1930 à l'effigie d'une femme aimée.

Brighton – The Royal Pavilion
East Sussex, Old Stein
Tél. (44) 273 60 30 05.
Reconstruite à partir de 1817, l'extravagante fantaisie architecturale de style mongol qu'est le Royal Pavilion de Brighton, est dédiée à l'art oriental. Dans les jardins est installé le Brighton museum and Art gallery où la Willett Collection offre un choix intéressant de pipes en terre cuite 1790 à 1800 et de pipes du XIXe siècle.

SUISSE

Lausanne
Musée de la pipe et des objets du tabac
Galerie de Coq-Muet, 7 rue de l'Académie
Tél. (021) 23 43 23.
Antiquaire spécialisé dans les arts anciens et la sculpture, Jacques Schmied est aussi collectionneur de pipes. Ses pièces sont exposées dans les vitrines du sous-sol de son magasin à Lausanne, entre la cathédrale et le château. Plus de 2 500 pièces choisies pour leur rareté et leur valeur historique plus que pour leur beauté. Parmi les plus spectaculaires : pipes en verre du XVIIIe et XIXe provenant de Murano, pipes en argent, pipe en buis suisse du XVIIe siècle. A découvrir aussi des pots et boîtes à tabac et autres accessoires, des gravures. Un musée privé qui mérite une halte.

ITALIE

Gavirate
Musée de la pipe
Via de Chiostro 1/3
Tél. 332 74 77 50 (sur rendez-vous).
En Lombardie, près de Varèse, à l'extrémité septentrionale du lac du même nom, Alberto Paronelli, président de l'Académie de la pipe, a installé dans une maison ayant appartenu à son grand-père l'un des musées les plus complets sur la pipe. Pas moins de 10 000 pipes du monde entier, six tours en bois venant de Saint-Claude (encore en état de marche), 300 outils en bois et bruyère datant du siècle dernier et une collection de 3 000 poinçons en acier ainsi que d'anciens cahiers de fabriques de pipes et catalogues, livres et affiches. La bibliothèque réunit plus de mille ouvrages en différentes langues sur la pipe. Deux salles sont consacrées à la restauration des pipes.

PAYS-BAS

Gouda
Musée de Moriaan,
Blackmoor, Westhaven 29
Tél. (31) 182 088 444.
A 50 km d'Amsterdam, Gouda, ancienne ville de négoce connue pour ses fromages et ses pipes : la Guilde des maîtres-pipiers y fut créée en 1661. Installé dans une ancienne raffinerie de sucre dont la façade Renaissance date de 1617, le Moriaan Museum associe depuis 1938 une boutique (au XVIIIe siècle, on y vendait thé, café et épices) qui restitue l'atmosphère cossue des commerces de luxe du XVIIIe en Hollande, à un choix d'articles pour fumeurs. Poteries, carreaux de faïence émaillée de 1600 à 1850 aux motifs liés au tabac, importante collection de pipes en céramique et en terre, tabatières, machine à découper le tabac. A noter une vidéo sur la fabrication des pipes en terre à la grande époque de Gouda.

Leiden
Musée des pipes en terre de Leiden
Oude Vest 159 a
Tél. (31) 71 12 13 40.
A Leiden, ancienne cité drapière et ville-musée célèbre pour son université qui fut la première fondée au Pays-Bas, l'une des plus belles collections de pipes en terre. Un centre de recherche réservé à l'étude des pipes complète le musée qui offre un panorma complet sur les pipes en terre : des pipes précolombiennes aux pipes en céramique. Sans oublier pipes turques et narguilés, pipes françaises personnalisées (1880) et moules en cuivre gravé. A signaler le matériel typographique d'un maître-pipier de Gouda de 1870. La boutique attenante offre un assortiment de pipes anciennes et modernes en terre, écume, bois, porcelaine, et autres objets du tabac ainsi qu'un choix de livres.

Groningue – Niemeyer museum
Brugstraat 24, Tél. (31) 50 12 22 02.
A Groningue, la cité la plus importante du nord des Pays-Bas, une demeure du XVe siècle abrite le musée maritime du Nord et le musée du Tabac. Objets relatifs à l'usage du tabac en Amérique précolombienne, pipes amérindiennes et longues pipes de Gouda en terre cuite, moules en cuivre et splendides pipes en écume de mer au couvercle d'argent, des pipes en porcelaine (voir la pipe à l'effigie de Mme de Staël), ou corne et porcelaine. Ne pas manquer la reconstitution d'un magasin de tabac du XVIIe siècle.

BELGIQUE

Wervik – Taback Museum Brikkenmolen
Musée du tabac, domaine De Briikkenmolen
63 Koestraat, Tél. (32) 56 31 49 29/ 10 41/ 47 31.
A 15 km de Courtrai, près de la frontière française, dans les dépendances du grand moulin Brikkenmolen de la fin du XVIIIe siècle, un musée du tabac a ouvert en 1987, fort d'une collection de 2 500 objets sur la culture du tabac constituée dès 1977 grâce à l'association des Amis du Tabac. A l'entrée un débit de tabac d'avant-guerre, au premier étage la reconstitution d'une petite usine avec ses machines à traiter le tabac. En matière de pipes, le panorama est complet : elles sont hollandaises, autrichiennes, italiennes, suisses, belges, françaises. Ajouter des pots à tabac en terre du XVIIIe siècle, des tabatières sculptées, des râpes en ivoire. Importantes archives de réclame. A noter une section didactique sur l'histoire du tabac.

Andenne – Musée communal de la céramique à Andenne
29, rue Charles-Lapierre, Tél. (32) 85 84 11 50.
Dans la province de Namur, un musée de la céramique qui retrace l'histoire de la céramique d'Andenne, de l'époque romaine au XXe siècle : évolution de la pipe en terre, heures de gloire de la terre d'Andenne (1783-1892), une argile blanche et onctueuse dont les qualités de plasticité furent remarquées par un pipier de Coblence. La tradition s'est perpétuée jusqu'en 1930. A signaler la présence de deux fours (l'un du

Moyen-Age, l'autre du siècle dernier), la reconstitution d'un atelier (miniaturisation de l'atelier de Pascal Léonard), un atelier de fonderie.

Vresse-sur-Sémois – Musée du tabac et du folklore
(centre touristique et culturel de Vresse)
rue Albert-Raty, Tél. (32) 61 50 08 27.
Dans une région de la Belgique productrice de tabac, un musée qui rassemble plus de 500 pipes du XVe au XIXe siècle, en terre, céramique et écume de mer. Le tabac est ici raconté sous toutes ses formes et à travers de multiples objets tels que boîtes à priser et hachoirs. Belle évocation à travers des tableaux du XXe siècle.

DANEMARK

Copenhague – Musée de la pipe W.Ø. Larsen
9 Amagertov, Tél. (45) 33 12 20 50.
Le musée le plus populaire du Danemark sur le thème des pipes et le tabac. Attenant à la boutique Larsen, au centre ville de Copenhague, un lieu consacré aux fumeurs à travers les siècles : boîtes à priser, pipes de tous les continents et toutes les matières, pots et coffrets à tabac. Voir les anciens gratte-pipe en argent servant de modèles aux créateurs d'aujourd'hui. Formidable bibliothèque sur le tabac qui peut être visitée sur rendez-vous.

AUTRICHE

Vienne – Musée autrichien du tabac
Osterreichischen Museum
7 Messepalast (entrée Mariahilfer Strasse 2)
Tél. (43) 1 526 17 16.
Une collection dont on dit qu'elle n'a pas d'équivalent dans le monde. Hommage à l'histoire et aux objets du tabac, l'endroit veut raconter la tabac sur un double plan sociologique et culturel. Apparu en 1873 grâce au fonds de pipes en écume de mer et autres articles pour fumeurs fabriqués à l'occasion de la Foire internationale de Vienne, le musée prend un nouvel essor dans les années 30 puis en 1949 après les dégâts et vols dus à la Seconde Guerre mondiale. En guise de kiosque à tickets d'entrée, la reproduction fidèle d'un débit de tabac du temps de la monarchie autrichienne. Au-delà, bel éventail de tabatières, pipes en terre, pipes en porcelaine de chine, pipes d'Afrique et d'Amérique. Parmi les objets insolites, la pipe en forme de rose du duc de Brunswick (l'une des plus anciennes d'Europe, elle date de 1602), la pipe géante en bois sculptée offerte à François-Joseph et une imposante pipe en écume de mer de style gothique. Le musée expose aussi bon nombre de documents sur la compagnie autrichienne du tabac.

ALLEMAGNE

Hambourg – Tabakhistorische Sammlung Reemtsma
Parkstrasse 51, Hb 52, Tél. (49) 40 82 00 / 20 54 (Ouvert sur rendez-vous)
Dans l'ancienne résidence en brique des années 30 de P.F. Reemtsma, industriel et fabricant de cigares, sont exposés 6 000 documents ayant trait à l'usage du tabac. Des pièces rares ainsi quelques-unes des premières pipes en terre, des emballages de cigarettes de Russie ou de Turquie, des accessoires pour fumeurs venant d'Amérique du Nord, d'Afrique et d'Asie.

Brême – Bremer Landesmuseum – Focke Museum
Schwachhauser Heerstrasse 240
Tél. (49) 421 361 35 75.
Dans le cadre d'un musée consacré à l'histoire de la ville et à sa région, une importante collection autour de la pipe et de la culture du tabac.

Brême – Uberseemuseum
Bahnhofsplatz 13, Tél. (49) 421 397 83 57.
Eléments historiques sur la fabrication du tabac dans le cadre d'un panorama complet sur les civilisations océanienne, africaine, américaine et précolombienne à découvrir sous l'angle de l'environnement, de l'économie et de la religion.

Husum – Tabakmuseum in Husum
Wasserreihe 52, Tél. (49) 48 41 61 276.
Musée privé de Helmut Schwermer qui présente des accessoires, affiches, livres autour du tabac dans un lieu qui a plus de 100 ans.

SUEDE

Stockholm – Nordiska Museet
Djurgardsvngen 6-16
Tél. (46) 8 666 46 00.
Dans l'île de Djugarden, le musée Nordique fondé en 1872 par Artur Hazelius, le créateur du musée en plein air Skansen, abrite plus de cent pipes : la plupart sont en terre, quelques-unes en écume de mer et en bruyère avec lentille d'argent. Thème du musée : le mode de vie et le travail du peuple suédois.

CLUBS ET CONFRÉRIES

En France, une quarantaine de pipes Clubs organisent des rencontres régionales, débats, conférences, concours parmi lesquels ces jeux de patience que sont les championnats de fumeurs de pipe. Il s'agit pour chacun de garder allumée sa pipe le plus longtemps possible. Chaque concurrent ayant reçu un modèle identique, deux allumettes et trois grammes d'un même tabac. Certains la fument en deux minutes, d'autres en deux heures ! Chaque adresse de pipe club est précédée du nom de son responsable. Il existe à présent un serveur minitel : 3615 Calumet 2000, remis à jour régulièrement. Créé il y a deux ans par le Pipe Club de Lille, ce serveur offre aux fumeurs et aux collectionneurs différents services : des informations permanentes (des conseils pour les débutants, les coordonnées et activités des pipes Clubs, les musées, une bibliographie...), les News (les dernières créations de pipes, les manifestations pipières, les concours, les ventes et expositions...), ainsi que les petites annonces de collectionneurs, des jeux. Il est possible de poser des questions, les réponses demandant un délai de trois jours. Calumet 2000 comble enfin le manque d'une structure organisée et accessible à tous. La pipe sous le signe de la convivialité.

Pipe Club de France
9, rue Saint-Fiacre, 75002 Paris
Tél. 42 36 51 02.
Fondé par André-Paul Bastien en 1969, membre du Comité international des pipes Clubs qui comprend dix-neuf pays d'Europe, d'Asie et d'Amérique, le pipe Club de France est présidé par Roger Almerge.

Pipe Club de Paris
Gérard Goffin
28, rue Lamblardie, 75012 Paris
Tél. 43 42 52 29.

Pipe Club du Val-de-Seine
André Lemasson
69, avenue Danielle-Casanova, 94200 Ivry-sur-Seine
Tél. 46 72 08 56.

Pipe Club Rabelaisien
Philippe Gouault
4, rue de la Borne-Sud, 92190 Meudon
Tél. 46 26 22 83.

Pipe Club d'Artois
Michel Lesaffre
629, avenue du Maréchal-Juin, 62400 Béthune
Tél. 21 56 90 44.

Pipe Club de Saint-Lô
François Luchesi
98, route de Coutances, 50180 Agneaux
Tél. 33 05 21 57.

Pipe Club de Lille
Alain Letulier
72, rue Faidherbe, 59000 Lille
Tél. 20 06 37 56.

Pipe Club du Vert Galant
Jean-Luc Fernagut
5, Jardin de Denouval, 78570 Andrésy
Tél. 39 74 02 57.

Confrérie de Sarre & Albe
Claude Fischer
1, passage du ruisseau, 57200 Remelfing
Tél. 87 95 77 91.

Pipe Club de Metz
René Goudot
44, rue Jean-Burger, 57160 Rozerieulles
Tél. 87 60 50 20.

Pipe Club de Nancy
Claude Aubry

69, Grande-Rue, 54180 Heillecourt
Tél. 83 51 34 49.

Pipe Club d'Alsace
Joseph Krieger et E. Dreyfus
25, quai Mullenheim, 67000 Strasbourg
Tél. 88 36 34 18.

Pipe Club de Morez
Annie Lapostolle
39380 Chissey-sur-Loué
Tél. 84 37 65 44.

Pipe Club de Dijon Bourgogne
Jean-Michel Guyot
28, rue de La Fontaine, 21800 Quétigny
Tél. 80 46 24 88.

Pipe Club de Saint-Claude
Gérard Chapel
45, rue du Pré, 39200 Saint-Claude
Tél. 84 45 04 02.

Pipe Club Arlaten
José Aubert
Route de Caumont,
84470 Châteauneuf-de-Gadagne
Tél. 90 22 42 15.

Pipe Club Phocéen
Alain Rimorini
Chemin de Sainte-Marthe, bat 36,
Les Rosières, 13016 Marseille
Tél. 91 98 28 86.

Pipe Club d'Annecy
Charly Roux
23, rue Vaugelas, 74000 Annecy
Tél. 50 45 06 97.

Pipe Club de Roanne
Roger Reynaud
Hôtel de la Paix, 29, avenue Gambetta,
42300 Roanne
Tél. 77 71 24 33.

Pipe Club de Grenoble-Dauphiné
Daniel Page
17, rue Jean-Moulin, 38300 Bourgoin-Jallieu
Tél. 74 93 51 14.

Pipe Club de Provence
Roger Dey
Bat E, Résidence Haïti, chemin de la
Tresvarèse, 13012 Marseille
Tél. 91 49 06 03.

Pipe Club de Nantes
Jean-Pierre Sauvage
1, boulevard Boulay Paty, 44100 Nantes
Tél. 40 40 00 02.

Pipe Club de Lorient
Jean Duchenet
19, rue Prosper-Gicquel, 56100 Lorient
Tél. 97 37 20 86.

Pipe Club de Limoges
Michel Laguionie
49 bis, impasse de Toulouse, 87000 Limoges
Tél. 55 30 14 63.

Pipe Club du Cher
Maurice Desormeaux
11, boulevard du Maréchal-Joffre, 18000 Bourges
Tél. 48 20 22 32.

Pipe Club d'Auvergne
Louis Chantrel
38, boulevard de Montchalamet, 63130 Royat
Tél. 73 35 89 01.

Pipe Club de Montluçon
Alain Baudon
61, boulevard de Courtais, 03100 Montluçon
Tél. 70 28 29 02.

Pipe Club de Chamalières
Jean-Paul Thevenoux
71A, avenue du Parc, 63110 Beaumont
Tél. 73 27 93 77
(Confrérie de la bouffarde auvergnate).

Pipe Club Comminges-Couserans
Denis Huthwohl
Le Gîte, 09160 La Bastide-du-Salat.

Pipe Club de Montpellier
Joël Damade
1505, Route de Vendargues, 34730 Prades-le-Lez
Tél. 67 59 71 21.

Pipe Club de Biterrois
Jacques Monie
176, avenue de Cazouls, 34370 Maraussan
Tél. 67 90 33 61.

Pipe Club de l'UzEge
André Leclaire
adresse postale G. Prungnaud, rue du
Cantonat, 30700 Saint-Quentin-la-Poterie
Tél. 66 22 00 64 ou 66 89 12 03.

Confrérie de Jean Nicot
53, quai d'Orsay, 75340 Paris cedex 7/ BP 304,
13302 Marseille cedex 3.

Euro Pipe Club de Bruxelles
Le Poechenellekelder, Rue du Chêne 5,
B – 1000 Bruxelles
Fondé par Jean-Pierre Forton et Michel Ringoir, et présidé par Roger Van Tournhout, l'Euro Pipe Club communique la liste de tous les Pipes Clubs de Belgique.

Club des fumeurs de pipes du Québec
CP 910 Succursale Desjardins, Montreal,
Québec, H5B 1C1.
Fondé en 1992, ce club accueille quatre-vingt-dix membres, organise manifestations et rencontres dont un concours annuel et cinq dîners. Le bulletin du club est publié six fois par an.

LE RENDEZ-VOUS DES PROFESSIONNELS

Ouverts au grand public, la liste des pipes clubs qui précèdent est la meilleure manière d'entrer en contact avec les connaisseurs de la pipe et du tabac.
Pour les plus curieux, quelques sources d'informations complémentaires : par correspondance, les instances professionnelles mentionnées ci-dessous se feront un plaisir de renseigner le fumeur de pipe ou l'historien du tabac.

LES CONFRÉRIES

Académie internationale de la pipe
Via des Chiostro 1/6, 21026 Gavirate, Italie
Tél : (39) 332 74 77 50.
Fondée en 1984 par André-Paul Bastien, Alberto Paronelli et sept experts internationaux en matière de pipe. Elle compte aujourd'hui vingdeux membres de quatorze pays sous l'égide de son grand maître, Pierre Schiltz.

Association du Calumet de la paix
22, avenue Emile- Zola, 75015 Paris
Tél. 45 77 70 64.
Fondé en 1991 lors des premières mesures anti-tabac, cette association compte plus de 23 000 adhérents dont un quart de non fumeurs. Elle travaille à la bonne entente des fumeurs et des non fumeurs, intervenant en cas de litige. Son slogan : tolérance, dialogue et convivialité.

Confrérie des maîtres-pipiers de Saint-Claude
42, rue du Pré, BP 32, 39200 Saint-Claude.
Tél. 84 45 04 02 (9h-12h).
Sur le plan commercial, cette confrérie regroupe douze marques de Saint-Claude (Bontemps, Butz-Choquin, Chacom, Chap, Ewa, Ropp, Vuillard, Genod, Graco, Jeantet, Jean Lacroix et Claude Romain), qui fabriquent et distribuent sept cent mille pipes par an. Sur le plan de la convivialité, la confrérie doit beaucoup à Edgar Faure, député du Jura et grand amateur de tabac, qui la fait ressusciter en 1966. Cette année même, le sénateur fut intronisé Premier Fumeur de pipe de France. Ce titre fut donné à vingt-sept fumeurs parmi lesquels Bernard Blier, Henri Verneuil, Claude Chabrol, Jacques Faizant, Pierre Dumayet et Louis Pauwels. La confrérie compte par ailleurs plus de sept cents confrères. Si vous souhaitez devenir membre de la Confrérie, et vivre la magique et secrète séance d'intronisation, il vous faut être un passionné et un inconditionnel de la pipe, si possible être parrainé par un des confrères, et envoyer une lettre de candidature à la confrérie. La suite de l'aventure est à découvrir.

Comité international des pipes clubs
CIPC, M. Geert Derske, Krommeniestraat 55, Tilburg 5045 RT, Hollande.
On peut obtenir auprès de ce comité les contacts du Pipe Club de chaque pays associé. Le secrétariat général en est assuré par Roger Almerge (voir « Pipe Club de France »).

MAGAZINES ET BULLETINS

La Revue du tabac, International Tobacco Review, 18, rue Saint-Fiacre, 75002 Paris. Tél. 42 36 51 02.
Publication bimensuelle du Pipe Club de France destinée aux professionnels du tabac mais auprès de laquelle il est possible d'obtenir de précieux renseignements.

British Trade Journal Tobacco, Jacques Cole, Queensway House, 2 Queensway, Redhill, Surrey RH1 1QS, Angleterre (seconde publication non régulière : Pipe Line)

La Lettre de la Confrérie des maîtres-pipiers de Saint-Claude (voir rubrique Confréries)
Tous les ans, au mois de janvier, la confrérie informe ses membres des événements culturels et médiatiques intervenus dans l'année, donne les noms des nouveaux membres...

Le Grenier du collectionneur
88 A avenue du Polo, 1150 Bruxelles
Bulletin trimestriel publié par Jean Léo, spécialiste des pipes en terre. Pour les bibliophiles et les collectionneurs, voir les numéros consacrés à la pipe : n° 43, 57, 67, 75.

LE LEXIQUE DE L'AMATEUR

A : première catégorie de pipes en bruyère au bois riche en œils-de-perdrix.

AB : catégorie de pipes en bruyère de belle texture sans défaut.

AC : catégorie de pipe en bruyère à texture plus commune que les pipes AB. Quelques imperfections sont tolérées.

Ambre : résine fossile issue de divers arbres, servant à la fabrication des tuyaux de pipes. Introuvable aujourd'hui car les gisements de la rive méridionale de la mer Baltique sont quasiment épuisés, l'ambre est devenu fort cher (30 000 F le kilo).

Ambrolith : résine synthétique imitant l'ambre.

Angoulmoisine : nom donné à la fleur de tabac par André Thévet, botaniste et voyageur, à son retour du Brésil.

Apooke : synonyme de la Nicotiana Rustica ; nom donné par un colon, planteur de tabac en Virginie au début du XVIIe siècle.

Apple : modèle de pipe au fourneau arrondi, dérivé de la Billiard (famille des Straight) ; le modèle existe aussi en version Bent.

Bague : à but décoratif, la bague est placée sur le tuyau.

Balle : unité de conditionnement et de poids (100 kilos) des ébauchons (une demi-balle équivaut à 50 kilos d'ébauchons de même taille) ; on parle aussi d'une balle de tabac (ou bouquet) qui contient une dizaine de feuilles d'un grade donné.

Base (tabacs de) : tabacs qui donnent au produit fini ses caractéristiques essentielles et sa note dominante.

Batteur : ouvrier qui battait dans une cuve en bois, à l'aide d'une barre de fer, deux types de terre dont de l'argile pour la fabrication des pipes en terre.

Bent (courbe) : forme basique de pipes en bruyère qui a donné son nom à une famille de modèles ; contrairement aux Straight, tige et tuyau des Bent sont courbes. Pipe plus légère en bouche car le centre de gravité est plus bas.

Bent Albert : modèle de pipe Bent ; forme gracieuse et fourneau incliné.

Bent Army : modèle solide de pipe Bent ; fourneau arrondi et tige renforcée par une virole.

Bent Rhodesian : modèle robuste et trapu de pipe Bent ; tige et tuyau plus épais que dans une Bent classique.

Billiard : modèle de pipes Straight aux nombreux dérivés ; lignes pures, tige droite, fourneau vertical, à angle droit avec le tuyau.

Blague : accessoire des fumeurs ne voulant pas déformer leur poche avec une boîte de tabac métallique. En cuir ou tissu, de taille variable et doublée d'une matière souvent dérivée du caoutchouc.

Blanc de baleine : graisse contenue dans la bosse frontale des cachalots et dans laquelle on trempe la tête d'une pipe en écume de mer.

Blender : expert chargé de l'achat des tabacs et des mélanges de grades ; son art est de les choisir et de savoir les marier.

Blonds (tabacs) : tabacs à haute teneur en sucre séchés artificiellement. Ils sont vieillis et non torréfiés comme les tabacs bruns.

Bobéchon : feutre imbibé d'huile et enduit de ponce que l'on presse dans le foyer pour le polissage ou bobechonnage des parois.

Bouffarde : synonyme de pipe dont l'origine est controversée ; le terme pourrait venir de l'ancien français (du verbe bouffer qui signifie souffler, gonfler) ; selon la légende, bouffarde pourrait être issu de Bouffardi, nom d'un caporal de la Garde impériale napoléonienne, fumeur impénitent, mort à Friedland, la pipe à la main.

Bouquet : voir balle.

Bourrage : la saveur et le confort de la pipe dépendent de la manière dont on la remplit de tabac. Aucun brin de tabac ne doit tomber d'une pipe correctement bourrée que l'on renverse.

Bourre-pipe : instrument qui sert à tasser légèrement la cendre du foyer ou le tabac lors du bourrage de la pipe

Broussin : masse ligneuse plus ou moins volumineuse, en forme de bulbe, située entre la racine et le pied de la bruyère. Depuis le milieu du XIXe siècle, sert à la fabrication des pipes. Le broussin doit être âgé de 30 ans pour avoir le volume requis.

Bruns (tabacs) : tabacs robustes dont les feuilles sont séchées lentement à l'air naturel.

Bruyère (*Erica Arborea*) : ne pousse qu'à l'état sauvage dans les maquis du pourtour méditerranéen. Sa souche, dont on fait les têtes de pipes, présente un double intérêt : résistance à la combustion, préservation de l'arôme et de la saveur du tabac. Voir Broussin.

Bulldog : dérivé du modèle de pipe Billiard ; robuste et massive, au fourneau renflé en son milieu. Le modèle existe aussi en Bent.

Burley : tabac blond et léger.

Calabash ou calebasse : désigne une pipe originale et précieuse, confectionnée dans une écorce de Calebasse (fruit d'un arbre d'Amérique tropicale) où est inséré un fourneau en pure écume de mer.

Calibrage : opération qui permet de rectifier et remodeler à la scie circulaire les angles et plans des ébauchons.

Canadian : modèle de pipe dérivé de la Billiard ; fine et légère, à longue tige mais à tuyau court.

Chenillette : petit écouvillon d'acier entouré de morceaux de tissu hachés que l'on passe à l'intérieur du tuyau pour absorber le surplus d'humidité et de nicotine afin de nettoyer la pipe.

Chipparde : synonyme de pipe, de bouffarde.

Churchwarden : modèle de pipe au tuyau immense. On appelait Churchwarden les membres des conseils gérant, en Angleterre, les fonds des églises.

Couleur : coloration au pinceau ou au tampon effectuée à la main pour les pipes teintées.

Coup de fion : dernier lustrage de la pipe à l'aide d'un rouleau de feutre.

Coupe : plus ou moins fine ; désigne la largeur des brins de tabac.

Crimp cut : type de coupe de tabac. En bloc compact, les feuilles sont hachées en brins courts et frisées par un séchage spécial.

Crosse : système adapté à la tête de la pipe en porcelaine pour pallier son manque de porosité. Synonyme : poche d'eau.

Culot : résidus de tabac brûlé se déposant sur les parois du foyer.

Culottage : « rodage » d'une pipe qui évite de soumettre le bois à l'agression de la chaleur, du goudron et de la nicotine sans l'y avoir préparé. Le but est de culotter la totalité des parois du fourneau.

Culotte : patine brunâtre que cire d'abeille et goudrons donnent à la surface externe des pipes en écume de mer. Par extension, autre appellation du culot d'une pipe en bruyère.

Culotteur : personne, souvent désœuvrée que payaient, au XIXe siècle, des fumeurs au palais délicat pour culotter leurs pipes et leur éviter ainsi l'agression des premières bouffées.

Cumberland : caoutchouc vulcanisé (contenant du soufre) servant à la fabrication des tuyaux de pipes. De meilleure qualité que l'ébonite.

Cure-pipe : petit instrument en métal le plus généralement composé de trois pièces articulées autour d'un anneau central : une petite cuillère dont l'un des bords dentelés sert à vider la pipe et gratter le fourneau, une simple tige d'acier pour déboucher le tuyau ou la tige obstruée, un tasse-braise.

Curly cut : type de coupe de tabac hérité du tabac natté populaire au XIXe siècle ; on appelle curly cut les feuilles de tabac tressées en corde et découpées en rondelles de 1 ou 2 millimètres.

Dark air cured : se dit des tabacs bruns séchés à l'air libre.

Dessiccation : seconde étape de séchage rapide et artificiel des feuilles de tabacs blonds ; après le jaunissement de la feuille, la dessiccation entraîne l'oxydation de la feuille.

Doorrooker : appellation ancienne d'une pipe décorée à l'émail ; les motifs demeurent blanc après cuisson tandis que le reste de la pipe fonce.

Dublin : version plus légère du modèle générique de pipe de la famille des Billiard, avec fourneau à forme évasée.

Ebauche : forme acquise par l'ébauchon en bruyère après l'ébauchage et le varlopage ; la tige est formée mais pas encore le fourneau dans son ensemble.

Ebauchage : opération qui voit apparaître le fourneau et le foyer de la pipe.

Ebauchon : résultat obtenu après sciage d'un demi-broussin en plusieurs pièces de bois. Les ébauchons donnent la tête des pipes.

Ebonite : caoutchouc vulcanisé contenant du soufre utilisé pour la fabrication des tuyaux de pipes. Peu poreuse, compacte et légère, économique et facile à travailler, elle se décolore à la longue et prend parfois le goût du soufre.

Eclaircissage : polissage de la pipe sur des rouleaux de feutre pour obtenir une teinte uniforme sur tige et fourneau.

Ecume de mer : silicate hydraté de magnésium, appelé aussi magnésite ou sépiolite ; ce minéral fragile et tendre dont les gisements les plus connus sont en Anatolie est surnommé écume de mer en raison de sa couleur blanche et de sa légèreté (il flotte dans l'eau). Depuis le début du XVIIe siècle, on l'utilise pour la fabrication des pipes : sa porosité est idéale pour l'absorption des goudrons.

Ecume de Vienne : déchets d'écume de mer taillés en bloc et récupérés par les artisans-pipiers viennois. Amalgamée et mélangée à divers produits, l'écume de Vienne était plus lourde, moins fragile et moins chère que l'écume véritable.

Egorgeage : opération qui consiste à élargir le conduit du tuyau d'une pipe.

Emailleuse-finisseuse : ouvrière qui applique au pinceau vernis et couleurs entre les deux cuissons d'une pipe en terre.

Epamprement : élagage des feuilles basses dans la culture du tabac.

Estampeux : petite pièce en forme de gland insérée par le mouleur dans le fourneau évidé d'une pipe en terre.

Filtre : jetable ou lavable, vissé à l'extrémité du tuyau d'une pipe, système censé filtrer nicotine et goudrons.

Flake cut : appellation générique donnée aux tabacs pressés.

Flakes : lamelles provenant de tranches de tabacs pressés.

Flambage : action de brûler à la flamme après teinture pour fixer le colorant sur une pipe en bruyère.

Flamme : dessin du veinage d'une pipe en bois.

Flavouring (ou aromatisation) : ajout d'un produit (alcool, essence de fruit...) destiné à modifier le goût du tabac.

Floc : partie cylindre du tuyau de pipe qui entre dans la tige.

Fleurs (pipes) : faites mains, le bord extérieur de leur fourneau conserve la croûte du broussin.

Forage : aménagement du foyer de la pipe avec gouge et perceuse.

Fourneau : partie de la pipe servant à la combustion du tabac

Foyer : intérieur du fourneau de la pipe qui accueille le tabac.

Flue cured : se dit des tabacs de base, blonds, séchés artificiellement, dont la production équivaut aux deux tiers de ce qui est cultivé dans le monde.

Fraisage : opération qui consiste à ôter les excédents de bois autour de la base du fourneau d'une pipe.

Freehand : catégorie exceptionnelle de pipes qui sont autant de pièces uniques entièrement fabriquées à la main.

Gouwenaar (la) : modèle de pipe en terre de Gouda dont la caractéristique est son extrême longueur.

Grades : unité de choix des feuilles de tabac correspondant à un étage foliaire. Chaque étage se subdivise en plusieurs grades selon le stade de développement des feuilles, leur texture, leur combustibilité, leur potentiel aromatique.

Grain droit : synonyme de *straight grain* ; caractéristique d'une pipe rarissime dont la flamme verticale est parfaitement régulière et ne présente aucun défaut.

Granulated : type de tabac pressé où les tranches sont découpées en petits moceaux de forme cubique.

Grattage : opération effectuée à l'intérieur du fourneau et qui consiste à retirer suffisamment de carbone pour raviver le goût de la pipe.

Grattoir : lame de bon acier nécessaire au grattage du fourneau.

Gris (ou Petit gris) : surnom du tabac brun français Caporal.

Gueule de loup : sorte de pince fixée au bout d'un tour qui sert à maintenir la base d'une pipe en bois.

Guillochage : opération qui consiste à effacer les défauts d'une tête de pipe en bruyère en sculptant rayures et motifs à la fraise ou au couteau. Ce procédé a quasiment disparu.

Guilloché (bois) : se dit du bois d'une pipe sculptée à la fraise ou au couteau.

Humidifiant : rondelle de pomme de terre ou de carotte, pelure d'orange ou de citron, morceau d'écume de mer que les fumeurs de pipes placent dans leur blague pour conserver son humidité au tabac.

Humidificateur : à placer dans les pots à tabac pour que les brins ne se dessèchent pas.

Jus (de pipe) : saturé de goudron, le jus formé par condensation se dépose à l'intérieur de la tige et du tuyau.

Kentucky : tabac brun, corsé et fumé au feu de bois (ayant subi un *fire curing*), produit dans le Kentucky et le Tennessee, mais aussi au Canada, en Italie et au Malawi.

Latakié : tabac brun de Syrie, fumé au feu de bois, qui apporte une note poivrée, brûlée ou épicée aux mélanges.

Lentille : partie du tuyau de la pipe que le fumeur tient dans sa bouche.

Light air cured : se dit du tabac blond séché à l'air naturel tels le Burley et le Maryland.

Liverpool : modèle de pipe Billiard offrant une plus grande longueur de tige.

Loose leaf cut : se dit des mélanges de tabacs contenant quelques morceaux de feuilles de tabac non hachés ni pressés.

Lovat : modèle de pipe Billiard au tuyau court et à lentille originale.

Maïs (pipe en) : dite pipe en écume du Missouri parce que inventée par un fermier de l'Etat américain en 1869. Le fourneau est constitué par un morceau d'épi de maïs bien mûr, séché et scié, le foyer enduit de plâtre et de miel après avoir été poncé au papier de verre. Le tuyau est en ébonite ou en bambou. Son prix est dérisoire aux Etats-Unis, sa porosité excellente, mais elle ne dure que quelques mois.

Marquage : opération ultime, exécutée sur la tige d'une pipe qui consiste à graver la marque du fabricant, le nom de la série, le numéro du modèle et du choix, le lieu de fabrication.

Marseillaise : famille d'ébauchons destinés à la fabrication des pipes droites.

Maryland : tabac blond utilisé dans les mélanges pour atténuer la puissance d'un autre tabac.

Masticage : opération faite à la main avec gouge, spatule et mastic pour corriger les défauts du bois à l'intérieur du fourneau.

Mélangé (tabac) : tabac dit mélangé, qui n'est autre que le tabac classique qui, pour l'usage de la pipe, associe dix à trente grades différents.

Mise en route : étape de regroupement des têtes de pipes du même choix et des tuyaux.

Mixte A : catégorie de pipes qui tolèrent sur leur fourneau de un à trois légers masticages.

Mixte ordinaire : catégorie de pipes qui tolèrent jusqu'à cinq masticages de superficie plus importante que chez les Mixtes A.

Mixtures : terme qui désigne les mélanges souvent anglais de tabacs.

Montage : étape qui consiste à retoucher la lentille pour obtenir le fini désiré.

Mouleur : ouvrier qui prenait en charge l'ébauche en terre pour la placer dans un moule de fonte ou de bronze.

Mousquetaire : nom donné aux pipes en fer du début du XVIIe siècle fabriquées par les forgerons des armées sur le modèle des pipes courantes en terre.

Nicotiana tabacum : nom donné par la botaniste Jean Liebault en 1570 à la plante rapportée du Portugal par Jean Nicot en 1560 ; l'espèce aux belles fleurs rouges et roses et longue corolle pâle fournit l'essentiel de la production destinée à la cigarette, au cigare et à la pipe.

Nicotiana rustica : plante aux fleurs jaunes et petites feuilles rondes qui fournit en tabac les fumeurs de narguilés en Orient.

Nicotine : alcaloïde puissant et toxique, mortel à l'état pur.

Œil-de-perdrix : nom générique donné aux pipes dont le fourneau arbore sur toute sa surface externe les petites loupes circulaires du bois.

Orient : nom donné à des tabacs blonds et légers souvent associés aux tabacs flue cured (type Virginie), séchés artificiellement. Ces tabacs sont séchés au soleil et subissent une fermentation naturelle modérée.

Panel : modèle de pipe de la famille des Straight dont tête et tuyau sont à facettes. Ce modèle se décline sur de nombreux modèles de pipes. Par exemple, Panel Billiard, Panel Apple...

Pantographe : à l'identique du pantographe du serrurier, instrument qui sert à râper les pipes six par six.

Perçage : opération délicate qui permet de ménager dans la tige l'espace pour le floc du tuyau et celui pour le système de la pipe.

Périque : tabac américain. Rare et cher, ce tabac macère plusieurs mois dans un tonneau qui contient du jus de prune et de la pulpe de fruits. La recette du sud des Etats-Unis date du début du XIXe siècle.

Petun : synonyme de tabaco, plante à fumer utilisée par les indiens d'Amérique.

Pétuneur : terme du XVIIe siècle qui signifie fumeur de pipe.

Pipe : du latin *pipa* qui signifie roseau ou tuyau. Instrument en bois, écume de mer, porcelaine, bruyère, catlinite servant à fumer. Le terme de pipe s'est imposé au début du XVIIe siècle grâce l'ouverture des premières fabriques.

Pipier (artisan-) : celui qui façonne manuellement une pipe en s'aidant d'un tour.

Pipier (maître-) : celui qui façonne une pipe entièrement à la main dans le respect intégral de la structure du bois. L'ébauchon détermine la forme de la pipe.

Plateaux : épaisses tranches de bois, sciées dans les broussins dont le veinage est de haute qualité. La croûte du broussin est conservée : les ébauchons extraits des plateaux servent aux pipes *freehand.*

Poker : voir stand-up poker.

Polissage : gommage des traces qu'ont pu laisser les machines, du surplus de mastic et des dernières imperfections sur la tête et le tuyau de la pipe. Opération délicate traditionnellement confiée aux femmes.

Porcelaine (pipe en) : d'origine allemande, les pipes en porcelaine, lourdes et fragiles, ont l'inconvénient de rendre le tabac âcre. Un matériau pour collectionneurs.

Pot : en grès, porcelaine, argile ou métal, doit toujours être équipé d'un humidificateur. Le fumeur y conserve son tabac

Prêle : appelée autrefois « queue de cheval », la prêle est une sorte de petite fougère à tige cannelée qu'on utilise mouillée pour le polissage des pipes en écume de mer.

Pressés (tabacs) : au lieu d'être hachées après mélanges, humidification et sauçage, les feuilles de tabac chauffées sont comprimées sous pression en un bloc qui sera découpé en tranches puis en lamelles. Synonyme de Flake cut.

Prince : modèle de pipe de la famille des Billiard, au fourneau rond mais aplati. La contenance en tabac est plus faible.

Pyrolite : matériau inaltérable servant à la fabrication des pipes. Dit graphité et contenant 99,995 % de carbone pur, le pyrolite est né de la recherche en aéronautique.

Race : catégorie de pipes dont font partie les 2e et 3e choix contenant de nombreux masticages.

Râpage : opération exécutée à la machine ou à l'aide d'une grosse lime pour faire disparaître le bec arrière du fourneau.

Râtelier : petit meuble à encoche destiné au rangement vertical des pipes.

Ready rubbed : tabac pressé aux lamelles réduites en fragments plus ou moins compacts. Type Cavendish.

Relevées : nom donné à une famille d'ébauchons convenant à la fabrication des pipes Bent (courbes).

Réparage : opération qui consiste à aligner tige et tuyau de pipes dont les diamètres externes sont différents.

Remplissage (tabacs de) : tabacs qui ne modifient pas la nature du tabac de base mais le complètent.

Sablage : opération qui consiste à projeter sous pression et au pistolet un mélange de sable et de poussière de verre.

Sablée (pipe) : bois dépoli par la projection de sable sous pression. Ce bois gagne en légèreté.

Sauçage : ajout d'un produit (sauces, réglisse, érable, extraits de fruit...) destiné à modifier le goût du tabac.

Scaferlatis : fines lanières de tabac enchevêtrées qui résultent du hachage des feuilles.

Sciage : opération délicate exécutée à la scie circulaire sur le broussin humide, nettoyé, débarrassé de son noyau, de ses petits cailloux et autres traces de terre.

Souche : voir broussin.

Soufflage : élimination par air comprimé de toute poussière résiduelle dans la tige et le tuyau.

Stand-up poker : modèle de pipe dérivé de la Billiard. La base en est rabotée et fait tenir la pipe droite lorsqu'elle est posée.

Stéarine : matière grasse utilisée par les pipiers turcs à la place de la cire d'abeille.

Straight (ou droite) : famille de pipes dont les tiges et tuyaux sont droits.

Strips : morceaux des feuilles de tabac non encore hachés.

Sun cured : désigne les tabacs d'Orient (pays riverains de la Méditerranée et de la mer Noire), séchés au soleil, blonds, doux et légers, souvent utilisés dans les mélanges.

Tabac : plante appartenant à la famille des Solonacées, enregistrée par les botanistes sous le nom de *Nicotiana* en l'honneur de Jean Nicot. La légende veut qu'il l'ait introduite en France. On ne compte pas moins de 60 variétés de tabac.

Tabagie : équivalent des smoking parties londoniennes de la fin du XVIe siècle où s'enseignait l'art de fumer.

Tabakskollegium : Collège du tabac fondé par Frédéric Guillaume 1er pour remplacer les soirées à la pipe instituées par son père Frédéric 1er. Le Tabaskollegium a été fermé par Frédéric II dès son accession au trône en 1740.

Taraudage : opération qui consiste à tourner à l'intérieur du floc un petit peigne tranchant pour creuser le pas de vis qui recevra le système.

Tasse-braise : tige terminée par un disque de métal permettant de tasser le tabac incandescent sans se brûler les doigts. Troisième élément du cure-pipe.

Terre (pipe en) : matériau de base pour la plupart des pipes anciennes fabriquées aux Pays-Bas, en Belgique et en France. Fragiles, elles sont utilisées par les testeurs de tabacs car elles respectent intégralement la saveur du tabac.

Tête : partie de la pipe constituée du fourneau et de la tige.

Tige : partie de la pipe reliant le tuyau au fourneau

Tirage : une bon tirage dépend de la qualité du tuyau.

Tobago : île des Antilles qui a pu donner son nom au tabac.

Tabaco : selon les marins espagnols, nom que les indiens Arawaks de Haïti et de Saint-Domingue donnaient aux petits rouleaux de la plante qu'ils fumaient.

Trameuse : ouvrière qui polissait la pièce en terre en la frottant avec une agate.

Tubage : fixation du filtre, également appelé système, dans le tuyau.

Tuyau : en merisier, corne, os ou ambre, en ébonite, résine ou plastique, le tuyau de la pipe est la partie intermédiaire entre la bouche du fumeur et la tête de la pipe.

Varlopage : tournage de la tige grâce à une varlope en acier munie de lames qui tranchent à grande vitesse.

Veinage(ou veinure) : veines du bois révélant flammes et œil-de-perdrix

Virginie : nom du principal tabac blond qui est originaire de Virginie.

Virole : bague généralement en métal destinée à protéger une partie fragile de la pipe, la jonction entre tuyau et tige.

B I B L I O G R A P H I E

La bibliographie qui suit ne recense pas des œuvres littéraires, mais des ouvrages techniques consacrés à la pipe et au tabac. Elle n'est pas exhaustive, mais veut au moins rendre compte de la diversité des sujets et de leur caractère spécialisé. On pourrait y ajouter la *Physiologie du fumeur* parue en 1940, *Du manuel historique et anecdotique du fumeur et du priseur* (1863) que l'on peut consulter à la Bibliothèque nationale.

LA PIPE, OUVRAGES GÉNÉRAUX

En langue française

Guide de la pipe, Pierre Sabbagh, éditions Stock 1973 ; Marabout 1979
La Pipe, André-Paul Bastien, Payot 1973
La Pipe, Julie Valk, MA éditions
La Pipe, Roger Jolicoeur, Lidec 1976
Pipes au cœur, Antoinette Scmied-Duperrex et Attilo Boccazi-Varotto, *Livre Total SA* 1989 (en vente au musée de la pipe et des objets du tabac, Lausanne)
Traité de la pipe, Georges Herment et Olivier Goldet, Denoël 1979
Le Livre du fumeur de pipe, J.A. Franck (traduit de l'allemand) 1971
Pipes et Fumeurs de pipes – un art, des collections, Eppe Ramazotti et Bernard Mamy, éditions Sous le Vent 1981
La Passion de la pipe, ouvrage collectif de Gustav Casparek, Stan Hill, Walter Hofnagel et Otto Pollner, éditions Univers 1984
Défense et Illustration de la pipe, Anatole Jakovsky, 1963
Célébration de la pipe, J. Demeys, éditions Robert Morel 1966.
Trésors et Histoire de la pipe à tabac, catalogue de l'exposition présentée à la bibliothèque Forney en septembre 1976

En langue étrangère

The pipe book, Alfred Henry Dunhill, Arthur Barker Limited 1969
The Pipe, Georges Herment 1954
The ultimate pipe book, Rick Hacker
The Christmas pipe, Rick Hacker
The Global Guide do tobacco litterature, Benjamin Rapaport, paru sous l'égide de l'Académie internationale de la pipe
Le Livre de la pipe, Dino Buzatti et Eppe Ramazotti, Milan 1967 (en italien)
Gamie Piber, Ole Larsen, Copenhague 1978 (en danois)

LES DIFFERENTS TYPES DE PIPES

En langue française

Les Pipes de Gambier, essai de recensement thématique et comparatif, Francis Van Parys (40, rue Léopold, 4000 Liège)
Les Pipes en terre françaises, Jean-Léo, Bruxelles 1971
La Pipe en terre – son périple à travers la France, Maurice Raphaël 1971 (chemin Sauvan, Quartier Quiez, 83190 Ollioules)
La Fabrication de la pipe en terre, Jean Fraikin (40, rue Léopold, 4000 Liège) 1978
La Mystérieuse saga du pétun, tabac et pipes en terre, Christian Souris, éditions Quorum SC (32, rue du Viaduc, 1340 Ottignies, Belgique) 1992
Pipes et Pipiers de Saint-Omer, Véronique Deloffre, Musée Sandelin à Saint Omer 1991
La Pipe en terre d'Andenne, sa fabrication, son histoire, H. Javaux, Le Guetteur Wallon n° 51, Namur 1934
Histoire de l'industrie des pipes à Gouda, D.A. Goedewagen, Gouda 1942
La Pipe de bruyère – Saint-Claude 1856-1956, Imprimerie moderne du Courrier 1956
Pipes d'Afrique noire, Jean Lecluse – 2 tomes (9, rue Dothée, 4000 Liège) 1985
Pipes amérindiennes, éditions Jean Lecluse 1990 (9, rue Dothée, 4000 Liège)
L'Age d'or des pipes en terre, revue L'Estampille (n° 74, novembre 1984)
La Vie du Collectionneur, n° 9 – BP 77, 77302 Fontainebleau Cedex

En langue étrangère

The clay tobacco pipe, D. Helme 1978
A complete guide to collecting Antiques pipes, Ben Rapaport, 1979
Pipas Antiguas, Carlos Armero, Tabacalero 1989

LES MAITRES-PIPIERS

Les Pipiers français – histoire et tradition, Gilbert Guyot, éditions de l'Amateur 1992
Le Pipier de Paris, Gilbert Guyot, Club d'Entraide littéraire et artistique, L'Amateur 1984

L'ART DE FUMER LA PIPE

En langue française

L'Art de culotter une pipe, Georges Courteline
L'Art de la pipe, catalogue d'exposition par Jean-Charles Rhein, Cabinet d'amateur – Genève
Traité du culottage des pipes, Culot, éditions Sous le vent 1990 (première édition 1862)
Les Objets du fumeur, Michel Belloncle, collection de l'Amateur – Gründ 1971
Le Livre du fumeur de pipe, Joachim A. Franck, Robert Laffont 1971

En langue étrangère

The gentle art of smoking, Alfred Henry Dunhill, Max Rermhardt Ltd London, 1981
De tabakspijp als orange propaganda, publication hollandaise du musée de Leiden, 1992

LE TABAC

Le Tabac-roi, Georges Blanchard 1946
Guide du tabac, Robert Jauze, Robert Jauze éditeur 1984
Le Livre blanc du tabac, Ned Rival, éditions Jacques Grancher, 1978
Le Tabac, collection Encyclopédie par l'image, Hachette 1960
Encyclopédie du tabac et des fumeurs, éditions du Temps 1975
Le Tabac de Dunkerque, Jacques Tillie, éditions Kim (Dunkerque)
Tabac, miroir du temps – histoire des mœurs et des fumeurs, Ned Rival, Librairie Académique Perrin 1981
L'Épopée du tabac, Anatole Jakovsky, éditions d'art et d'industrie Max Fournier 1971
Louange du tabac, Louis Pauwels 1972
Célébration du tabac, Alyn Marc, éditions Benjamin Rapaport 1969
Autour du tabac – tabatières, pipes, cigares, allumettes et briquets, Pierre Faveton, Charles Massin éditeur 1988
Tabac Magie, Anatole Jakovsky, éditions Le Temps 1962
Jean Nicot – à l'origine du tabac en France, Jean Baudry, éditions La Manufacture, collection Histoire Partagée, 1988
Tabac et Sociétés, La plante sacrée (tome 1), L'herbe de tous les maux (tome 2), musée du tabac de Bergerac
Tabac, Que-sais-je n° 87, 1982

En langue étrangère

All about tobacco, M.M. Sherman, New York 1970
De Belgische tabakstedt, Ghislain d'Hallewin, Oscar Wullepit, Gilbert Ampe, 1992

L' I N D E X

Les chiffres en italique renvoient aux légendes.